认知中国

思想政治理论课社会实践研究暨师生优秀社会实践论文集

（第二辑）

北京青年政治学院社会科学理论教研部 编

知识产权出版社
全国百佳图书出版单位

图书在版编目(CIP)数据

认知中国:思想政治理论课社会实践研究暨师生优秀社会实践论文集.第二辑/北京青年政治学院社会科学理论教研部编.—北京:知识产权出版社,2018.4
ISBN 978-7-5130-5433-1

Ⅰ.①认… Ⅱ.①北… Ⅲ.①大学生-思想政治教育-社会实践-中国-文集 Ⅳ.①G641-53

中国版本图书馆CIP数据核字(2018)第034431号

内容提要

北京青年政治学院的思想政治理论课坚决贯彻落实中央关于思想政治理论课的各项要求，将党的政策与要求同院校实际情况相结合，将教学规范性与发挥教师积极主动性相结合，将思想政治理论课教学内容与学生所学专业、实际困难，以及所关注的社会热点相结合。该论文集是阶段性的成果总结，更是未来工作不断超越的参照。

责任编辑：王 辉 高 源　　**责任出版**：孙婷婷

认知中国
——思想政治理论课社会实践研究暨师生优秀社会实践论文集（第二辑）
RENZHI ZHONGGUO
——SIXIANGZHENGZHI LILUNKE SHEHUI SHIJIAN YANJIU JI SHISHENG YOUXIU SHEHUISHIJIAN LUNWENJI (DIERJI)
北京青年政治学院社会科学理论教研部　编

出版发行：知识产权出版社有限责任公司	网　址：http://www.ipph.cn
电　话：010-82004826	http://www.laichushu.com
社　址：北京市海淀区气象路50号院	邮　编：100081
责编电话：010-82000860转8701	责编邮箱：gaoyuan1@cnipr.com
发行电话：010-82000860转8101	发行传真：010-82000893
印　刷：北京中献拓方科技发展有限公司	经　销：各大网上书店、新华书店及相关专业书店
开　本：720mm×1000mm 1/16	印　张：16.75
版　次：2018年4月第1版	印　次：2018年4月第1次印刷
字　数：280千字	定　价：68.00元

ISBN 978-7-5130-5433-1

目 录

引　言

传承井冈山精神　永葆红色基因

——做好思想政治理论课实践教学

祝文燕

2017年夏，我有幸参加了井冈山基地“党性教育”专题培训与实践活动，再次走进了井冈山这座因为“红色基因”而典藏革命历史、穿越时空、为一代又一代中国共产党人心中永久向往的神圣殿堂。在实地学习过程中，我又一次倍感井冈山革命精神的鲜活与震撼。在即将离开井冈山时，我收到了我院社科部关于即将出版《认知中国——思想政治理论课社会实践研究暨师生优秀社会实践论文集（第二辑）》计划的汇报。通过梳理这些日子在井冈山学习与实践的所思所想，回顾几年来社科部思想政治理论课教师们在实践教学中的坚守与探索，不禁感慨万千——以实际行动弘扬井冈山精神，确保红色基因代代相传，做好思想政治理论课实践教学，任重道远。

井冈山革命根据地是中国革命早期伟大斗争的成果。以毛泽东为代表的中国共产党人点燃了革命的星星之火，广大红军战士和地方干部群众，为了实现崇高的革命理想，抱定“为主义而牺牲”的坚定决心，为中国革命开辟出了一条成功之路，培育出了薪火相传的井冈山精神。弘扬井冈山精神，就是要让共产党人的理想信念继续成为每一名党员，特别是青年教师、学生的心灵灯塔，转化为他们对本职工作、学习的不懈进取，对高尚情操的笃定坚持，以及对艰难险阻的勇于担当。北京青年政治学院的办学宗旨和特色即在于学生的思想政治教育，社科部更是承担着全院学生思想政治理论课教育和科研的重任。多年来，在学院党委领导下，全体思想政治理论课教师出色地完成了各项教学与科研任务，更以自身坚定的理想信念和卓越的德才素养培养了一批又一批的青年学生，革命的薪火在他们手中相传，崇高的理想信念在他们的心中树立。

井冈山所开辟的农村包围城市、武装夺取政权的正确革命道路，不是对既有教条与原则的生搬硬套，更不是对既有成功道路与经验的简单移植，而是把马克思主义与中国革命实际相结合，是实事求是思想路线的伟大胜利。弘扬井冈山精神，就是继续坚持实事求是的思想路线，一切从实际出发、解放思想、开拓进取，在变中求新、变中求进、变中突破。近几年来，全国高校对思想政治理论课在创新教学方法上的要求日渐提高，全国思政教师创新教学方法的热情空前高涨，积累了丰富的成果和经验。北京青年政治学院社科部坚持实事求是的原则，借鉴有益经验，充分结合学院定位、教师特点与学生实际，在课程建设的众多方面实现了具有北京青年政治学院特色的探索和目标。实践教学体系的建设，就是这些具体探索与积累中的些许一例。

井冈山革命根据地的斗争经历，深刻诠释了党的群众路线的内涵与重要作用。党的路线、方针与政策，只有通过无数基层工作者始终坚持“从群众中来，到群众中去”，才能做到坚如磐石，不断前进。北京青年政治学院的思想政治理论课坚决贯彻落实中央关于思想政治理论课的各项要求，充分将党的政策与要求同学院实际状况相结合，充分将教学规范性与发挥教师积极主动性相结合，充分将思政课教学内容与学生所学专业、学生实际困难及学生关注的社会热点相结合。特别是在实践教学环节中，思政理论课教师们以高度的政治意识和强烈的责任心，坚持理论联系实际，以关注社会、关注民生、关注国家发展为导向，常年坚持规划、设计，指导学生参与内容丰富且不同层次的社会实践活动。在实际效果上，一方面是师生的综合素质、能力得到锻炼与提升，并最终得到社会的检验与认同；另一方面是部分实践成果已经或正在实现面向工作实际的转化，发挥出理论对实践指导的重要作用。该论文集既是阶段性的成果总结、是实践成果的物质化体现，也是未来继续前进的基础，更是未来工作不断超越的参照。

行程万里，不忘初心。

今天的井冈山，秀美苍翠。一批批来自全国各地的人们在黄洋界保卫战遗址寻觅，在茅坪八角楼驻足，在朱毛红军挑粮小道体验，在红军医院和小井烈士墓凭吊，在北山烈士陵园前敬献花圈、重温入党誓词……井冈山的山水间回荡着历届领导人的嘱托："井冈山的革命精神不要丢了""井冈山精神是宝贵的，应当发扬""光荣的井冈山革命传统一天也不能忘掉""实行改革开放、建设有中国特色社会主义，同样需要发扬井冈山精神""要让广大党员干部多接受红色基因教育，传承好红色基因"。

殷殷期望，笃行实干。

祝愿北京青年政治学院的思想政治理论课越办越好，蒸蒸日上，祝愿北京青年政治学院思政理论课的教师们继续努力，不断超越。

第一篇　社会治理

外来务工人员对志愿服务需求的调查报告

——以朝阳区金盏乡为例*

葛元利　栗莉**

2014年7月至9月，传播系两名学生骨干发动多名同学在老师的指导下开展了暑期实践调研活动。调研小组运用课上所学的调研方法，选取学校周边突出的社会问题，积极开展调查研究。同学们走进金盏乡东村街道、小商品市场、居委会、社区青年汇，在外来人口聚集地发放调查问卷，倾听外来务工人员心声，实地参与社会调查，取得了预期的调研效果，现将调研过程及成果报告如下。

一、调研背景

1.金盏地区外来务工人口较多

金盏地区位于北京城市东部温榆河畔，东部、北部与顺义区、通州区接壤，西部与五环路相邻，距首都机场仅6公里。区域面积50.1平方公里，随着城市建设的飞速发展，金盏地区作为城乡接合部，聚集了大量的外来务工人员，其中常住人口约28600人，外来人口24000多人，占到了常住人口的84%。在进行外来务工人员社会问题研究中具有较强的代表性。

2.外来务工人员缺乏有效的志愿服务模式

随着城镇化进程的不断加速，城市建设需要大量劳动力，生活在乡村且

---

* 2014年12月获得北京高校青年教师社会调研优秀项目一等奖。指导老师：景海俊。

** 作者均为2013级传播系新闻采编专业。

收入微薄的青壮劳动力不甘于延续父辈们的生活模式，越来越多的人选择背井离乡进城务工。迫于大城市的生活压力，外来务工人员只能在城市周边或城乡结合地聚集。近年来，围绕外来务工人员及其子女的社会服务和保障措施正在加快建立和完善，社会公益组织在外来务工人员的技能培训、就业创业服务、权益保障、文化生活等诸多方面给予帮助和扶持，但这些措施在受到普遍欢迎的同时也常常陷入尴尬的境地，如服务难以保证可持续性，供需不匹配，志愿服务重形式、走过场，从而让很多外来务工人员对服务的实效期待逐渐降温。如何更好地对外来务工人员进行帮助，需要研究和建立外来务工人员急需的社会服务类型，提高服务的实效性和针对性。

3.积极探索校地共建的外来务工人员服务模式

北京青年政治学院东校区是朝阳区金盏乡唯一一所高等院校，学校师资有着较强的社会服务带动力，在校大学生有着较强的参与社会实践和志愿服务的意愿，特别是在社会工作、青年服务等领域，学校有着较强的专业优势与社会服务传统。更好地推动属地服务研究，提供可持续的长效对接服务模式，搭建服务平台，共享服务资源，既能满足外来务工人员发展与生活的需求，有利于金盏乡的社会稳定，又有利于在校大学生得到实践与锻炼，可谓双赢。

为此，本着理论联系实际、学以致用的态度，秉承学校优秀的志愿服务传统，调研小组由此命题，试图丰富有关外来务工人员服务需求的研究成果，建立校地共建的双赢服务模式。

二、调研方法

本次调研主要采取问卷调查、现场采访、实地走访、个别交谈、网络查阅资料等方式，以问卷、实地走访方式为主。结合地缘因素，调研组将金盏地区划分为五大块，分别是蟹岛度假村（经济繁华地段）、长店（城中村建设地）、北岗子（人口流动性较强地段）、南皋（城郊过渡地带）、雷庄（外来务工人口居住地），并依次开展调研，重点在外来务工人员聚集的商业街、菜市场、小商品市场、公交站等地开展问卷调查，调查内容主要从家庭基本情况、生活中遇到的主要困难、对于志愿服务的认同与需求三个方面展开，共发放问卷178份，收回问卷170份，有效问卷110份。

另外，课题组还先后走访了东村村委会、社区青年汇、私营商铺，了解到了相关部门对于外来务工人员服务保障的情况，以及外来经商人员的实际诉求。调查对象以青年外来务工人员为主，也访谈了部分中老年和孩子群体。调查结果较为充分地反映了金盏乡外来务工人员的基本现状和接受志愿服务的一般诉求。

三、外来务工人员基本情况

经过实地走访，调研小组发现，金盏地区相关部门和社会组织对当地外来务工人员的情况介绍与问卷调查结果基本一致。总的来看，接受调查的外来务工群体普遍不了解什么是志愿服务，很少想过也从未接受过来自社会公益组织的志愿服务，当调研小组介绍了可提供的志愿服务内容时，绝大多数群体表示期待，极少数人不看好。另外，从调查对象的实际生活状况看，他们更多地表现出了文化偏低、情感孤独、物质匮乏，以及职业技能不足等特征，凸显了开展有效志愿服务工作的必要性。

1. 文化水平偏低，缺少工作技能

通过调研发现，受访外来务工人员的文化水平以中学水平为主，占受访者的82%，小学水平的有14%，而上过大学的仅有4%。其中，专科院校占3%，本科院校占1%（图1）。通过深入走访发现，他们的住房大多是出租屋，占到42.5%，住在单位指定宿舍的约占32.5%，租住地下室的约占23%，只有很少一部分务工人员（约占2%）能够拥有自己的一处平房（图2），但环境恶劣，条件很差，设施残缺，缺少家庭的温馨与归属感。绝大多数的外来务工人员缺少工作技能，职业以酒店、餐饮服务员居多，其次是装修建筑工人，然后是零散工作人员和小买卖从业者。在谈到工作时，绝大多数人抱着过一天是一天的想法，孩子是他们奋斗的最大动力。

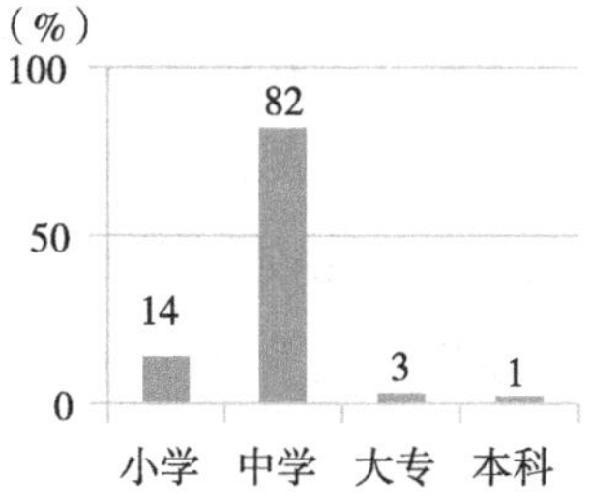

图1　学历层次对比

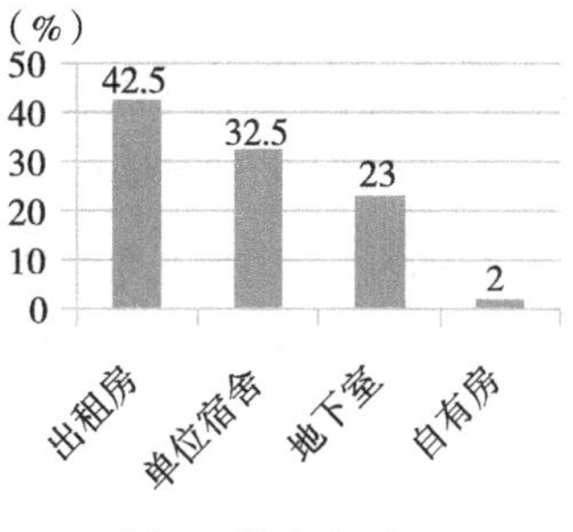

图2　住房条件

2. 孩子上学困难，课余没人辅导

由于调查期间，很多外来务工子女都已放假，接受采访的外来务工人员都一边忙着手上的活儿一边照顾孩子。有65%的外来务工人员担心孩子的学业，他们觉得孩子入学难，加上自身的文化水平不高，补习班的价格又负担不起，所以即使进入学校也担忧孩子的课后辅导。他们说："不想俺们家的孩子也像俺们这样受苦受累，希望他能好好学习，考个好大学，不用吃苦。"

3. 缺乏归属感，文化生活匮乏

对于外来务工人员来说，普遍渴望工作与生活稳定，能够被接纳、被认同。但在调查中我们发现，有80.5%的外来务工人员感觉到情感孤独、工作无趣，缺乏一种积极向上的生活态度。他们希望能融入社区、融入北京，但因为各种主客观原因无法实现其愿望。同时，还有一些外来务工者提出没有机会参与文化活动，加上缺乏职业技能，薪酬很低，入不敷出。这些问题导致他们缺乏安全感与归属感。

4. 不了解志愿服务但又普遍期待

在问及是否接受过志愿者服务的时候，97.5%的务工人员表示没有接受过，其中89%的务工人员表示愿意接受志愿服务，只有8.5%的务工人员婉言拒绝，问其原因，则表示"不靠谱"。在仅有的2.5%的接受过志愿服务的务工人员中，有2%的务工人员表示比较满意并愿意继续接受志愿服务，其余0.5%的务工人员不愿再接受志愿服务，问其原因，同样表示"不靠谱，没常性"。

四、主要对策和建议

调研小组经过入户走访调查，了解了外来务工人员真实生活状况，在与调查对象长时间的接触和交谈中，参与实践调研的同学都深刻感受到了他们生活的艰辛与不易。经过认真讨论，调研小组本着依托校内资源、充分结合学校实际情况、立足措施的可操作性的原则，特提出以下具体的工作对策和建议。

1.对接当地政府和公益组织，搭建服务平台

在走访当地相关政府组织时，工作人员十分了解外来务工人员的生活现状，在子女入学、生活保障、就业服务等多方面也出台了相关配套政策与措施，但苦于工作事务繁多，人员较少，对于政策的宣传、文化活动的组织都显得力不从心。当地社区青年汇虽然做了较好的工作规划，青年工作者也接受了较好的岗前培训，但工作的开展受场地限制，大批外来务工人员迫于生活压力，整日劳作忙碌，无暇顾及。学院东校区应组建多支大学生服务团队与当地政府和公益组织无缝对接，做到岗位固定，人员流动。按照工作部署，创造性地开展政策宣讲和文化活动，努力成为金盏地区的青年服务之星和精神文明使者。

2.整合校内资源，推出多种服务模式

围绕外来务工人员的实际需求，联合团市委继续开展青檬夜校活动，为区域内外来务工人员开展就业、创业服务；发挥各专业优势，开放校内资源，为外来务工人员开展计算机、财会、养老服务等多项技能讲堂，提高其从业技能；组建打工子女课外辅导小组，发动更多青年团员与外来务工人员子女组建帮扶对子，解决其后顾之忧；拓宽继续教育途径，组织流动青年积极报考，提高学历水平；将多种外来务工人员服务模式进行打包，形成基于大学生专业背景的志愿服务活动品牌，并不断完善工作机制，保证志愿服务工作的实效与长效。

3.广泛宣传动员，提升社会影响力

在校内以传播系为主体，组建宣传团队，在当地政府的协同配合下，深

入外来务工人员生活一线，拍摄宣传纪录片；联系相关媒体记者驻点采访，组建大学生志愿服务宣讲团，呼吁社会关注外来务工人员生活现状，关爱其子女的健康成长；带动更多社会团体和公益组织，通过制度创新、组织创新，搭建更多社会共助平台；引导外来务工人员坚持梦想，自立自强，增强苦练内功的紧迫感和社会责任感，在受助的同时学会感恩，为社会和谐做出努力。

4.建立共信平台，健全服务机制

针对外来务工人员对于志愿者服务不信任的情况，需要志愿服务团队积极改善重建，从校地共建的模式出发，根据志愿服务的类别和属性，由共建单位建立健全志愿服务机制，在团队管理、激励机制、服务保障、服务评价和成果转化上，探索联动模式，积极回应服务对象的信息反馈，增强互信，实现服务活动的可持续发展。诚信是美德，常性是品德，双方互评互测，更有利于增加共信。

五、调研感受

调研小组深刻地感受到，外来务工人员背着沉重的生活包袱背井离乡来到北京，内心极易感到空虚与孤独。城市生活的快节奏与压力使得他们没有归属感，只有被动的从属感，他们极度渴望尊重和心灵的呵护。

他们容易被标签化，如“素质低”“脏乱差”，但值得反思的是这些标签背后折射的问题。据调研小组调查，在问及愿不愿意接受更高的文化教育时，他们100%都表示愿意接受教育，只是没有机会。有65%的务工人员为自己孩子的学习焦虑，孩子的成长与发展是他们内心的梦，几乎成了唯一支撑他们在这样一个陌生的城市打拼的动力。

社会是一个庞大的运行系统，我们不过是这庞大系统下的一枚小小的齿轮，可正是因为齿轮与齿轮间严丝合缝的运转，才能支撑系统的正常运行。尤其是中国正经历全球金融危机最后的疲软期，正准备大跨步向前发展之时，外来务工人员的社会作用更为显著。对于他们来说，志愿者的关怀与帮助是一剂精神药物，即使不能缓解物质上的匮乏，但每天以饱满而积极的精神状态工作，至少幸福感、归属感会得以提高。他们是城市发展的建设者，和我们一同在为社会创造着价值，为整个社会的发展做着贡献，他们需要我们每个人的关怀与呵护，需要整个社会的关爱与认同。

附件 **外来务工人员调查问卷**

您的年龄：　性别：　文化程度：　婚姻状况：　来北京____年

1.您现在的住房属于：

A.租房　B.自建房　C.商品房　D.单位宿舍　E.住亲戚朋友家

2.家属生活工作情况：

A.留守在家　B.与您一起生活，并有自己的工作

C.与您一起生活，但无收入

D.配偶与您一起，小孩留守在家　E.其他

3.您外出务工的目的是（可多选）：

A.养家糊口　B.出来见见世面，开开眼界

C.换个环境，施展才干，发展自己

D.到城里学点本事，回家乡好发展

E.跟着他人一起出来，没有什么目的

4.您现在所从事的工作是：

A.建筑、装修等　B.生产一线工人

C.生产线领班或负责人　D.公司管理人员

E.餐饮、酒店服务员　F.销售业务等　G.IT技术等

H.个体工商零售业　I.零散用工　J.其他

5.您现在每月的收入（包括各种奖金、补贴）大约为：

A.1000元以下　B.1001元~2000元　C.2001元~3000元

D.3001元~4000元　E.4001元~6000元　F.6000元以上

6.进城务工后最大的困惑与困难是：

A.工作及生活条件恶劣　B.工作太辛苦

C. 工资待遇低，生活费用高

D. 工资被拖欠或克扣　E. 怕失业找不到工作　F. 小孩入托入学难

G. 没有社会保障，生病没钱医治　H. 遭本地人歧视、排挤

I. 缺少朋友、感情孤独

7. 您所在的单位为您提供了哪些保险（可多选）：

A. 养老保险　B. 住房公积金补贴　C. 医疗保险

D. 工伤保险　E. 失业保险　F. 没有任何保险

8. 您接受过公益组织的志愿服务吗？

A. 接受过　B. 没接受过

9. 如果志愿者想对您进行志愿服务，您希望他们提供怎样的服务？

10. 对于国家出台的一系列对外来务工人员的保障措施您觉得满意吗？您希望政府在哪方面予以保障？

公民个人合法权益诉求的表达机制调研报告

——以河南省新乡市先进群体所在乡镇为例*

吴佳乐　郝倩　张垒**

一、法律制度背景

为了了解公民个人合法权益诉求的表达机制，我们赴河南省新乡市先进乡镇进行了集中调研。所谓公民的合法权益，是指由法律明文规定、明文保护的、赋予人民的各种权利和自由。谈到公民个人合法权益诉求的表达机制，绕不过的就是基层自治组织。什么是基层自治组织？它的自治又体现在什么地方？

我国实行的是农村村民自治制度和城市居民自治制度。2010年，我国通过了《中华人民共和国村民委员会组织法》，目的是为了保障农村村民实行自治，由村民依法办理自己的事情，发展农村基层民主，维护村民的合法权益，促进社会主义新农村建设。村民自治委员会是村民自我管理、自我教育、自我服务的基层群众性自治组织，实行民主选举、民主决策、民主管理、民主监督。关于城市居民自治也有相关规定，我国《城市居民委员会组织法》自1990年1月1日起施行，是为了加强城市居民委员会的建设，由城市居民群众依法办理群众自己的事情，促进城市基层社会主义民主和城市社会主义物质文明、精神文明建设的发展。

---

* 指导老师：杨春桃（社科部思想政治理论课专职教师）。

** 作者分别为2015级管理系电子商务专业、2015级文秘与法律系法律事务专业、2015级社会工作系心理咨询专业。

二、调研目的和意义

为什么要保障和维护公民个人的合法权益诉求?

2006年2月通过的《中共中央关于加强人民政协工作的意见》明确指出:"人民通过选举、投票行使权利和人民内部各方面在重大决策之前进行充分协商,尽可能就共同性问题取得一致意见,是我国社会主义民主的两种重要形式。"强调了协商民主是我国重要的民主形式之一,想要实现协商民主最基本的要求就是保障和维护公民个人的合法权益诉求。认真研究和探讨保障和维护公民个人的合法权益诉求机制的理论与实践,对于加强中国特色社会主义民主政治建设,推进政治和谐发展,构建和谐社会具有重要意义。协商民主有利于完善利益表达机制的基础上协调好社会各群体的利益关系。

保障和维护公民个人的合法权益诉求机制的完善是由和谐的理想转化为和谐政治生活的现实途径之一。在现代民主社会中,在协商、讨论的基础上形成的公共意见,往往是对重大事项做出决定的基本依据,用协商来解决人民利益矛盾和冲突、协调行为,已成为当代民主社会的共识。现代社会中的协商民主程序是现代民主规范内容的核心部分。从协商民主的程序设计出发,在公共利益的框架下,通过有效的协调体制与协商过程,达成利益表达、利益协调与利益共赢。

我国协商民主作为社会主义民主的形式,从基本政治制度到政治体制和运行机制体现着多层次、多方面的政治关系。从国家形态的民主看,人民代表大会制度、共产党领导的多党合作和政治协商制度,是协商民主实现的政治制度基础。

在政治运行机制上,按照民主集中制原则,实行民主协商和多数表决相结合,体现了民主协商、民主监督与民主决策的关系。从人民群众形态的民主看,基层民主与社会自治制度是协商政治生活展开的重要社会基础,体现了人民群众权利的行使和人权的保障。协商民主以和谐为核心价值观,建立起权力与权利之间的平衡机制,使人民群众的个人合法权益得到保障。缓冲区间,以拓宽决策层与人民群众联系的渠道,激发非政府部门所蕴藏的巨大潜能。在协商民主的大背景下,政府的任务不是去阻止人民群众用各种渠道表达利益，而应帮助他们组织起来表达利益，并为他们提供更多、更通畅的表达利益的渠道。我国的基本政治制度体现了有中国特色的社会主义民主政治的本质要求和内在属性，正是这种内在联系，形成了我国独有的协商民主的政治机制，这些制度紧密地联系在一起，体现了我国社会主义民主政治的突出特点和优势，也在一定程度上实现了保障和维护公民合法权益的目的。它以新的政治文明，寻求并保持社会秩序、民主和社会公正之间的平衡，更有效地治理国家和社会公共事务。

此外，通过协商民主的方式维护公民的合法权益也体现了“坚持党的领导、人民当家做主和依法治国的有机结合和辩证统一”为基本特点的社会主义的政治文明建设方向，民主的发展要求以中国先进生产力的解放和发展要求，具备了契合中国现代化需要的优势和特点，以维护人民群众根本利益为着眼点和落脚点，反映了现代化的先进文化和文明，更为重要的是体现了中国社会主义民主政治的核心价值理念即人民当家做主，真正保障人民民主的充分实现，以及维护个人权益。

从现实的角度来看，由于中国特殊的国情，农民在全国人口中占的比例较大，毫不夸张地说，没有农村的进步和发展，就没有整个社会的进步和发展，甚至没有整个中国的进步和发展。他们是国家实现发展和安定的基础，维护村民的合法权益有利于提高农民的生产积极性和创造性，有利于巩固我国的农业基础。随着社会主义现代化建设的开展、社会主义新农村的建设，农业、农村、农民问题更加受到广泛的关注，关系着整个国家的国计民生。更多地了解关于基层自治制度实施的情况有利于我们通过最基本的视角，更加直观地看到公民诉求表达机制，以及合法权益的维护。

为此，调研组于2016年8月26日至2016年8月29日期间赴河南省新乡市，通过随机抽样的方式进行了实地调研。

三、调研过程及数据分析

1.您了解基层群众自治组织吗

图1反映了大多数人对基层群众自治组织具有一定的了解，说明基层群

众的制度意识提高，而且对基层管理颇为关注。

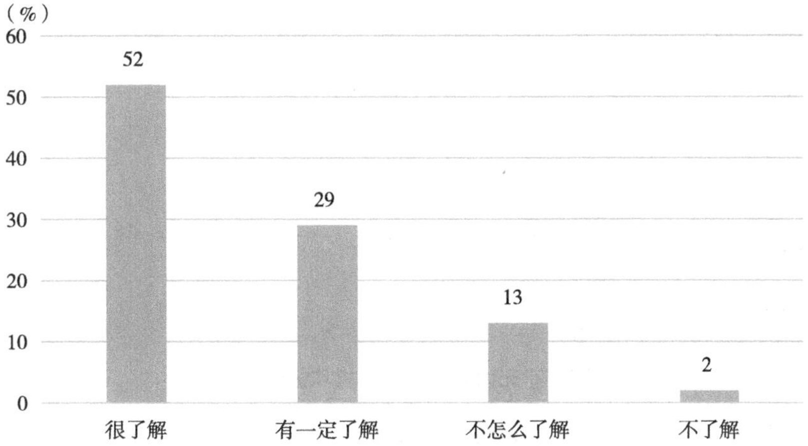

图1　您了解基层群众自治组织吗

2.您是否希望所在小区乡镇有自治组织

图2反映大多数人对基层群众自治制度是持肯定态度的，公民是制度实施的直接受益者，公民的肯定说明制度在实践过程当中具有一定的优越性。

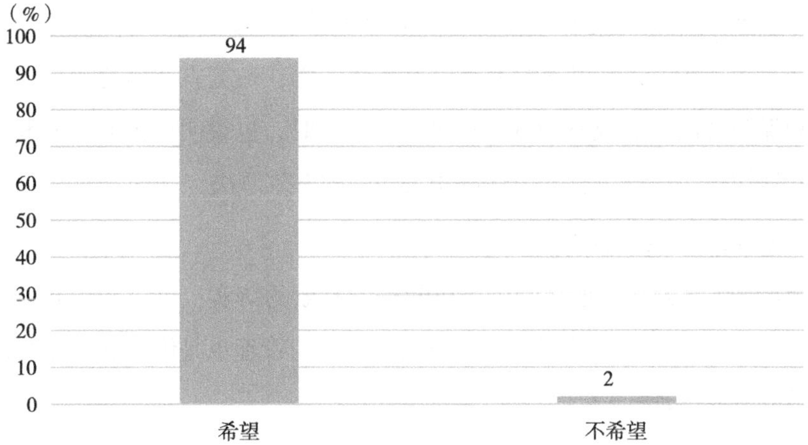

图2　您是否希望所在小区乡镇有自治组织

3.有无切实实行选举权和被选举权

通过图3反映出基层群众的自治制度基本得到落实，群众切实行使了自身的权利。更重要的是公民最基本的权利得到保障，说明制度在维护和保障公民权益方面发挥的重要作用。

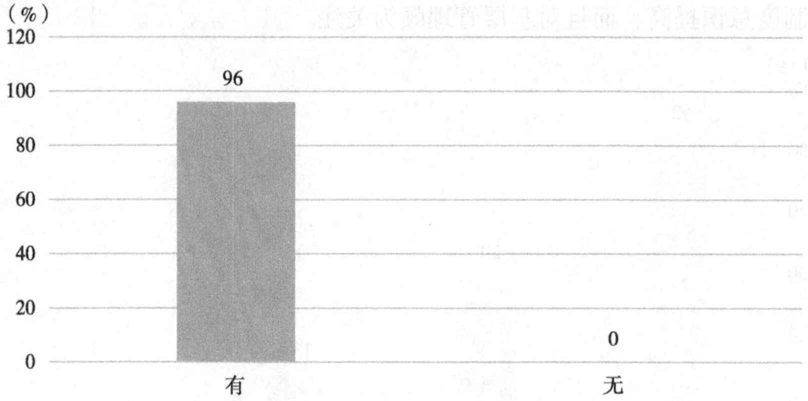

图3 有无切实实行选举权和被选举权

4.您对参与基层民主自治的态度如何

图4反映出大部分人群对基层民主自治制度具有一定了解，还有一部分人不是特别了解，说明基层民主自治制度在实施过程当中的普及力度不够，致使一部分人处于不了解的状态，对于这一部分人来说，想要保障他们的合法权益，需要使他们明确自己的权利，以达到维护和保障的目的。

5.当个人需求需要表达时通过什么样的表达方式

通过图5得知公民权益的表达渠道多种多样，拓宽表达渠道就是向完善维护和保障公民合法权益制度又迈进一步；同时，也说明公民的主人翁意识在不断地加强，这样更有利于促进相关问题的有效解决。

6.是否落实监督机制

图6反映出大部分地区的监督机制得到有效的落实，进一步提高了领导班子的素质，以及工作效率。增强对领导班子的管理也是维护和保障公民合法权益的重要体现。

7.您觉得村务公开社区事务公开对村民居民重要吗

图7反映出大部分人认为村务公开和社区事务公开对村民和居民非常重要，充分说明村民和居民对于参与基层群众管理的高度积极性，体现了公民对于行使自身权利的积极性。从另一方面说明，公民对于自身合法权益的行使及维护高度关注。

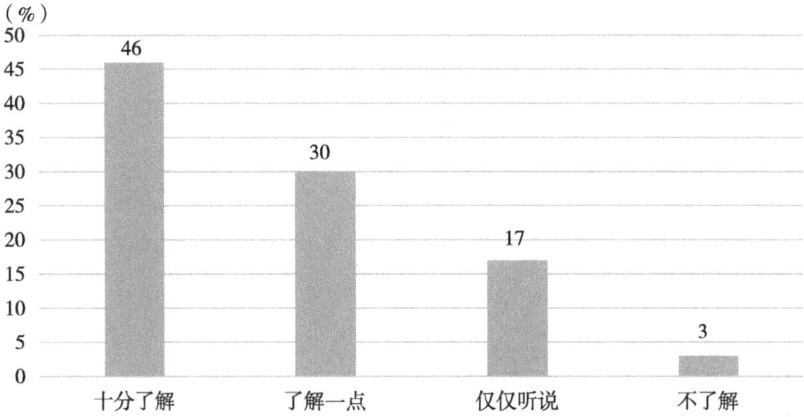

图4　您对参与基层民主自治的态度如何

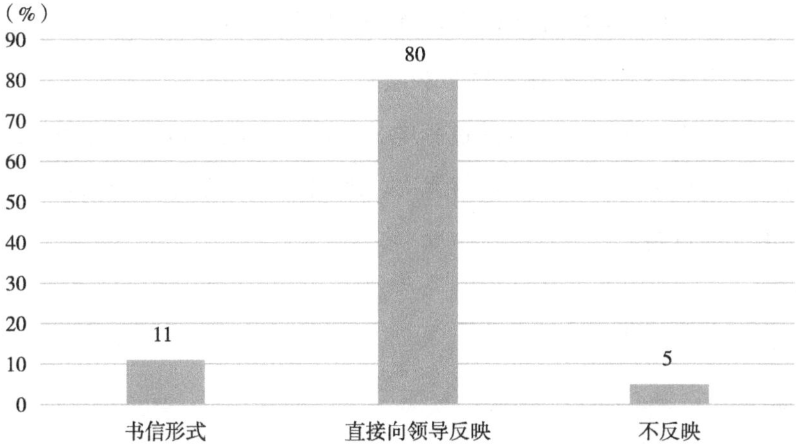

图5　当个人需求需要表达时通过什么样的表达方式

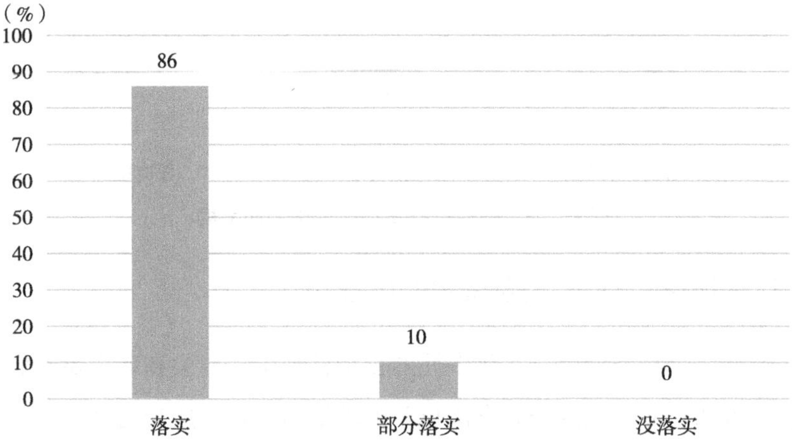

图6　是否落实监督机制

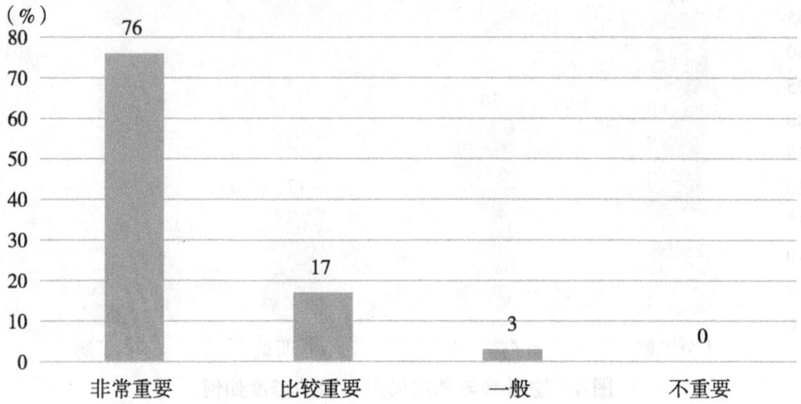

图7　您觉得村务公开社区事务公开对村民居民重要吗

8.个人合法权益是否得到维护和发展

由图8可知，在制度实行的过程中，公民的合法权益大部分得到维护，但还存在一部分不完善的现象亟待解决。因此，完善公民合法权益的维护和保障制度尤为重要。

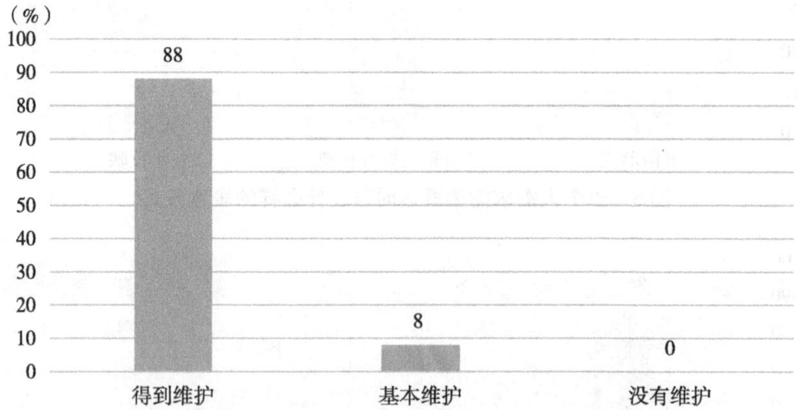

图8　个人合法权益是否得到维护和发展

四、对维护公民个人合法权益的建议

在这样一个利益分化、文化多元的复杂社会中，社会和谐需要人们真诚地交流和沟通。而公民的个人合法权益诉求如何表达，成为当今社会重中之重的问题。对此我们提出以下建议。

（一）了解和完善制度是维护公民合法权益的基本途径

制度的存在旨在维护社会秩序，要想使个人合法权益得到保障和维护，了解和完善制度必不可少。村民自治制度首先是民主选举制度，民主选举的意义就在于让村民选出自己满意的当家人，代替村民们行使权力，并且做好关于村内各项事务的管理，这其实也是对于村民权益的维护方式。村民选举不等于行使《宪法》规定的选举权，它是村民们对于自己村内事务直接管理的一种体现。在我国农村，实行的是直接选举、差额选举和不记名投票，最后的票选结果也是公开的。这样就可以最大限度地选出自己最满意的当家人，也不会因为选举而给自己招来麻烦。其次是民主决策制度。村委会在选举之后会成立相应的村民代表会议，村里各个事项，只要是关系到村民们的整体利益都会选择以村民会议的方式或者是村民代表大会的方式决定。重要事项经村民会议授权，村民代表会议才可以讨论决定。这样就可以充分避免因权力集中而造成的“专制”。村民可以在关乎集体利益和个人利益的时候提出意见和建议，保证自己合法权益的行使及维护。另外一项就是民主管理制度。村民自治制度最大限度地让所有村民参与了民主管理，保证人民当家做主的地位。给予村民充分的知情权、决策权、管理权和监督权；重大事务必须通过村民会议或村民代表会议，由村民民主决策；日常村务管理要让村民参与，向村民公开，接受村民监督。当然，村民既要享受权利，同时也要履行义务。这就给予了村民管理的权利，在民主管理的过程中，村民的权益可以得到最大程度的维护。最后一项就是民主监督制度。因为权力是一把双刃剑，所以，必须把权力关在笼子里，才能使它发挥应有的作用。民主监督就是这样的一个笼子。按照监督制度，村委会依法设立村务公开监督小组，对应当及时公开的事及时公开；涉及财务的事每个月公开一次；对于本村经济管理规划，以及集体经济的管理和经营情况等一年公开一次。民主监督制度引导群众规范有序地参与村务的决策和管理，以理性合法的形式表达自己的愿望和要求，从而维护自己的合法权益。

城市居民自治制度也是如此，从制度上保障落实居民的话语权、参与权、知情权和监督权，才能让不同的利益群体的利益诉求都得到充分表达。要做好诉求接待，建立健全社区居民矛盾化解和排查机制，为做好居民的工作全心全意为居民服务并且要化解居民的矛盾。社区紧紧围绕“自我管理、自我教育、自我服务”的功能定位，创新社区居民利益诉求机制，畅通居民利益诉求渠道，完善社区居民参与机制，逐步完善符合社情、比较完整、覆盖社区、可持续的居民利益诉求体系，创新社会管理机制，推进基本公共服务均等化，切实维护社区的和谐稳定，不断满足居民对温馨和睦社区的新要求、新期待。把居民利益诉求统一到社区经济社会发展中，与时俱进、开拓创新，团结广大社区居民，在大有可为的社区重要战略机遇中更加奋发前进。民主监督制度引导群众规范有序地参与村务的决策和管理，以理性合法的形式表达自己的愿望和要求，从而维护自己的合法权益。完善基层群众自治制度是未来基层管理最重要的方向。

（二）提供更多的诉求表达渠道是维护公民合法权益的关键环节

随着时代的发展，各种制度也在不断完善。人民群众的个人合法权益在得到维护的同时还存在一些因社会发展过快而产生的其他相关问题，如在有些经济发展落后的地区还存在着不尽如人意的地方。制度将权利赋予村民，但在选举中出现一部分贿赂村民的现象；村委会“专权”，重大事项自己决定，不跟村民商量；在管理过程中，设置村务公开栏却没有实行村务公开时有发生；民主监督形同虚设，村民们的权利得不到实现的情况依然存在。所以，在民主建设的进程当中，还有很多问题亟待解决，村民们的合法权益应当得到维护，但就此类问题，政府也会采取一些相关措施来维护人民群众的权益，鼓励并支持人民群众自己表达意愿，并为他们提供更多、更通畅的表达个人利益诉求的渠道。

此次，我们来到河南新乡市调研走访了几个先进的村集体，问询了村民们关于他们村庄的管理制度，以及村民们合法权益的维护。在刘庄，我们对几位村民进行了访问。在访问的过程中我们了解到，村民们对村里的制度非常满意，他们说：“很多时候村干部们在我们之前就会想好保障制度。”他们在村里建立学校，满足村里孩子们的启蒙教育，还会定期发放肉类和牛奶，满足了村民们的日常所需。村民们还提到，每当他们有需求就直接向村干部反映，这样也极大地保障了村民们的权益，实现有需求就有解决。所以，增加诉求表达渠道，是村民表达个人意见、维护合法权益重要的一步。

在社区居民利益诉求机制工作中，居委会一直坚持便民、依法、疏导教育相结合的原则，为信访人提出信访事项提供便利条件，依照法律、法规、规章和有关政策的规定解决信访人的诉求，疏导群众情绪，对群众进行法制宣传、教育，引导其知法、守法、依法信访，以理性、合法的方式表达利益诉求，掌握群众的思想动态，解疑释惑、提高认识，理顺情绪、凝聚民心，防止矛盾激化。

健全民意表达机制，搭建社区居民利益诉求平台，畅通公众利益诉求表达的通道，充分发挥社区居民委员会桥梁纽带的功能。实行社区居民委员会成员深入责任区每户居民的措施，倾听、收集群众意见并分类登记，反映给有关部门解决，并将结果告知居民。同时，通过“心里话说出来”“百姓评说”“楼道贴吧”等形式，积极引导居民理性表达多元化的需求，有效维护社区居民的合法权益和共同利益。充分发挥社区管理与服务窗口的积极作用。社区居民委员会依托社区服务站受理居民对社区事务、专项服务和利益诉求的内容，并规范办理和受理的程序，与街道为民服务中心办公大厅和社区为民服务站实现对接，成为畅通居民利益诉求的有效途径，丰富了居民参与的形式。

丰富制度资源，构建公众利益诉求表达的制度保障。完善基层民主制度，落实公众表达自身利益的话语权，让不同的利益主体都有表达自己利益诉求的平等机会；完善立法和决策听证制度，落实决策参与权，充分听取社会各方面的意见，特别是对利益有重大影响的人的意见，保证政策制定的公平、公正；完善公开制度，落实知情权，让公众对与自己切身利益紧密相关的事情及时了解；完善监督制度，落实监督权，不断拓展人民群众的监督渠道，搭建公民参政议政的平台。

（三）提高公民的法律意识是维护公民合法权益的重要步骤

时代在不断地进步，制度也在不断地成熟，在强调依法治国的今天，公民们的法律意识和维权意识都有所增强。关于维护村民的合法权益也可以从公民自身方面着手，提高公民的法律意识。古语有云：“授人以鱼，不如授人以渔。”在村民自治的实践当中，由于制度的缺失，以及村民整体法律意识比较低下，导致民主权利在实践的过程当中没有很好地行使。加强对广大公民的普法教育，增强他们的法律意识，提高依法办事和依法维权的能力，这是公民们维护自身合法权益最根本的方式。其次，完善村民自治制度和城市居民自治制度，不要让制度成为一纸空文。践行监督机制，落实惩罚机制，将规范性制度和惩戒制度结合起来，把权力真正掌握在公民手里。确实发挥自治制度的作用，从内部解决机制问题。

（四）基层干部起好带头作用是维护公民合法权益的有效载体

强化社区和农村党建龙头地位，凝聚民心促和谐。社区的发展问题、服务问题及稳定问题的最终解决，要紧紧依靠基层党组织，靠基层党组织去动员、组织广大群众，靠党建工作去整合资源、形成合力，靠广大党员去宣传党的路线方针政策，靠党员的先锋模范作用去影响和激励群众。

社区居民利益诉求机制是居民自治的有效形式，必须接受社区党组织的领导。充分发挥社区党组织的领导核心作用，保证社区居民利益诉求机制的正确方向，引导群众平等、自主地参与到社区管理中来。社区“两委”的领导班子坚持民主集中制，班子成员各司其职，相互协调，相互沟通，经常开展谈心活动，领导班子合力进一步增强。班子成员率先垂范，带头落实党风廉政建设责任制，坚持定期研究居民利益诉求工作，每月社区都要召开社区干部、小组干部定期会议，分析研究开展工作，针对难点制定工作解决方案。在人员安排、经费投入等方面予以支持，为搞好社区居民利益诉求积极创造条件，形成强大合力。

社区居委会是直接接触居民、直接发现矛盾、接触矛盾的地方之一，同时也是化解矛盾的最基层。为保障公民的合法权益，营造平安、文明、和谐的社区环境奠定基础，同时完善社区居民利益诉求机制，为居民参与社区公共事务搭建了平台，使居民群众参与社区管理从无序到有序，群众既是问题的提出者，也是解决问题的参考者、办理结果的监督者，主体地位得到进一步突出，实现了群众真正意义上的当家做主。另外，规范村委会和居委会自身的权力运用，从权力的源头着手，积极发挥农村党组织的领导带头作用，提高干部的思想，将廉政和干部的责任心落实在每一次的运行当中，真正做到权为民所用，利为民所谋，实现村民权益的维护和发展。

在回龙调研的时候，张荣锁书记亲自接待了我们，关于维护村民的合法权益问题，他是这么理解的，他说："想要维护村民的合法权益，首先就是干部要做到廉政，有些人可以做到，但是也有相当一部分人做不到，要落实基层干部的监督，还是要从制度着手。比如说在回龙，一项意见需要经过党支部提议、两委审议、群众决议等多次讨论才能决定，这也就在一定程度上给村民提供了个人表达的平台和维护权益的途径。"正如张荣锁书记所说，好干部的选拔是实现个人诉求、表达个人意愿的第一步。新乡市那些先进村庄现如今的发展正是对这句话最好的现身说法，太行公仆吴金印多年来一直在基层岗位上做着奉献，因为他知道村民们最需要的是什么，西山鱼鳞坑、大面积梯田的修建等都是旨在带领乡亲们富起来，以此来满足乡亲们的诉求。在新乡，诸如此类的基层领导我们听到的数不胜数。正是他们，让公民的合理诉求表达途径更加丰富和方便，他们是促进公民合理诉求和合法权益表达机制不断完善的最强推动力。

五、结语

此次去河南新乡市调研使我们更加深入地了解了关于个人诉求表达机制的实施和落实，不仅仅是停留在简单的制度层面，也让我们看到了在实践过程中，制度的实施具有一定的灵活性。我们去调研的几个村庄都是在制度的贯彻执行方面较为成功的例子。当每一位公民的合理诉求都得到实现、每一位公民的合法权益都得到维护的时候，也正是制度运行较为成熟的时候。在实地调研中，我们也了解到，在广大人民群众当中，个人的合法权益的表达并不是尽善尽美，但是，每一项制度都是从不完善到完善的逐渐过渡，这个过程是相当漫长的，而且，在不断蜕变的过程中可能会经历变革的阵痛，这些都是制度进步不可避免的过程。此次调研，对于我们来说，是一次对社会生活和社会制度的深入了解，让大学生对于社会制度的了解从课本到社会，学会了实地考察，并从中发现制度在实践过程中的利与弊。这次调研将会是公民合法权益和合理诉求表达机制不断完善的一块垫脚石，我们从中发现了制度实施的合理方面，也清楚地看到了在实施过程中不完善的地方，并且加以改进。每一项制度都是在不断完善的过程中最后趋于完美，我们相信在不久的将来，公民个人合法权益和诉求表达机制将会随着时代的进步不断完善。

边远地区少数民族聚集地法治建设情况及法律意识现状调查分析*

——以云南省临沧市沧源佤族自治县、永德县为例

杨方举　李静娴　王晨**

一、调研背景及意义

从党的十八届四中全会明确提出依法治国，再到党的十八届五中全会指明的“十三五”时期我国发展的布局和方向，始终坚持“依法治国”，法治理念一脉相承地贯穿国家总体布局始终。习近平总书记多次提到“国无常强，无常弱。奉法者强则国强，奉法者弱则国弱”。没有规矩，不成方圆。随着经济的快速发展，越来越多的社会问题暴露了出来。中国是个多民族国家，为确保各民族平等，以及每位公民的权利不受到侵害，我们国家一直坚持依法治国的政治理念；依靠法治，才能凝聚中国共识和力量，弘扬中国精神，共建法治之中国，复兴中华之文明。改革开放以来的经验也证明，唯有依靠法治，才能突破利益固化之藩篱，攻克深层复杂之难题，确保改革有序进行，通过良法善政实现社会公平正义和全体人民最大福祉。可以说，以法治作为执政之根本遵循，树立法治思维，掌握法治方式，才能夯实执政基础，巩固执政地位。

云南省临沧市地处中缅边界，民族分布较广，包含了汉、彝、佤、布

---

* 指导老师：周颖副教授（社科部思想政治理论课专职教师）。

** 作者分别为2015级文秘与法律系法律事务专业、2015级艺术系平面设计专业、2015级文秘与法律系法律事务专业。

朗、傣、拉祜等22个民族，少数民族居住较为集中。本组采用问卷调查、实地调研、访谈等多种调研方式采集样本，尽可能地对当地法治建设进行多层次的了解和分析，确保调研结果的精准性，进而提出边远地区法治建设中所存在的问题，给出对策及建议。

二、调研过程

此次调研中，我们以调查问卷和访谈为主，资料收集和书籍查阅为辅。其中问卷一共发放了200份，回收率是97%。幸运的是，在当地政府和基层组织的帮助下，我们小组把访谈作为重点，尽可能多的去访谈各行各业和不同年龄段的人。访谈人员涉及农民、村委会主任、佤族族长、中小学老师、司机、学生、超市员工及其他行业工作人员等。可以说，访谈到的人数范围和层次之广，为我们最后得出的结果提供了很多的细节数据和其他意外收获，让我们能更好地完成此次调研。下面，我们将得到的有关信息进行说明和分析。

（一）调查问卷结构性分析

在调查问卷设计中，我们对年龄和文化水平都做了细致的分层，实地调研中，男女比例分配也较为合理，但从得到的数据上来看，女性较多，占总人口的59%。在访问中得知，当地男性大部分选择外出打工，留下妇女、老人和儿童在家，妇女和老人大多都会手艺，做些手工活进行变卖或者自用，儿童基本上都在上学读书。值得一提的是，当地义务教育的普及率非常高。问卷调查中，年龄在0~18岁和19~40岁人口居多，各占总人数的38%和32%，这个范围内学生较多，受到的教育程度较高，基本能了解且完成问卷，对法律也有一定的看法。其中，受教育程度在小学及以下的占41%，初中占35%，高中占15%，大学及以上占9%（图1），这是因为当地实行的是十二年义务教育（试行），但由于思想观念和经济原因，初中以后选择读高中和大学的人数在逐渐减少。

调查对象主要以佤族、傣族、布朗族和彝族居多，占了94%，与汉族相比，少数民族认知法治的程度比较低，原因是少数民族多居住在较为原始的部落，环境闭塞，与外界的联系甚少。而汉族人口多生活在县城周围，生活环境相对而言较好，接触的法治观念、法治精神和法制教育要多一些。所以，要制定一套适合少数民族的合理的法治教育体系，加强少数民族的法治教育，在青少年中实现义务普法。

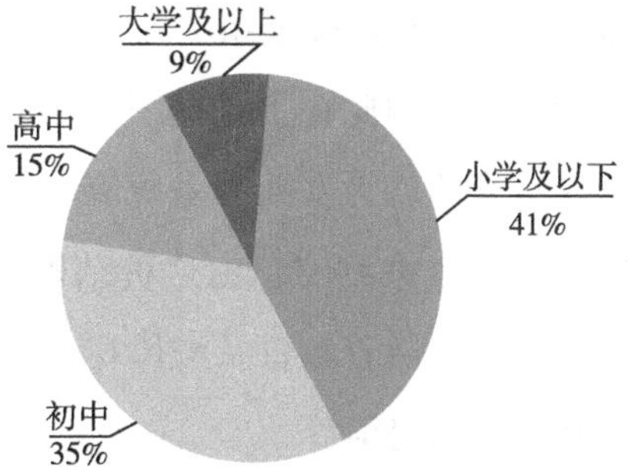

图1　受教育程度占比

（二）访谈内容

访谈人：陈女士　28岁　佤族　教育局员工、老师

陈女士是当地一名教育工作者，也是一名大学毕业生，现在勐角中学当老师。陈女士告诉我们，国家对沧源的教育政策是十二年义务教育（试点），且其他国家的学生在此就读享受一样的教育政策。沧源地处中缅边境，距离边境线只有7公里，所以她的学生中，不仅有佤族、傣族、汉族，缅甸籍的学生也占有一定比例。当问到关于法律知识普及和教育的时候，陈女士说在她读书的时候已经每年都会有法律工作者和当地公安来学校进行政策宣传和法律知识讲座，且由于地处边境，所以关于毒品和禁毒的知识会相对重视一点，宣传力度也较大，这点我们从学校的展示栏中不难看出。陈女士随后还带我们参观了勐角中学、勐角中心完小、大山中学与沧源民族中学等多所中、小学，虽然学校处于放假期间，但大多学校宣传栏中依旧粘贴着关于禁毒的法制宣传报。

访谈人：乌木龙乡村民　53岁　彝族　俐侎人　农民

乌木龙乡保留着原始的村落，是彝族一个分支俐侎人的居住地，受访人是一个53岁的大娘，由于很少与外界接触，所以在语言交流上我们遇到了一些障碍，好在后来在村主任的帮助和录音的反复回放下我们大概了解到了当地法治建设的进程及当地居民法律意识的逐步提高。访谈人告诉我们，俐佧人自古就有定娃娃亲的习俗，家里人为了祖父母在去世前能看见孙子定下婚姻大事，因此在男孩两三岁的时候就会为孩子定亲，而被定亲的女孩家，从这时开始就为女儿准备嫁衣，从纺织、染布到缝纫，母亲都会亲手制作。大约在半个世纪前，由这种结婚习俗导致佤佧人结婚年龄偏早，大约在16岁、17岁。随着教育及法律观念的普及，人口结婚年龄逐渐往后推移，最后达到法律规定年龄。

访谈人：吴先生　39岁　布朗族　客车司机

在大雪山乡进行调研的时候，我们的客车司机接受了访谈。他告诉我们，自己有一个哥哥，他们兄弟俩的妻子都是汉族。由于汉人较多，当地很多民族都与汉族通婚，汉化加强。虽然他们是布朗族，但基本上没有什么太多少数民族的观念了，而且随着旅游业的发展，他做客车司机经常外出，汉语说得也很好，对于法律知识基本上都是在外面跑长途的时候接触到和通过一些电视剧、新闻或多或少知道的，没有受过系统的法律教育。他自己的妻子是外嫁来的汉族，了解的法律知识也比自己多，有时候自己不懂的地方会向妻子请教。

（三）调研结果及分析

在调研过程中，我们发现了一个很有趣的现象：在受访的人群中，青少年学生作为主体，接受的法律教育比较系统且全面，但他们的法律意识却不是很强。大部分学生表示，他们只“听说过法律，没见过法律”，并且大多数人并不认为在校园里打架伤人是犯法的，也不会想到出了意外第一反应是选择报警。关于毒品，他们也表示听过没见过，具体怎么样算是违法犯罪，概念比较模糊。相反，年长者虽然没有接受过系统的法律知识教育，但大多都表示自己有法律意识，因为外出打工的需要和电视的普及，他们或多或少会关注有关法律内容的节目、新闻，从而逐渐有了权益意识。调研中，彝族老族长曾说，他们这里因为地理位置的原因，与外界交流较少，对国家的政策方针没有深入的了解，不过，他希望后代子孙能够认真学习法律知识，做一个遵纪守法的人。由此可知，他们有着学习法律知识的愿望，只是因缺乏相应的软、硬件设施和好的宣传引导，无法接受全面、系统的法治教育。与中国最后一个原始部落——翁丁部落的族长和族人们交谈中，我们得知这里的刑事犯罪率非常低，一般发生纠纷、矛盾，都是由村子里或者族里有威望、有知识的人来进行调解，很少用到法律。在永德的乌木龙彝族乡，我们也从村委会主任的口中得知，在他们村经常会发生一些喝酒驾车的现象，在当地人的眼里，喝酒驾车不过就是普通罚款而已。可见，当地的民众较以前法律意识有了一定的提高，但由于比较封闭，很少能接触到外面的信息，这也是他们在经济、法制、文化上匮乏的原因之一。尽管法治建设在这一区域宣传力度很大，但真正意识上的法律普及很不到位，只有触及自身利益的时候人们才会诉诸法律，依靠法律，相信法律，主动学习法律。

三、存在问题及建议

第一，缺少法制宣传的力度和深度，未建立全面系统的教育体制，当地人法制观念淡薄。因此，要创新宣传体制和改变教育模式，扩大宣传覆盖面，提高宣传实效性；教学要融入新型方式，切实让学生感受到法治建设带来的好处。

第二，资金缺乏，国家和社会要加大资金的投入，尤其要向偏远少数民族地区倾斜。设立专项资金扶持，加强对法治资金的合理利用，完善有关监督体系，加强专项资金的管理，盘活少数民族地区法治建设的主题。

第三，法律专业人才缺乏，民族语言交流困难。偏远地区物资匮乏，因此，要提高优秀人才的薪酬待遇和福利，保障他们的生活条件和物质水平；设立汉语和少数民族语言教育机构，定向培养双语人才，并给予补贴。

第四，宣传教育过于简单、抽象。因此，要因地制宜地开设相关的法律课程，编辑出版有关法制教育的书籍，让民众从小树立法律意识，增进对法制精神的理解。

四、结论

法治是以“法”为载体的社会主义核心价值体系的子系统，因而它必然得符合“形式正义”的要求，即法律之治。如果要建立一个完备的法律体系，即建立中国特色的社会主义法律制度体系，就必须要统筹各方，全面并进。

中国西南地区经济发展水平不高，法治建设进程相对缓慢。因此，要在全面推进依法治国、加快建设社会主义法治国家的新时代背景下，加强社会主义核心价值观的认知、认同，大力培育和践行中国特色社会主义法治价值观。当前，西南少数民族地区农村法制宣传教育的推广还存一些困境：农村法制宣传教育物质基础薄弱，广大农民自主经营性增强，流动速度加快，对集中宣传教育带来困难；经济欠发达的乡镇和偏远山寨，交通、通讯不便，法制宣传教育“进村入户”困难；偏远行政村贫穷落后，欠发达乡镇财政转移支付无力支撑普法经费，宣传设备落后，普法人员难做“无米之炊”，力不从心，不同程度地影响着法制宣传教育的广度和深度。因此，需要做到以下几点。

第一，从法制宣传方面来看，要发散思维，运用各种媒体，开展宣传教育活动。坚持在各级党校和中小学进行民族政策和民族法律法规宣传教育，在学校开设民族理论、民族政策课程，以群众喜闻乐见的方式传播法制，促进法治信息的交流。针对近年来留守老人越来越多，部分少数民族乡村百姓普通话交流存在障碍的情况，可以将民族语言与当地山歌民调相结合，进行巡演。

第二，从法治人才培养方面来看，要健全政法部门和法学院校、法学研究机构人员双向交流机制，组建专业人才队伍，大力引进高素质人才。与此同时，必须始终高度重视和强调中国特色社会主义理论，结合党的十八届四中全会精神和我国法学教育面临的主要问题，创新法治人才培养机制，培养满足法治国家建设所需要的高素质法治人才。

第三，从法治教育方面来看，要加强文化学习与普法学习、文化活动与普法活动等有机结合、同步推进。扩大法制教育的范围，把法治精神融入教育的方方面面，客观有效地推行法治教育专题活动，丰富、深化法治教育的方式方法，切实有效地为法治教育增添亮点，打造新颖的法制教学模式。同时，要尤其关注未成年人的教育。针对近年来频频发生的未成年人暴力犯罪事件，有关部门要做好相关工作，防患于未然。中国是一个多民族的国家，所以对于未成年人的法律普及，以及教育不能一面概全，要根据各个民族不同的情况、地理位置，以及风土人情，多方面因素综合考虑，建立健全有关未成年人的各项法律工作。

最后，我们认为，实现中华民族伟大复兴的中国梦的历史进程中，要同步推动中国特色社会主义法治建设。必须坚定不移地支持欠发达地区、少数民族地区加大法制宣传力度，扩大法治的影响力，大力推动法治进程。我们相信，在党和政府的带领下，我国少数民族地区的法治建设一定会取得优异的成绩。

参考文献

[1] 公丕祥.社会主义核心价值观研究丛书:法治篇[M].南京:江苏人民出版社,2015.

[2] 陶清德.社会主义核心价值观之“法治”解读[N].甘肃日报,2014-03-31.

[3] 马培杰.边疆少数民族地区社会主义新农村法制建设研究[EB/OL].[2010-4-10](2016-09-20).找法网,http://china.findlaw.cn/lawyers/article/d15386.html.

[4] 王先林.建设法治中国该如何培养法律人才[N].解放日报,2014-11-13.

边远少数民族聚居区教育扶贫现状及对策研究

——以云南省永德县为例*

李凤婷　陈瑶**

一、研究背景及意义

（一）研究背景

我国是一个由56个民族组成的多民族国家，加快少数民族地区经济发展是党和国家的一项基本政策，少数民族地区的精准扶贫、教育扶贫直接关系到社会主义现代化的建设的进程，关系到中华民族伟大复兴的中国梦的实现。2015年1月，习近平总书记在云南调研的过程中强调，要坚决打好扶贫开发攻坚战，加快民族地区经济社会发展。习近平总书记在2015年减贫与发展高层论坛上的主旨演讲中进一步指出："授人以鱼，不如授人以渔。扶贫必扶智，让贫困地区的孩子们接受良好教育，是扶贫开发的重要任务，也是阻断贫困代际传递的重要途径。"❶

云南省是我国少数民族种类最多的省份，全国56个少数民族中，云南就有52个，云南省少数民族人口有1400多万。云南省永德县位于滇西南边

---

* 2016年首都高校思想政治理论课学生社会实践优秀论文评选活动二等奖；2016年首都大中专学生暑期社会实践优秀成果。指导老师：张欢欢（社科部思想政治理论课兼职教师）。

** 作者均为2014级社会工作系心理咨询专业。

❶ 习近平．让贫困地区的孩子们接受良好教育是扶贫开发的重要任务[OL]．央广网．http://www.cnr.cn/zgzb/2015jpyfzgclt/zy/20151016/t20151016_520167525.shtml.

陲，全县辖3个镇、7个乡（其中2个民族乡），总人口36.97万人（2010年），世居汉、彝、佤、布朗、傣、傈僳、拉祜等22个民族，少数民族占总人口的21.78%，是少数民族居住较为集中的地区。调研组结合党和国家精准扶贫的工作部署，以及我国各民族地区发展实际，以云南省永德县为案例调查我国边远少数民族聚居区教育扶贫现状，因地制宜、实事求是地找准扶贫对象，进而开展边远少数民族聚居区教育扶贫措施的相关研究。

（二）研究意义

教育扶贫，是指针对贫困地区的贫困人口进行教育投入和教育资助服务，使贫困人口掌握脱贫致富的知识和技能，通过提高当地人口的科学文化素质以促进当地的经济和文化发展，并最终摆脱贫困的一种扶贫方式。[1]本项研究在教育扶贫理论上提出教育扶贫需要同步"智"力、"志"气、"制"度、"质"量这四方面的协调发展，是对现有教育理论的补充和发展。

现有研究主要集中于"精准扶贫"的理论研究，而边远少数民族聚居区的精准扶贫研究，特别是少数民族聚居区的教育扶贫研究较少。在少数民族聚居区进行实证调研，为当地提供可行的对策，以及与实践相结合的理论研究更是为数不多。本项研究将理论与实践结合在一起，将国家教育扶贫大政方针政策运用到民族地区的教育实践中，为民族地区的教育扶贫贡献一分力量。

本项研究通过了解永德县经济、社会发展的现状，实地调研了解永德县教育主要存在的问题，分析永德县教育贫困的原因，以期提出相应的教育扶贫的措施，帮助当地改善教育贫困现状。

二、研究方法与过程

（一）研究方法

在调研方面，本研究采用文献研究法、问卷调查法与访谈法相结合的方式。文献研究法通过对现有相关文献进行搜集和分析，借鉴现有研究经验，快速聚焦研究的重点和难点，为研究指明路径和方向；问卷调查法是一个迅

[1] 谢君君.教育扶贫研究述评[J].复旦教育论坛，2012(3).

速收集有效信息的方法，在问题设计过程中，严格遵循问卷设计原则，将封闭性问答与开放性问答相结合，在涉及观点态度的问题上，尽可能全面考虑，并通过问卷试做反复修改问卷整体；对于一些个体差异性较强的问题，选择了访谈的方式来收集信息，同时通过现场调查实地了解边远少数民族聚居区的实际情况，参观了永德县第二中学、勐角中学、勐角中心完小、大山中学与沧源民族中学等多所中、小学，到访永德县的乌木龙乡、大雪山乡和沧源县多个乡镇等地，为调研提供了翔实的资料。在问卷设计方面，根据不同对象采用不同的问卷设计，共分为两组，即学生组与家长组，从不同的视角了解教育贫困及教育扶贫现状。访谈主要包括对学生家长、教师，以及教育机关工作人员的专访，调研组制定访谈提纲进行访谈和谈话。

（二）研究样本

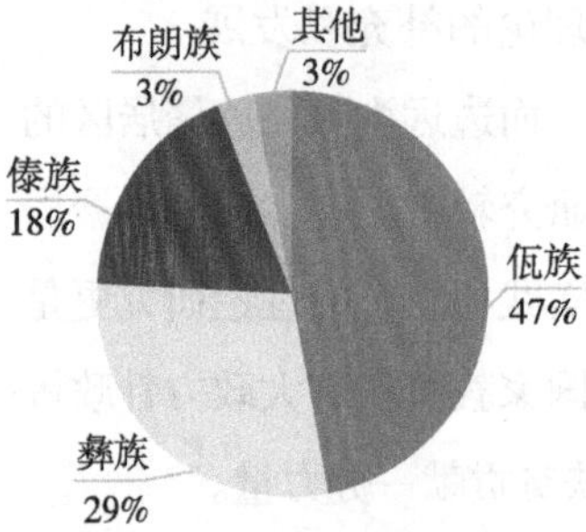

图1　问卷调查民族分布

报告中的学生样本主要来自永德县第二中学、勐角中学、勐角中心完小、大山中学与沧源民族中学，调查样本涉及临沧市永德县，以及沧源佤族自治县，共收回有效学生问卷46份；家长样本主要来源于下乡走访，到村民家中了解实际情况，共收回有效家长问卷30份。

受访者中男性36人、女性40人，民族分别为彝族、佤族、布朗族、傣族等（图1）。

三、调研结果及分析

（一）边远少数民族聚居区教育现状

采取从大到小的方式纵向描述所调查到的当地教育现状，社会层面注重整体教育状况，包括学校数目、师资情况与生源情况；学校层面我们主要了解学生目前的需求，现有教育资源下学生的感受，以及辍学情况；家庭层面通过访谈与问卷结合的方式，了解当地家长的教育态度、教育投资，以及家庭教育是否缺失；个人层面我们主要面向教育扶贫政策的落实，以及对学生实际的帮助。

1. 社会层面

全县现有各类学校210所，其中幼儿园41所，小学107所，教学点有47个，特殊教育学校有1所，初级中学有11所，九年义务制学校2所，完全中学有两所；各级各类在校生51115人，其中幼儿有969人，小学有27773人，初中10164人，普通高中有3525人，职教中心有608人，特殊教育75人；幼儿教育教职工225人，小学教职工1691人（专职教职工1682人），初中教学教职工881人（专职教师784人），普通高中教育教职工274人（专职教师245人），职教中心79人（专职教师58人）。❶

2. 学校层面

实地参观的过程中，我们发现大部分的教室都安装有多媒体设施，学校也都设有计算机机房。但问卷调查结果显示，学生最希望改善的教育条件仍是学校的教育硬件设施，以及师资力量，其次是食宿环境（图2）。

关于师资力量，问卷结果显示教师资源欠缺的情况并不是很多，但我们走访的时候发现，教师资源缺乏的情况集中在一些偏僻的村落里，至今还存在一个学校只有两位老师这样的问题。此外，美术、音乐类的专业老师整体上来说都比较缺少。在接受访谈的时候，某校长就曾提到过这个问题，目前音体美这样的副科课程，大多由非专业老师兼任（图3）。

关于辍学问题，问卷结果显示学生辍学比例并不是很高（图4）。但在访谈中我们发现，大部分学生在结束了九年义务教育之后就不再选择继续接受教育，初三毕业以后外出打工者居多，并逐渐形成一种趋势。不再继续上学的原因一方面是没有考上重点高中，父母认为没必要继续读普通高中；另一方面则认为高中教育对自己工作并没有什么帮助，不如早点走入社会。

在九年义务教育中，学生辍学大部分是学生自身对学习不感兴趣，或者是一些意外情况导致学生被动辍学，家庭不支持的情况极少（图5）。在走访过程中，我们发现当地的家长都很支持孩子完成九年义务教育。

---

❶ 数据来源于教育局报告。

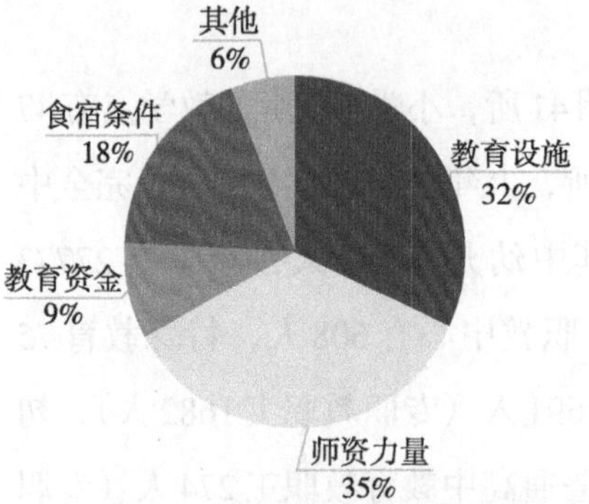

图2　学生最希望改善的教育条件

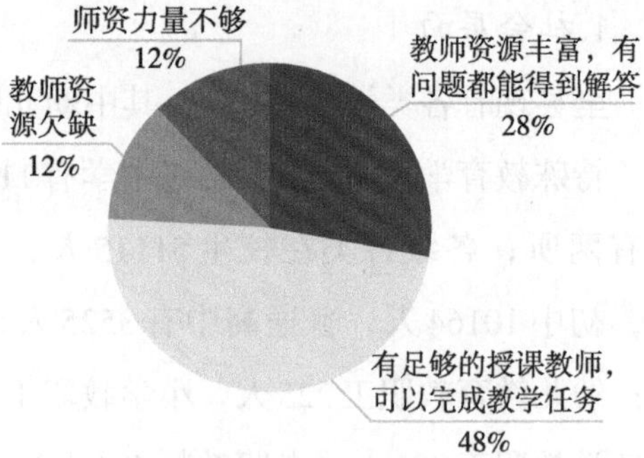

图3　师资力量现状

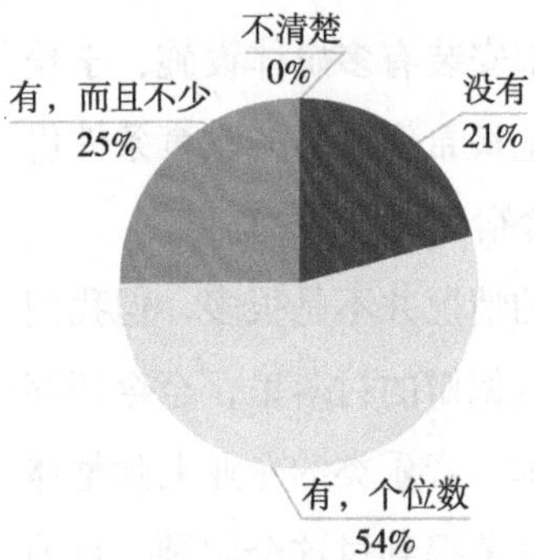

图4　学生辍学情况

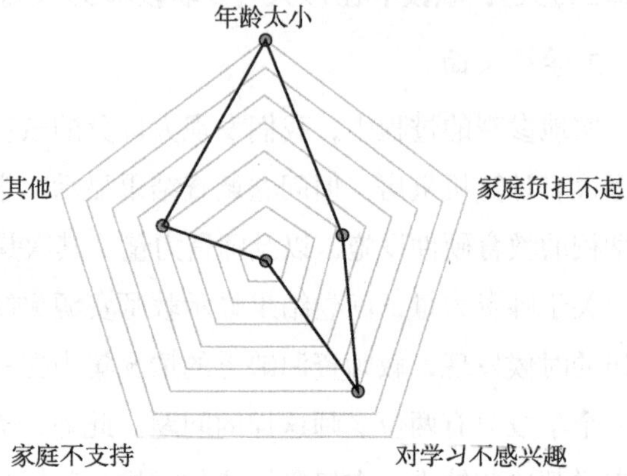

图5　学生辍学原因

3. 家庭层面

当地少数民族日常生活中会用土话交流，但在学校中会讲普通话，当地的许多小孩子都是看电视学会说普通话。在走访中，我们采访到的家长普遍反映无法辅导学生功课，都是去学校找老师解决，家长们的受教育水平普遍不高（图6）。

因为九年义务教育，以及各种学生补助政策，上学并不会给一个家庭带来很大的经济负担，每个家庭对于教育投入的态度不同，因此在教育上的投资是不同的，大部分家庭还是很乐意为孩子上学进行投资（图7）。

教育态度方面，大部分家长均表示支持（图8）。在我们走访的过程中，发现当地并没有男女受教育的偏见，凡是适龄儿童，均可自觉入学。

4. 个人层面

对于现有教育水平，整体来说学生们是较为满意的（图9）。访谈时问到

"为什么想上学"这个问题的时候，大多数学生都回答"知识改变命运"，可见学生们主动上学的意愿是很强烈的。

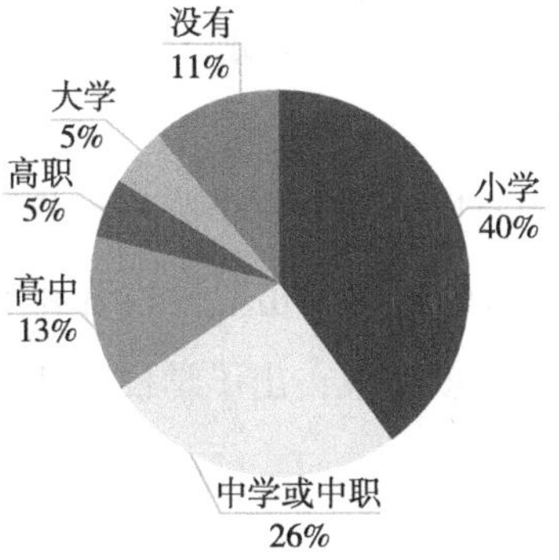

图6　学生家长的学历水平

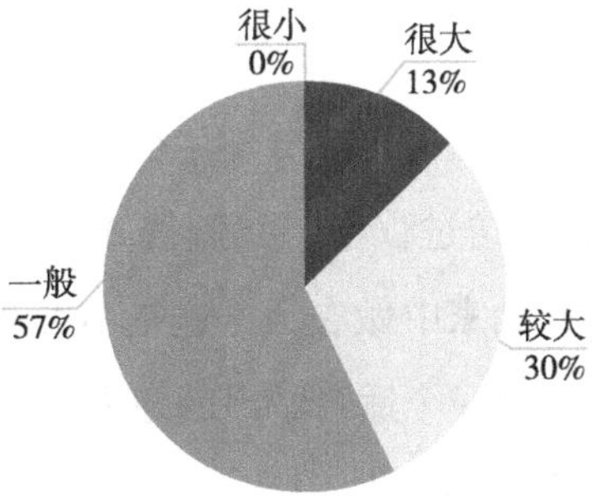

图7　家庭对教育的资金投入情况

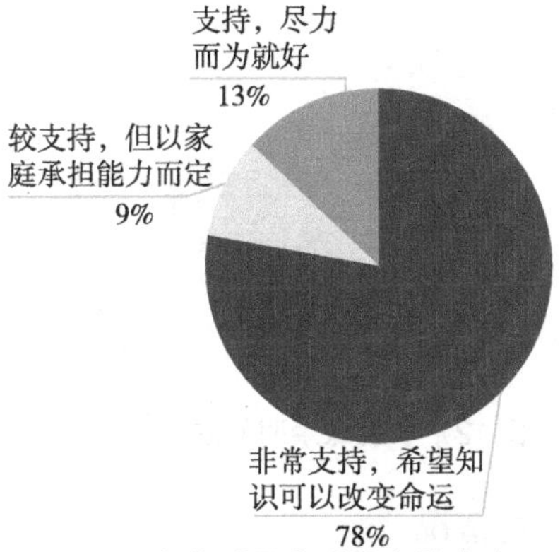

图8　家庭对子女受教育的态度

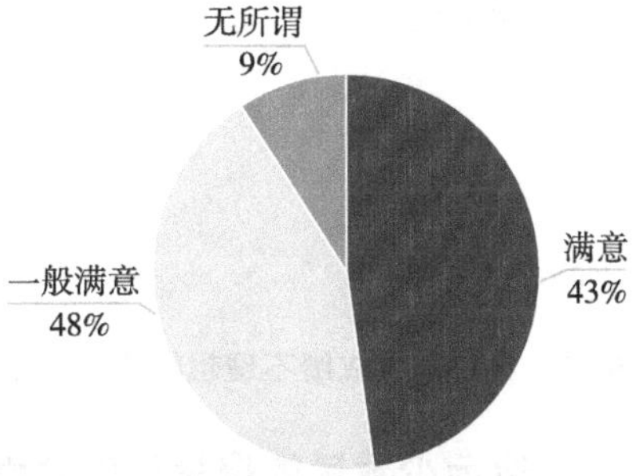

图9　学生对现有教育水平的满意程度

但就成绩而言，大部分学生觉得自己的成绩一般（图10）。

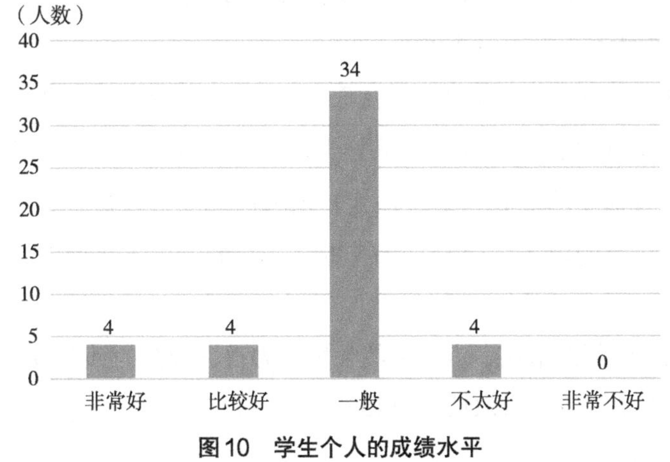

图10　学生个人的成绩水平

影响学习成绩的绝大部分原因是个人努力，但也与教学资源有限有关(图11)。有的学生学习能力比较强，在条件艰苦的情况下也能很好地完成学习任务，但大部分学生还是比价依赖客观环境，从而体现了教学资源的重要性。

课余生活中，部分学生会选择学习，也有同学会在家中分担家务等（图12）。在走访过程中，我们得知当地主要经济收入为种植业，也看到很多小孩子会帮助家中做农活，这是不可避免的。也就是说，出了学校，其实学生们很难找到一个适合学习的地方。

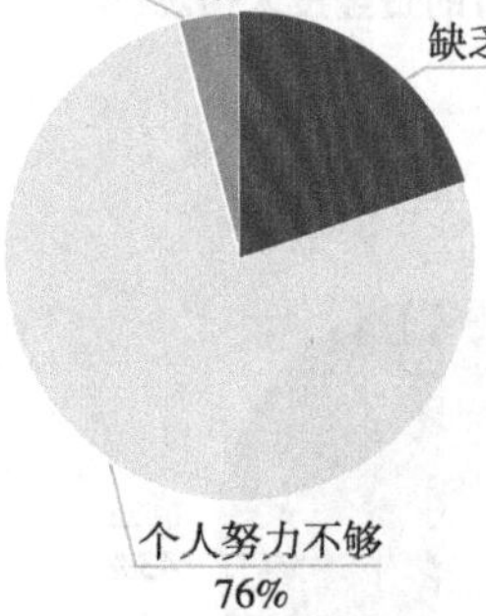

图11　导致学生成绩不理想的原因

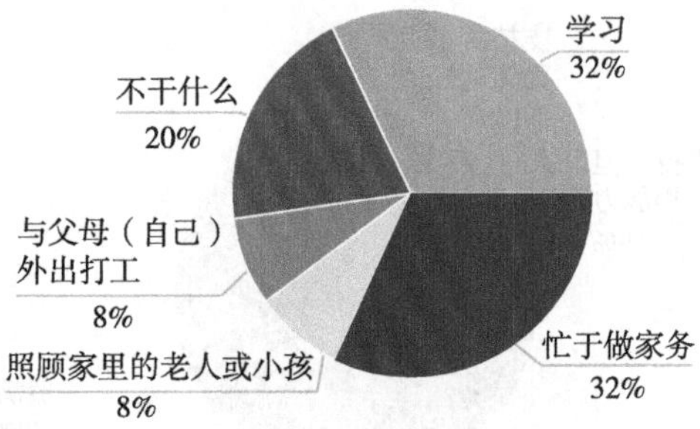

图12　学生课余时间的活动

（二）边远少数民族聚居区教育教育扶贫情况

永德县地理位置偏僻，交通不便，多数家庭以种植茶叶、核桃、烟叶等农作物为经济来源，县内工厂稀少，少有打工的机会，所以永德县多数居民的经济状况处于贫穷状态（图13）。

教育扶贫方面，国家采取义务教育“两免一补”的方式，即免学杂费书本费，补贴伙食费、住宿费。大部分少数民族与汉族所享扶贫政策相同，除了一些人口稀少的民族（如拉祜族）国家额外进行补贴。但问及学生是否了解教育扶贫的内容，问卷显示有近乎一半的学生不了解教育扶贫政策(图14)。

对于扶贫政策的落实，近一半的学生认为教育扶贫的补助帮助他们完成了学业，说明了政策的时效性（图15)。

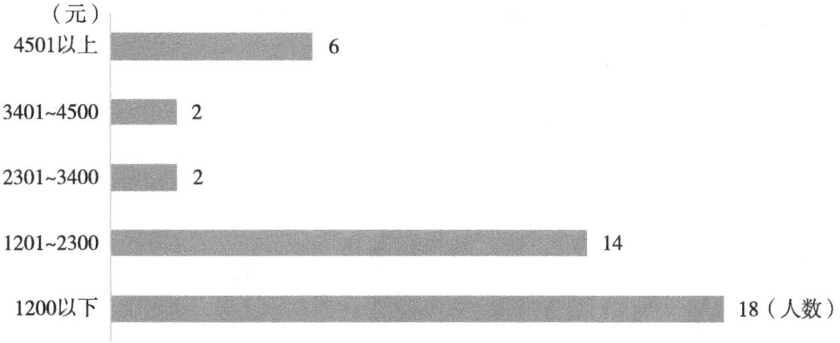

图13　家庭人均年收入

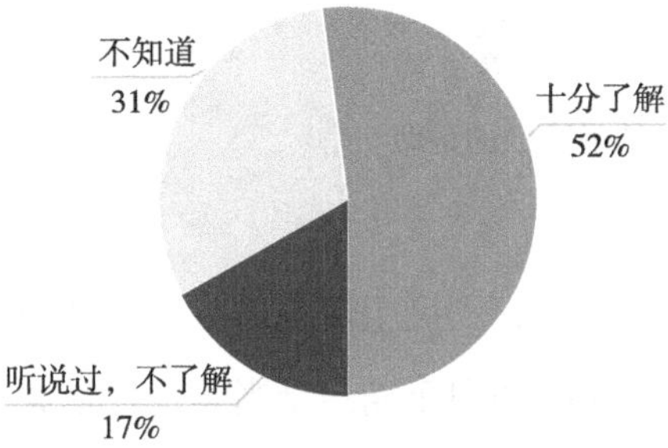

图14　学生对教育扶贫的了解

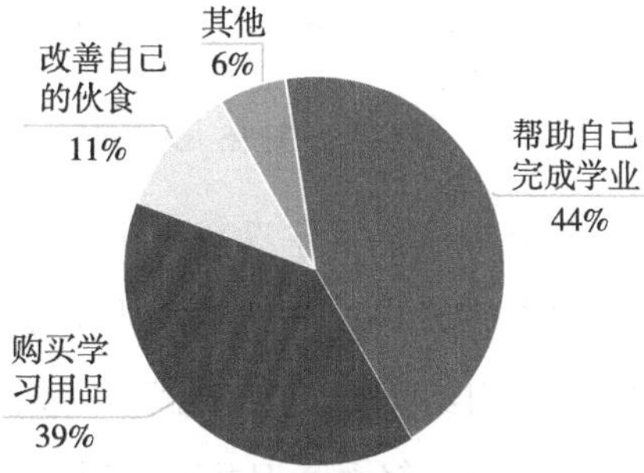

图15　教学补助对学生的用途

（三）边远少数民族聚居区教育存在的主要问题

1. 优秀教师的缺乏

在我们访谈的过程中，发现在边远山区任职的优秀教师的确稀少，毕竟边远地区环境艰苦，优秀教师的择业面很广，选择机会很多，所以人才的缺乏在情理之中。在问卷中可以看出，学生们非常渴望学习更多的知识（图16），但现在的教学资源并不能满足他们。如何在边远山区留住人才是一个大问题，如果没有相关政策的支持，山区小学的未来还要走很长的路。支教团队的建设不失为一种解决办法，但目前并不系统，无法保证教育的持续性。

2. 学校之外学习环境的缺乏

离开学校后，学生们一方面缺乏监督，另一方面没有适合学习的场所，所以大部分不会选择在校外学习，学习也都在学校进行。但在学校的时间毕竟有限，课外时间又很珍贵，如果不想办法利用起来，损失很大。但家庭教育因为受父母知识水平所限，所以这部分很容易缺失。

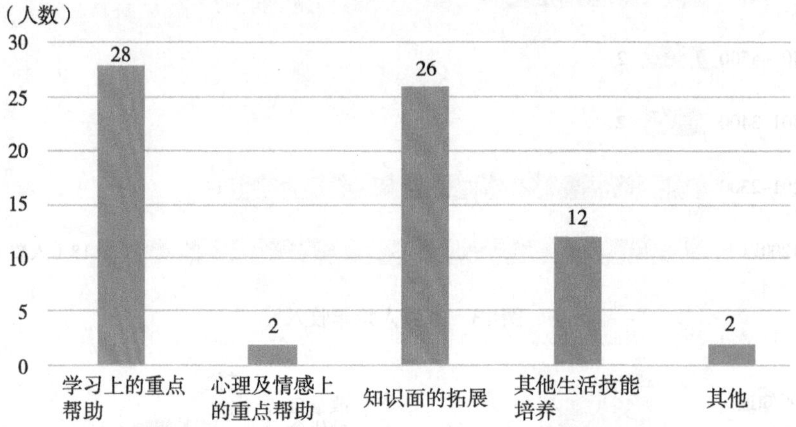

图16　学生认为亟待完善的教育上的帮助

3. 学生的自主努力意识不强烈

在永德县的调研中，发现当地生活节奏缓慢，人民生活安逸，在这种与世隔绝、自给自足的大环境下，成长起来的学生倾向于满足于当下，缺乏竞争意识，自主努力意识并不强烈。

四、研究对策与建议

在研究过程中我们总结出，导致贫穷的原因在于资金缺乏、人才流失、思想保守。通过不断反思此次调研中发现的问题，调研团队创新性的提出了教育扶贫需要同步"智"力、"志"气、"制"度、"质"量这四方面的协调发展，是对现有教育理论的补充和发展。"智"代表着教育素养的提升，"志"代表着学生自我实现的倾向，"制"代表着完善的教师人力资源战略培训系统，"质"代表着教育扶贫实际可行有效。

（一）发展"智"力，提高教学素养

贫困首先带来的是物质上的匮乏。由于物质基础决定上层建筑，物质资源的匮乏导致当地教育水平的低下及受教育上的智力思维发展受限。在永德走访的村寨一级的学校里发现，教学楼简陋、图书馆破旧，教师自身的受教育水平有限，所以传递给学生的知识仅是课本知识。这样低下的教育水平在

一定程度上对学生们的智力思维发展产生了影响。由于物质基础决定上层建筑，物质资源的匮乏导致当地教育水平的低下及受教育上的智力思维发展受限。所以我们应加强、加快教育扶贫的进度与力度。但扶贫不仅仅是经济上的帮扶，更重要的是让学生会用知识武装自己，因为“授人鱼不如授人渔”。思想智力上的改变，方能使人由内而外、自发的改变自己的行为方式和生活状态。否则，由外而内、不治愚，直接从经济层面上入手扶贫，很难让人主动认识到自己的问题，一味的经济帮扶，也更容易造成资源的浪费。

只有提高贫困群众的思想智力，将知识内化并运用到生活中，使他们能够主动地去改变当下的状态，然后再辅以适当的物质援助，既治标又治本，这才是教育扶贫的最终目的。

（二）匡扶“志”气，开拓学生视野

精准扶贫的有效落实，与教育扶贫中的扶“志”的开展密不可分，富兰克林有一则名言这样描述贫穷与思想的关系：贫穷本身并不可怕，可怕的是自己以为命中注定贫穷或一定老死于贫穷的思想。如果教育不能使受教育者的思想改变，那么扶贫工作只能实现治标不治本的效果。教育扶贫，通过教育扶“志”，让每个学生拥有自我实现的意识，从心理上摆脱贫困的标签，积极地走向未来，才能真正意义上彻底的改变，虽然一时看不到效果，但教育扶“志”的影响将是深远的。

云南省永德县位于祖国西南边陲，依山而居，交通不便，经济来源单一，学生们很难有走出大山的机会，加之当地互联网覆盖并不全面，对学生与外界的交流有很大影响。加强学生与外界交流，可以组织学生去知名大学参观，让他们亲眼看一看外面的世界，埋下一颗走出山村的种子。并且引导学生思考未来，让学生有目标的自主努力学习，成为有理想、有抱负、有志气的青年。

（三）创新“制”度，加强落实监督

现代教育的差别，随着各地对基础教育设施的升级，逐渐由硬件资源主导转型为人力资源主导，所以在影响教育的多种因素中，教师成为最关键的因素。在永德的实际调研中发现，优秀教师不愿意到偏远地区教学，导致教学质量下降，形成恶性循环。边远山区地理条件恶劣，经济不发达，在教师的临岗选择上不占优势，很难吸引留住优秀教师人才。我国现行教育人力资源管理体制依旧比较传统，人力资源整体规划不清晰，绩效考核、激励机制并不系统。❶

教育扶“制”的目的在于更好地落实教育扶贫，补全现有教育人力资源系统的缺陷，针对支教教师与志愿者制定良好的人才保留制度和再教育制度。人力资源系统的补全，是对边远地区教育制度的极大完善。制度上的完善，才能保证整个教育体系更加顺畅地运行，教育扶贫机制才能发挥应有的功效。

（四）强调“质”量，重视实际改变

事实胜于雄辩，好的政策方针如若得不到良好的落实，依然达不到目的，于现状无益。在永德调研时我们注意到，很多政策制定得不错，但是无法真正落实。在精准扶贫过程中，“做到”了什么总是重于“做”了什么，质量的胜利远高于数量的胜利。有针对性地帮扶一个地点让当地有实质性的改变所能带来的收益，远大于漫无目的地帮扶很多个地点却都是隔靴搔痒、无关痛痒的行为。精准扶贫讲究质量，教育扶贫仍要落实这个方针，保证我们做的每一件事都是有效的，这就是精准的意义所在。

五、结语

实现“两个一百年”奋斗目标是实现“中国梦”的基础，精准扶贫是其重中之重，教育扶贫是关键。精准扶贫的一小步，是全面实现小康社会的一大步，脚踏实地地走好这一小步，对整个社会而言就是意义重大的进步。

---

❶ 孙其松.浅析教育人力资源管理中的问题及对策[J].教育导刊,2010(10).

北京市大学生村干部职业发展现状调研*

朱玉华　李阳　韩鹏**

自北京市2006年全面启动选聘应届高校毕业生到村任职工作以来，北京市大学生村干部肩负时代重托，投身基层实践，已成为服务首都经济社会发展、推进北京市社会主义新农村建设的重要力量。近年来，北京市大学生村干部群体面临的职业发展难题日益凸显，亟待全社会的共同关注和思考。本文以期满和离职大学生村干部为主要研究对象，通过调查问卷、深度访谈等方式，旨在了解北京市大学生村干部的职业发展现状、路径和问题，并在此基础上提出相应的对策与建议，以期对推动北京市大学生村干部工作健康发展、引导大学生村干部群体干事创业、成长成才有所裨益。

一、问卷调查情况

课题组根据方便取样的原则，采用问卷调查和随机访谈的方式，从北京市11个区（2个中心城区和9个远郊区）中选取北京市服务期满和服务期间离职的大学生村干部120名，发放《北京市大学生村干部职业发展现状调研调查问卷》120份，回收120份，经过严格剔除废卷后，共获得有效问卷100份。

（一）基本信息数据分析

调查结果显示，100名调查对象中男性占33%；女性占67%；年龄以85

---

* 获得2016年北京高校青年教师社会调研优秀成果资助项目二等奖。

** 朱玉华为北京青年政治学院社科部思想政治理论课兼职教师；李阳、韩鹏为北京青年政治学院学生处教师。

后为主，占80%；所学专业涵盖法学、工学、经济学、文学、管理学等十类专业，分布基本均衡。

我们重点从调查对象的生源地、毕业院校类别、学历层次、政治面貌、所学专业等方面进行了分析。在生源地方面，京内生源占41%，非京生源占59%，二者比为1∶1.4。

在毕业院校类别方面，985、211院校毕业生占30%，其他院校毕业生占70%，如图1所示。在985、211院校毕业生中，京内生源占3.3%，非京生源占96.7%。数据表明，北京市大学生村干部对名校毕业生吸引力不足，而且对名校毕业生的吸引力主要体现在非京生源上。

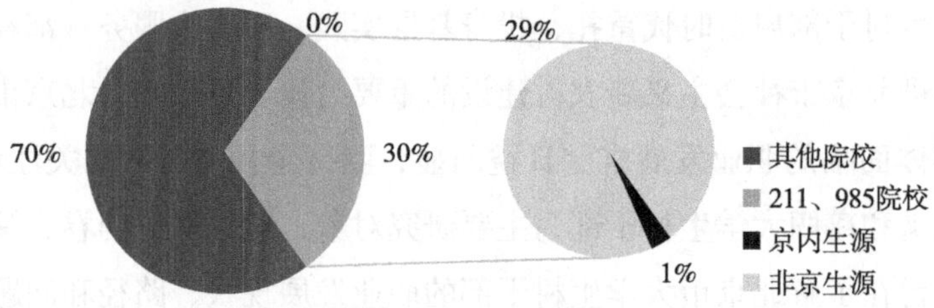

图1 调查对象毕业院校构成比

在学历层次方面，北京市大学生村干部的学历层次主要集中在本科和硕士研究生，占比92%，如图2所示。硕士研究生以上学历的有35名，全部来自非京生源。数据表明，北京市大学生村干部学历层次相对较高，但对于京内生源的高学历人群吸引力较低。

在政治面貌方面，大部分村干部为中共党员（含预备党员），占70%，如图3所示。在担任学生干部方面，大部分村干部在校期间担任过学生干部，占61%。京内生源中，中共党员（含预备党员）占49%，担任过学生干部的占41%；非京生源中，中共党员（含预备党员）占85%，担任过学生干部的占75%。数据表明，大学生村干部整体政治素质较高，绝大部分为中共党员（含预备党员）或担任过学生干部，从总体来看，非京生源大学生村干部的政治素质要高于京内生源。

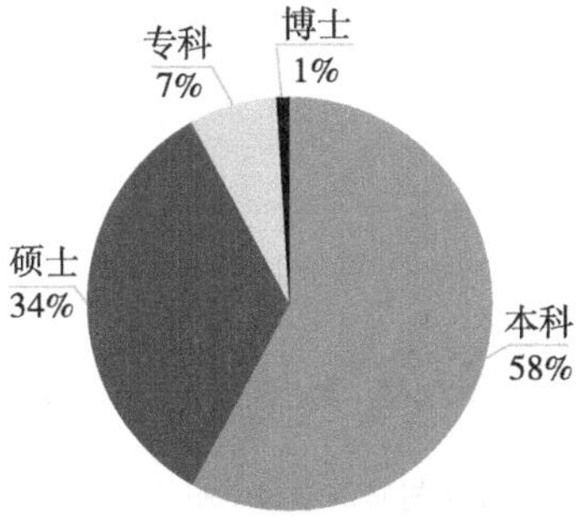

图2　调查对象学历构成比

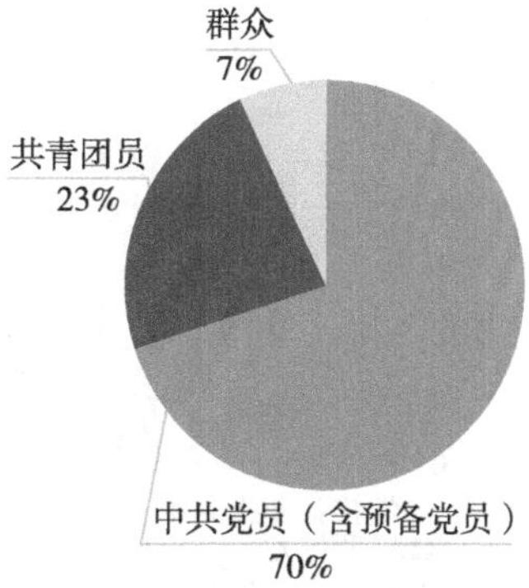

图3　调查对象政治面貌构成比

（二）任职情况数据分析

本课题组从了解村干部政策的渠道、担任村干部职务、选择村干部原因、面临的问题、提高自身能力的有效方式等方面对北京市大学生村干部的任职情况进行了分析。

在了解大学生村干部政策的主要渠道方面，以学校就业指导中心和互联网作为了解大学生村干部政策主渠道的比重较多；以亲朋好友、学长学姐、传统媒体等作为了解大学生村干部政策主要渠道的比重较少，如图4所示。数据表明，大学生村干部政策宣传在学校层面和网络层面已经相对规范和成熟，但社会公众对大学生村干部政策的了解不多，这可能与村干部的职业吸引力和社会公众对村干部的认可度较低有关。

在担任村干部职务方面，以担任村支书助理和村主任助理为主，如图5所示。在任职时间方面，任职年限满3年的占88%，如图6所示。在任职地点方面，全部在村内开展工作的占35%，既在村里任职又在乡镇借调的占50%，只在乡镇借调的占15%，如图7所示。数据表明，大学生村干部担任的职务和任职年限相对统一，在这方面的管理相对规范，同时培养方式比较灵活，往往会提供多岗位锻炼的机会。

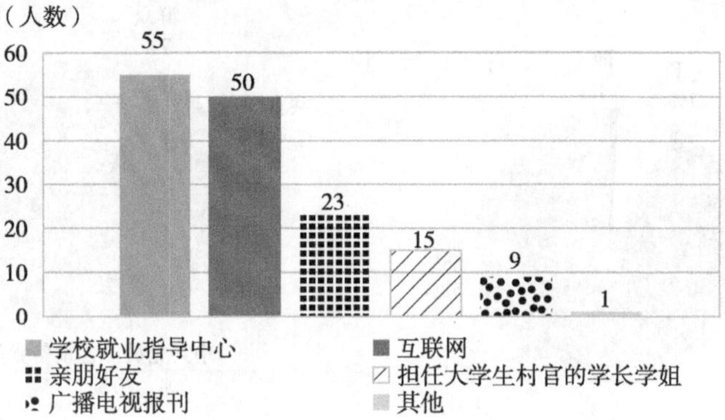

图4　调查对象了解大学生村干部政策渠道情况

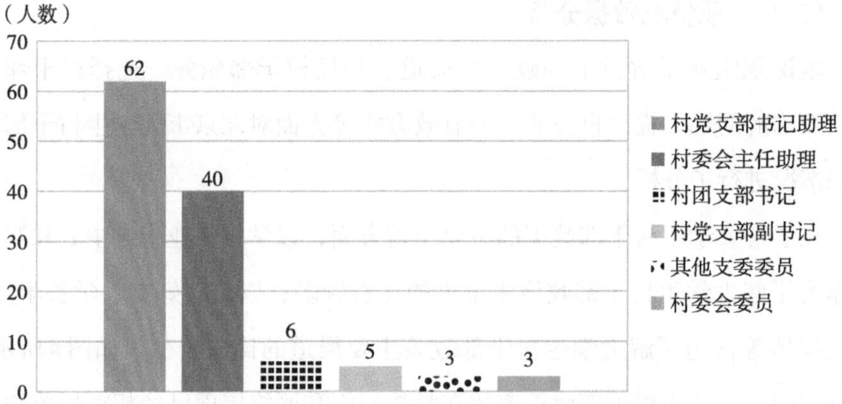

图5　调查对象担任大学生村干部的职务情况

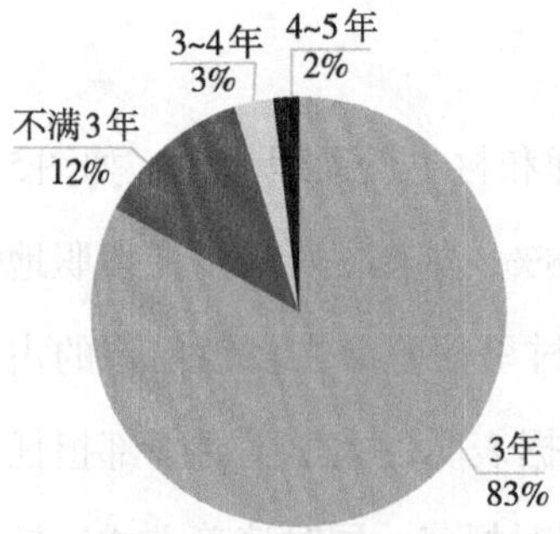

图6　调查对象任职年限构成比

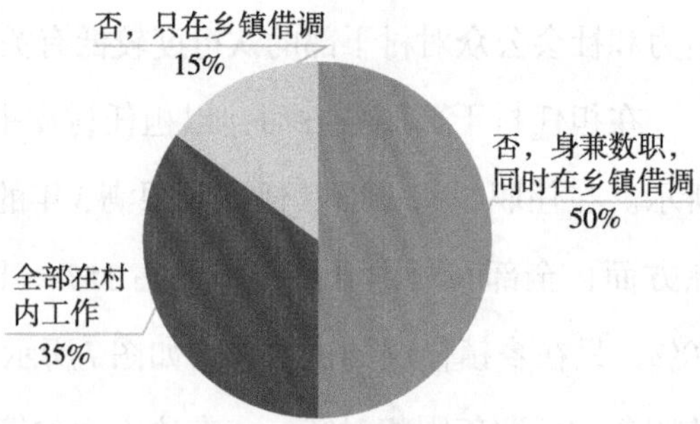

图7　调查对象任职地点构成比

在选择担任大学生村干部的最主要原因方面，主要集中在积累基层工作经验、解决落户问题和暂缓就业压力3个方面，如图8所示。数据表明，相当多的人选择大学生村干部岗位的重要原因是其落户政策上的优惠，以及考取公务员、进入事业单位或找到理想工作的缓冲或便利。

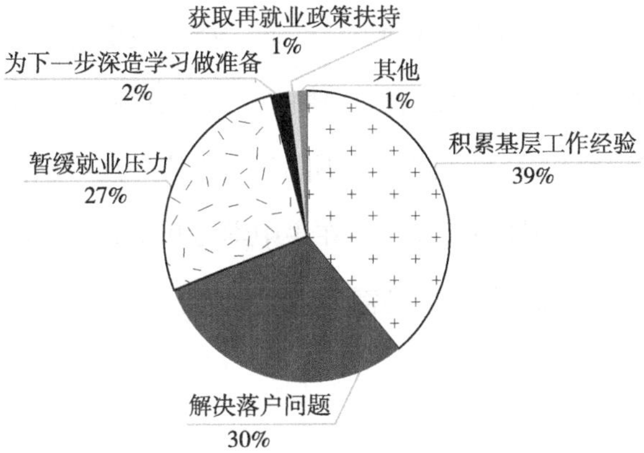

图8　调查对象选择村干部最主要原因构成比

在大学生村干部面临的主要问题方面，发展前景迷茫、工作职责不明确、福利待遇低、缺乏工作经验、缺乏归属感5个方面的问题比较突出，如图9所示。从总体来看，大学生村干部面临着个人对职业发展前景不清楚、职业定位不准确、福利待遇偏低、农村问题错综复杂等一系列客观问题，导致不少大学生村干部存在因缺乏工作经验而难以应对工作任务、缺乏归属感等主观问题。

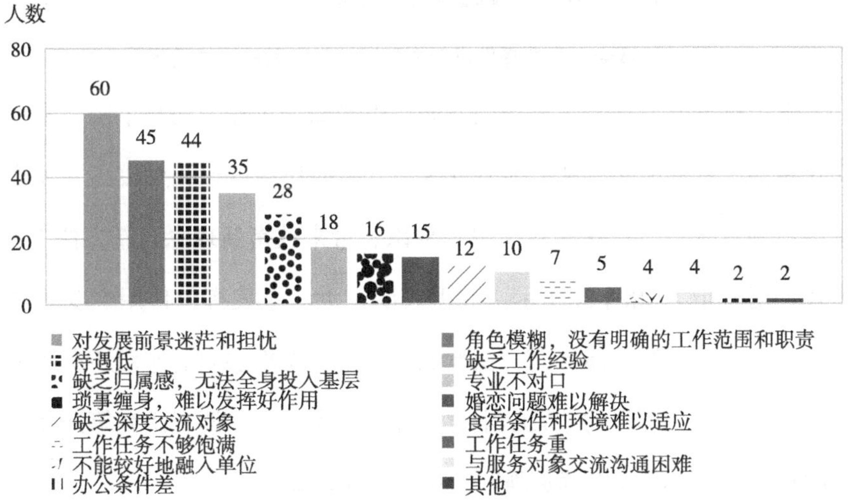

图9　调查对象任职期间面临的主要问题

在大学生村干部提高自身能力的有效方式上，与同事交流经验、多岗位锻炼、同事言传身教是主要的3种方式，而选择机关干部集中学习、实地调查研究、先进典型学习等方面的比重较低，如图10所示。数据表明，大学生村干部自身能力的提高主要来自于不同工作岗位和具体工作实践，这可能与村干部在基层工作的性质有关，而在集中学习和调查研究等能够在高度和深度上提高自身能力的方式上，还需要继续加强。

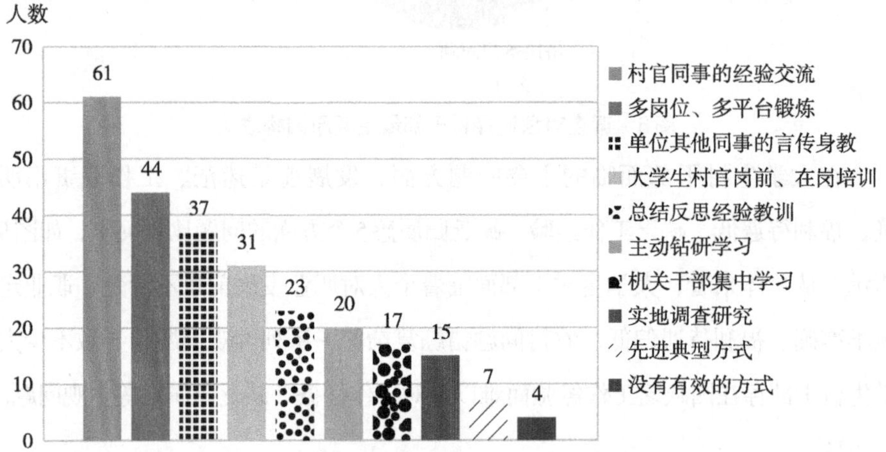

图10 调查对象选择促进能力素质比较有效的方式情况

大学生村干部发挥的主要作用方面，引进新的工作方法与手段、丰富基层文化生活、推动管理与服务现代化3个方面的作用占比相对较高，强化创新思维与创新意识、强化法律与规则意识、带来致富新理念与新方法3个方面占比相对较低，如图11所示。数据表明，大学生发挥的作用主要体现在方法、技术、内容等具体层面，在意识和理念等思想层面的作用还有待进一步发挥，这与前文提到的“大学生村干部在集中学习、调查研究等提高自身能力的有效方式上还需继续加强”的观点相互印证。

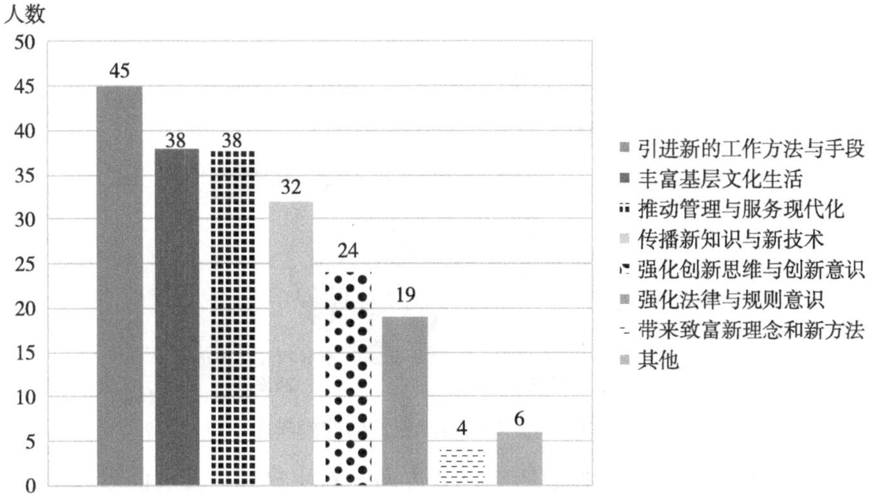

图11　调查对象选择对本单位或部门发挥作用的情况

（三）再就业情况数据分析

本课题组从大学生村干部的再就业职业期待、再就业去向、二次择业影响因素等方面对大学生村干部再就业情况进行了分析。

在大学生村干部再就业职业期待方面，最主要的期待是进入公务员队伍或事业单位，占78%，如图12所示。在再就业去向方面，有71%的村干部最终进入公务员队伍或事业单位，如图13所示。数据表明，大学生村干部和公务员、事业编在实际上是存在贯通性和延续性的。

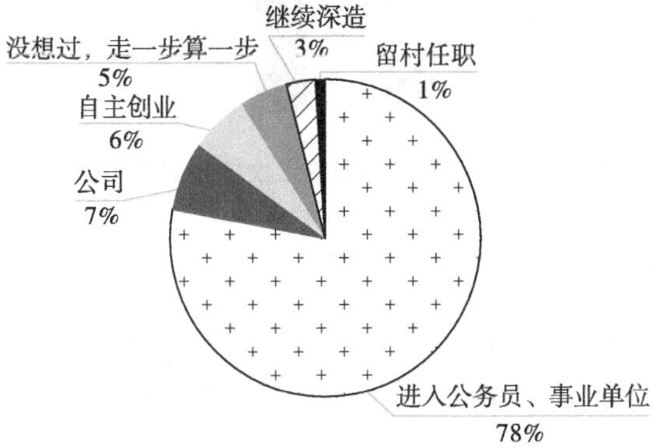

图12　调查对象再就业职业期待的构成比

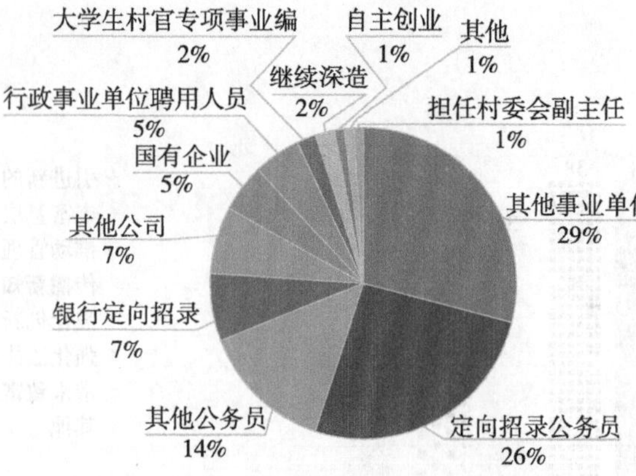

图13　调查对象再就业方向的构成比

在大学生村干部二次择业影响因素方面，薪酬福利、发展前景和单位所在地是3个最主要因素，如图14所示，这与前文中提到的“发展前景迷茫”“福利待遇低”等大学生村干部存在的主要问题相对应。

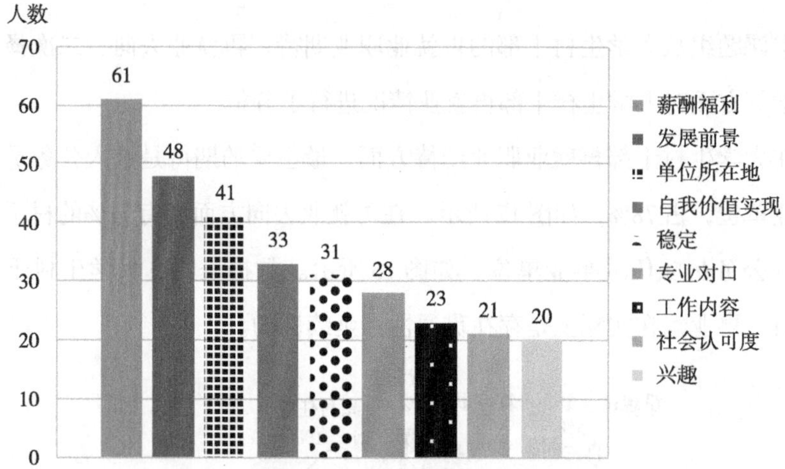

图14　调查对象选择影响二次择业因素的情况

（四）任职经历自我评价数据分析

本课题组从对自身影响较大的村干部政策、大学生村干部任职经历对胜任新岗位的影响、任职经历的优势和劣势、对自身能力的提高等方面进行了分析。

在对自己影响较大的大学生村干部政策方面，主要集中在解决北京户口和定向招录公务员两方面，分别占40%和38%，如图15所示。在大学生村干部任职经历对胜任新岗位的影响方面，大部分村干部认为任职经历对胜任新岗位很有帮助，占73%，如图16所示。

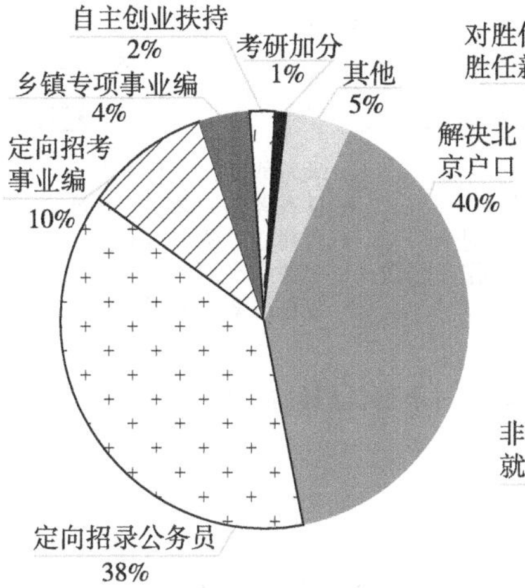

图15　调查对象选择影响较大的村干部政策构成比

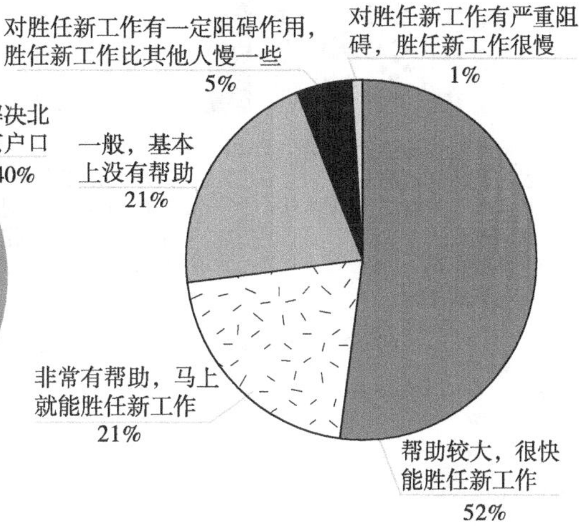

图16　调查对象选择村干部经历对胜任新岗位影响情况的构成比

在大学生村干部任职经历的优势和劣势方面，工作责任心强、适应环境能力强、有吃苦耐劳精神、学习能力强等方面是大学生村干部的主要优势，如图17所示；专业荒废、年龄偏大、眼光局限、缺乏斗志等方面是大学生村干部的主要劣势，如图18所示。数据表明，需要进一步发挥村干部的专业优势、开阔工作思路和视野，打造一批既甘于奉献、能适应农村环境，又具备专业特长，具有全局眼光的大学生村干部。

在大学生村干部任职经历对自身能力提高方面，沟通协调能力、心理调适能力、公共服务能力是3个主要方面；依法行政能力、调查研究能力、创新能力提高不明显，如图19所示。数据表明，大学生村干部任职对大学生本人具体实践能力的提高帮助很大，而对研究创新等深层次的能力提高作用不是很明显。这与前文中“大学生村干部提高自身能力的有效方式”“大学生村干部发挥的主要作用”等方面得出的结论相一致。

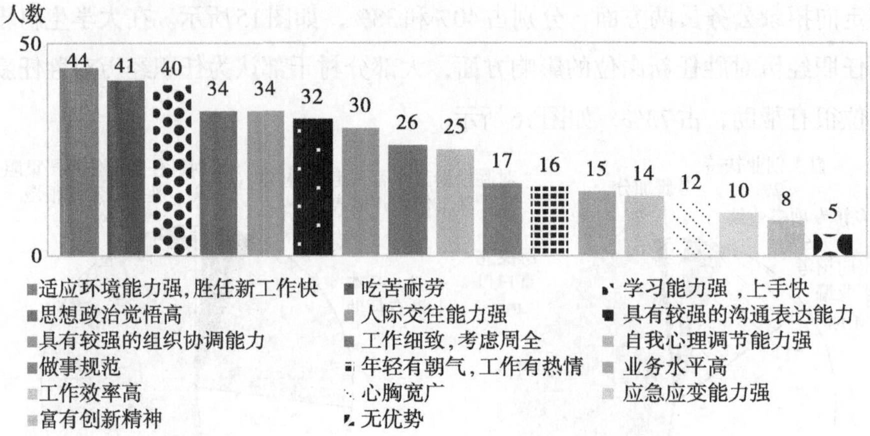

图17　调查对象选择任职过大学生村干部优势的情况

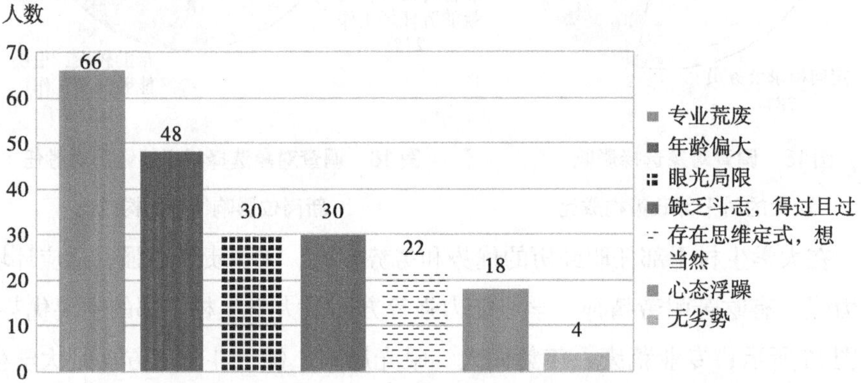

图18　调查对象选择任职过大学生村干部劣势的情况

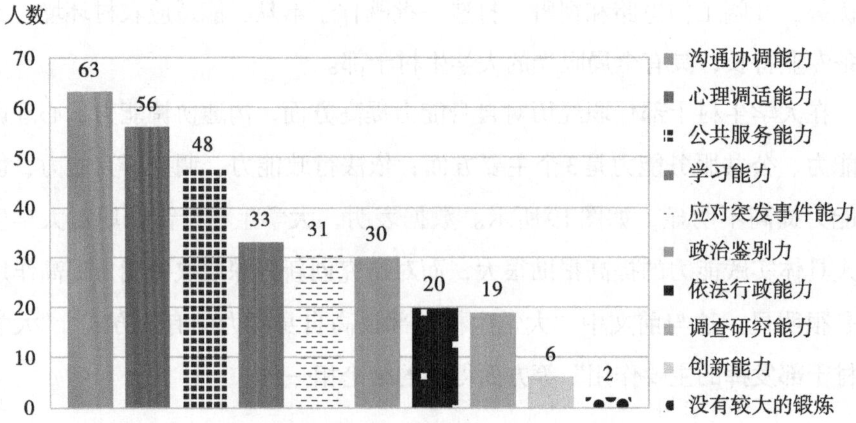

图19　调查对象选择能力提升较大的情况

二、研究结论

调查研究发现，北京市大学生村干部工作在多年的实践探索中形成了很多优势，主要体现在大学生村干部的宣传管理工作相对规范、大学生村干部的职业路径设计较为清晰、大学生村干部的具体实践能力比较突出等方面；同时，仍然存在一些不足，主要体现在大学生村干部的理论研究能力有待提高、大学生村干部的职业吸引力尚显不足、大学生村干部的社会公众认知度相对不高等方面。

（一）大学生村干部的宣传管理工作相对规范，培养方式较为灵活多样

大学生村干部工作的组织管理相对规范，主要体现在宣传主渠道相对清晰、任职岗位比较明确、任职时间较为稳定等方面。调查研究显示，高校应届毕业生对大学生村干部政策的了解主要来自学校就业指导中心和网络，主渠道相对清晰；大学生村干部任职期间主要担任村支部书记助理和村主任助理，任职岗位比较明确；绝大部分大学生村干部任职时间达到3年，任职时间较为稳定。此外，多岗位、多平台的实践锻炼也为培养和造就政治素质相对较高、工作经验比较丰富，以及讲究一定工作技巧的高素质农村基层工作者奠定了基础。

（二）大学生村干部的职业路径设计较为清晰，再就业方向比较明确

大学生村干部的职业路径设计较为清楚，主要体现在选择担任大学生村干部的主要原因、大学生村干部再就业的职业期待和大学生村干部的再就业去向 3 方面基本一致。调查研究显示，北京市大学生村干部转岗就业时多首选公务员和事业单位，只有少部分大学生村干部选择自主创业、编外用工、被企业录用、考研升学等多种形式灵活就业。这表明，大学生村干部政策出台时所设计的职业路径较为清晰，在实践过程中，大学生村干部所做出的决策和选择基本能够符合大学生村干部政策的导向和初衷。

（三）大学生村干部的具体实践能力比较突出，理论研究能力有待提高

大学生村干部的具体实践能力比较突出，主要体现在大学生村干部发挥

的主要作用、任职经历的优势、能力提升的主要渠道和主要方面均与具体实践存在密切关联。调查研究显示，大学生村干部发挥的主要作用集中体现在工作方法、基层生活、管理服务等具体实践层面，而在创新思维、规则意识、理念思路等思想层面的作用发挥不足。大学生村干部任职经历的优势主要体现在工作负责、适应环境、吃苦耐劳等具体实践层面，而劣势主要体现在眼光局限、专业作用发挥不足等方面。大学生村干部能力提升的主要渠道集中体现在与同事交流经验、多岗位锻炼、同事言传身教等具体实践层面，而集中学习、调查研究的主渠道作用相对不足。大学生村干部能力提升的主要方面体现在沟通协调能力、心理调适能力、公共服务能力等具体实践层面，而依法行政能力、调查研究能力、创新能力等方面能力的提高不太明显。这表明，大学生村干部的具体实践能力比较突出，理论研究能力有待提高。

（四）大学生村干部的职业吸引力尚显不足，社会公众认知度不高

大学生村干部的职业吸引力不足主要体现在，在名牌院校、高学历层次、高政治素质等方面，京内和非京生源的大学生村干部数量存在显著差异。调查研究显示，985、211院校毕业的大学生村干部、硕士学历以上的大学生村干部绝大部分为非京生源，在中共党员或担任过学生干部的大学生村干部中，非京生源比例也明显高于京内生源。工作角色定位模糊、福利待遇偏低、职业归属感不强等方面是大学生村干部面临的重要问题。这表明，大学生村干部对高素质人才的吸引力主要体现在落户优惠政策上，而因为大学生村干部的岗位性质、工作稳定性、工资待遇等原因使得职业本身的吸引力尚显不足。此外，大学生村干部政策的宣传方面，亲朋好友、学长学姐等社会公众渠道所发挥的作用相对较低，表明社会公众对大学生村干部的认知度相对不高。提升大学生村干部的职业吸引力，需要相关的制度保障和政策支持，需要从探索有利于优秀人才“进得来、留得住、干得好”的激励机制入手。

三、对策建议

根据上述结论，参照以往文献研究，结合大学生村干部工作实践，本课

题组从激励政策、培育措施、社会宣传和村干部本身对北京市大学生村干部工作提出以下建议。

一是从激励政策方面，进一步增强北京市大学生村干部的职业吸引力。提高北京市大学生村干部在社会上的地位，一方面有意识地从福利待遇等方面进行政策倾斜，吸纳更多优秀人才加入大学生村干部队伍；另一方面要实际解决大学生村干部岗位职责虽然有但是并不明晰的问题，对大学生村干部的身份进行科学界定，出台相关规定破除北京市大学生村干部的模糊角色，帮助大学生村干部解决职业困惑，明确自身定位，着力优化大学生村干部的成长环境，健全相关的保障制度。

二是从培育措施方面，进一步实施北京市大学生村干部的全面成长工程。客观上，大学生村干部都是刚走出校门的应届毕业生，社会经验匮乏，在面临农村琐碎的日常事务和复杂的人际关系时，社会经验不足的弊端就会凸显，容易影响工作的顺利开展，从而影响工作的归属感、安全感和成就感。因此，在对大学生村干部的培养上，首要给他们选配经验丰富的基层干部做师傅，用“师傅带徒弟”的方式，帮助大学生村干部了解农村情况，迅速适应岗位要求。其次是进行多形式培训、全方位锻炼、多层次培养，着力提升北京市大学生村干部的具体实践和理论研究能力。

在培训形式方面，突出对大学生村干部进行多种形式的岗前，以及在岗培训，从创新方式、充实内容上提高大学生村干部对农村工作的认识和服务基层，以及理论研究的能力；全方位锻炼是经过实践证明对大学生村干部快速成长行之有效的方法。根据大学生村干部专业优势、技能特长和兴趣爱好等，有针对性地引导大学生村干部进行多岗位、多平台的锻炼，积极为他们搭建平台、多压担子，放手将工作交予他们并指导他们完成；在多层次培养方面主要是在强化实践锻炼的基础上，充分发挥大学生村干部年纪轻、有文化、学习能力强、踏实肯干的优势，让他们广泛参与农村建设的重点工作、热点工作，以及阶段性工作，为大学生村干部开阔眼界、增长才干、增强理论素养提供不同层次的锻炼平台，促使他们在工作中全方位成长，提升他们做好农村工作的实践能力和理论水平，积极为建设社会主义新农村献计出力。

三是从社会宣传方面，进一步引导高校毕业生树立正确的成才观。高校在进行大学生村干部政策宣传动员的过程中，应切实担负起引导大学生树立正确成才观和就业观的责任，积极引导大学生树立到基层建功立业、基层大有作为的人生观、价值观和成才观，努力输送农村基层需要、农村基层满意的优秀高校毕业生，让他们乐于在农村任职并扎根于农村。同时，借助主流媒体，不断加大对北京市大学生村干部政策的宣传力度，提高公众知晓率，营造良好的舆论氛围。

四是从村干部本身方面，进一步转变北京市大学生村干部的工作作风。北京市大学生村干部必须要自觉加强对大学生村干部岗位的认知，摒弃“等、靠、要”的消极思想，树立热爱基层、扎根基层、增长见识、提高才干的态度，积极投身到农村社会各项工作当中去，学会珍惜每一次锻炼机会，努力通过实干练就安身立命的本领。要对自己有清晰全面的认识与定位，分析自身的优势和长处，寻找个人能力兴趣与农村工作的契合点，努力开辟所学专业知识在农村的用武之地，增强做好农村工作的灵活性和可塑性。要端正再就业的态度，调整好心态，根据自身的实际情况及时找到发展方向，脚踏实地在打造过硬的素质上下功夫，顺利实现转岗再就业。

在本调研报告即将完稿之际，恰逢北京市发布《关于实施大学生村干部和选调生工作并轨的通知》，即从2017年开始，选聘大学生村干部工作将同选调优秀高校毕业生到基层工作并轨：2017年度大学生村干部（选调生）的招录将与公务员考录工作同步实施，大学生村干部（选调生）在职期间的待遇将向公务员看齐，三年合同期满后且考核合格的可直接录用为公务员。该项政策调整，一方面肯定了北京市大学生村干部在服务北京基层经济社会发展上所发挥的积极作用，是对构建大学生村干部长效发展机制的有益探索，另一方面指明了北京市大学生村干部三年期满后的职业发展方向，在一定程度上为其在广阔农村干事创业解决了后顾之忧。该政策对本调研报告中的部分相关问题做出了回应，在推动北京市大学生村干部职业良性发展方面迈出了重要的一步。关于新政策实施情况，以及实施后的实际效果和影响，本课题组将会持续跟进调研，以期对新时期、新形势下北京市大学生村干部（选调生）的健康成长有所助益。

附件　　北京市大学生村干部职业发展现状调研调查问卷

大学生村干部朋友：

您好！

非常感谢您在百忙之中参加问卷调查，本次调查目的是了解我市大学生村干部的职业发展现状。调查结果仅供研究使用，我们会对您的回答严格保密，请您如实填写。除特别注明，均为单选题目；有特别注明的，请按具体要求作答。答案请直接在具体选项上划“√”。

2016年7月

（一）基本情况

1.您的性别：

A.男　B.女

2.您的年龄：

A.25岁及以下　B.26岁~28岁　C.29岁~31岁　D.32岁及以上

3.您的毕业院校属于：

A.重点高校（含211、985院校）　B.其他高校

4.您所学专业属于：

A.哲学类　B.经济学类　C.法学类　D.教育学类

E.文学类　F.历史学类　G.理学类　H.工学类

I.农学类　J.医学类　K.管理类　L.艺术类

M.其他（请注明）

5.您的学历是：

A.专科　B.本科　C.硕士　D.博士

6.您的生源地：

A.北京市城镇　B.北京市农村

C.外省市城镇　D.外省市农村

7.您的政治面貌:

A.群众　B.共青团员　C.民主党派　D.中共党员(含预备党员)

8.在校期间，您是否担任过学生干部?

A.是　　B.否

（二）大学生村干部履职情况

9.您任职大学生村干部，所在的乡镇是　区(乡镇、街道)

10.担任大学生村干部期间，您的职务是(可多选):

A.村党支部副书记

B.其他支委委员

C.村委会副主任

D.村委会委员

E.村党支部书记助理

F.村委会主任助理

G.村团支部书记

H.其他(请注明)

11.您任职大学生村干部的工作年限是:

A.不满3年　　B.3年　　C.3~4年

D.4~5年　　E.5~6年　F.6年

12.您了解大学生村干部政策的主要渠道(可多选):

A.学校就业指导中心　B.担任大学生村干部的学长学姐

C.互联网　　D.广播电视报刊　　E.亲朋好友

F.其他(请注明)

13.您选择大学生村干部最主要的原因是:

A.锻炼自己，积累基层工作经验　　B.暂缓就业压力

C.解决落户问题　　D.获取再就业政策扶持

E.为下一步深造学习做准备　　F.其他(请注明)

14.担任大学生村干部期间，您是否全部在村内开展工作?

A.是

B.否，身兼数职，同时在乡镇借调（请注明实际借调的时间：个月）

C.否，只在乡镇借调（请注明实际借调的时间：个月）

15.您所学专业对大学生村干部岗位工作的支持与帮助程度：

A.有很大帮助　　B.有些帮助

D.基本没帮助　　E.完全没帮助

16.担任大学生村干部期间，您面临的主要问题：（可多选并排序）

A.缺乏工作经验　　B.琐事缠身，难以发挥好作用

C.对发展前景迷茫和担忧

D.角色模糊，没有明确的工作范围和职责

E.不能较好地融入单位　　F.与服务对象交流沟通困难

G.工作任务不够饱满　　H.工作任务重

I.缺乏归属感，无法全身心投入基层　　J.食宿条件和环境难以适应

K.办公条件差　　L.缺乏深度交流对象

M.待遇低　　N.专业不对口

O.婚恋问题难以解决　　P.其他（请注明）

17.担任大学生村干部期间，促进您能力素质提高比较有效的方式（可选3项）：

A.大学生村干部岗前、在岗培训　　B.机关干部集中学习

C.先进典型学习　　D.主动钻研学习

E.村干部同事的经验交流　　F.单位其他同事的言传身教

G.多岗位、多平台锻炼　　H.总结反思经验教训

I.实地调查研究　　J.没有有效的方式

K.其他（请注明）

18.担任大学生村干部期间，促进您能力素质提高比较有效的培训内容（可选3项）：

A.无　　B.政治思想教育

C.相关专题政策解读　　D.岗位业务知识与技能

E.新农村建设的发展现状、任务分析　　F.当地镇村两级建设发展的情况

G.心理健康知识与技能　　H.如何做一名合格大学生村干部

I.人际交往能力培训　　J.先进事迹报告

K.农村发展相关法律法规　　L.如何密切联系群众

M.就业创业培训　　N.公务员考录与事业单位招聘技巧

O.其他（请注明）

19.担任大学生村干部期间，您对本单位或所在部门发挥的主要作用（可选3项）：

A.传播新知识与新技术　　B.引进新的工作方法与手段

C.强化创新思维与创新意识　　D.丰富基层文化生活

E.强化法律与规则意识　　F.推动管理与服务现代化

G.带来致富新理念和新方法　　H.其他（请注明）

（三）大学生村干部再就业情况

20.担任大学生村干部期间，您对再就业的职业期待是：

A.继续深造　　B.留村任职

C.考入公务员、事业单位　　D.公司

E.自主创业　　F.没想过，走一步算一步

G.其他（请注明）

21.影响您二次择业的因素有（可多选）：

A.薪酬福利　　B.工作内容

C.单位所在地　　D.社会认可度

E.自我价值实现　　F.专业对口

G.发展前景　　H.稳定

I.兴趣　　J.其他（请注明）

22.您再就业的去向是：

A.继续深造　　B.担任村党支部书记

C.担任村党支部副书记　　D.担任村委会主任

E.担任村委会副主任　　F.担任其他支委委员、其他村委会委员

G.定向招录公务员　　H.大学生村干部专项事业编制

I.银行定向招录　　J.其他公务员

K.其他事业单位　　L.行政事业单位聘用人员

M.国有企业　　N.其他公司

O.自主创业　　P.其他（请注明）

23.北京市大学生村干部政策中，对您再就业影响较大的是：

A.考研加分　　B.定向招录公务员

C.乡镇专项事业编制　　D.定向招考事业编

E.自主创业扶持　　F.其他（请注明）

24.大学生村干部经历，对您胜任新岗位工作的影响作用：

A.非常有帮助，马上就能胜任新工作

B.帮助较大，很快能胜任新工作

C.一般，基本上没有帮助

D.对胜任新工作有一定阻碍作用，胜任新工作比其他人慢一些

E.对胜任新工作有严重阻碍，胜任新工作很慢

25.在胜任新岗位工作中，您认为任职过大学生村干部的主要优势（可多选）：

A.思想政治觉悟高　　B.业务水平高

C.学习能力强，上手快　　D.具有较强的组织协调能力

E.具有较强的沟通表达能力F.人际交往能力强

G.富有创新精神　　H.有责任心，工作踏实

I.做事规范　　J.工作效率高

K.工作细致，考虑周全　　L.适应环境能力强，胜任新工作快

M.应急应变能力强　　N.自我心理调节能力强

O.吃苦耐劳　　P.心胸宽广

Q.年轻有朝气，工作有热情　　R.无优势

S.其他（请注明）

26.在胜任新岗位工作中，您认为任职过大学生村干部的主要劣势（可多选）：

A.存在思维定式，容易想当然　　B.专业荒废

C.年龄偏大　　　　　　　　　D.眼光局限

E.缺乏斗志，得过且过　　　　F.心态浮躁

G.无劣势　　　　　　　　　　H.其他（请注明）

27.对您胜任新岗位帮助较大的大学生村干部工作有（可多选）：

A.协助做好基层党建工作（如村“两委”换届选举、专题教育活动、创建工作等）

B.协助做好新农村建设（如农村环境综合整治、基础设施建设、精神文明建设等）

C.协助做好农业发展工作（如粮食直补、土地确权等）

D.协助做好安全稳定工作（如节日安保、综治工作等）

E.协助做好农村共青团工作（如志愿服务、青年就业指导等）

F.协助做好农村社会保障工作（如新农合、新农保、低保工作等）

G.协助实现村级办公自动化（如北京市党员干部现代远程教育、农村网格化建设、网上办公等）

H.协助做好各类文字性工作（如实施方案、会议记录、活动总结等）

I.从事具体事务性工作（如日杂、勤务、矛盾调解等）

J.在借调部门从事相关工作

K.其他（请注明）

28.担任大学生村干部对您哪方面的能力有较大锻炼（可多选并排序）：

A.没有较大的锻炼　　　　　　B.政治鉴别力

C.依法行政能力　　　　　　　D.公共服务能力

E.调查研究能力　　　　　　　F.学习能力

G.沟通协调能力　　　　　　　H.创新能力

I.应对突发事件能力　　　　　J.心理调适能力

K.其他（请注明）

29.担任大学生村干部对您哪方面的意识有较大提升（可多选并排序）：

A.没有较大的提升　　　　B.政治意识

C.法治意识　　　　D.纪律观念

E.民主意识　　　　F.大局意识

G.服务意识　　　　H.责任意识

I.时间意识　　　　J.其他（请注明）

30.您对当前北京市的大学生村干部政策有什么意见和建议吗？

问卷结束，谢谢！

第二篇　文化建设

云南边远山区少数民族非物质文化的传承与发展调研

——以云南省临沧市永德县为例*

何美仙　彭雪怡　谢清**

一、调研背景

众所周知，非物质文化遗产与物质文化遗产共同承载着人类社会的文明，是世界文化多样性的体现。我国非物质文化遗产所蕴含的中华民族特有的精神价值、思维方式、想象力和文化意识，是维护我国文化身份和文化主权的基本依据。加强非物质文化遗产保护，不仅是国家和民族发展的需要，也是国际社会文明对话和人类社会可持续发展的必然要求。

我国少数民族在长期的历史发展过程中，创造了光辉灿烂的民族文化，中国少数民族优秀传统文化是中华传统文化、社会主义核心价值观的重要组成部分。优秀传统文化的传承和弘扬、社会主义核心价值观的培育、实践等必须与民族文化相结合，深入挖掘并充分利用少数民族传统文化的积极要素，利用民间规约、民间节会、宗教等民族文化的有效形式，促进社会主义核心价值观的培育和实践。同时，还应创新发展民族文化内容和传承形式，使之更好地发挥在弘扬中华优秀传统文化、培育社会主义核心价值观、建设文化强国中的作用。目前云南省采取了特殊措施来保护和传承少数民族非物质文化遗产，并且取得了很大成效，但是也存在许多问题和困难。为了应对

---

* 该项目获得2016年度首都大中专学生暑期社会实践优秀成果奖。指导教师：周颖（社科部思想政治理论课专职教师）。

** 作者分别为2015级管理系会计专业、2015级青少系学前教育专业、2014社会工作系社工专业。

中国文明转型期非物质文化遗产急剧流变消失的现实，加强云南少数民族非物质文化遗产的传承，我们调研小组2016年8月1日至12日深入云南永德县各乡镇，尤其是少数民族聚居地进行了实地调研，与各少数民族乡镇领导、基层干部及村民等进行交流座谈，了解当地少数民族文化传承现状，以及未来的发展思路，并且针对文化传承存在的问题提出自己的想法和建议。

二、调研方法

（一）资料收集整理分析法

收集有关少数民族文化的相关资料和相关学术文章，为本次调研提供理论基础。在整理现有研究成果的基础上找出与少数民族文化有关的内容，并在归类整理的基础上发现研究突破点。

（二）问卷调查法

针对调查对象设计各群体对于少数民族文化的保护、传承、发展及弘扬的态度与建议的调查问卷，采取随机抽样的发放形式，收集实证研究数据。

（三）田野调查法

对永德县乌木龙镇彝族乡乌木龙岩子脚村民小组、二道桥村民小组、沧源佤族自治县勐董民族小学和中学、翁丁原始部落等地实地走访座谈，进行个案研究，针对部分村民、干部等进行了有针对性现场采访和个别深度访谈。

（四）开展座谈会

与北师大支教队伍共同参与当地政府座谈，当地领导做了情况介绍，并且在永德县博物馆进行小型座谈。

三、调研数据及分析

（一）调研样本

问卷采取实地与网络相结合，扩大数据来源的同时减少了资源的浪费，在整体上做到了样本质量和数量的协调。调研在不同的乡镇与民族之间进行，随机抽样的同时兼顾了不同性别、年龄、民族和学历的比例。问卷调查数据分布如图1—图4所示。

在本次调研活动中，共发放调查问卷300份，有效回收283份。

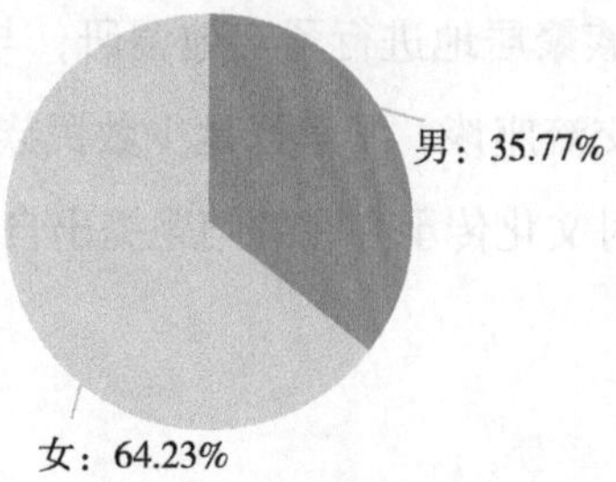

图1　性别数据分布

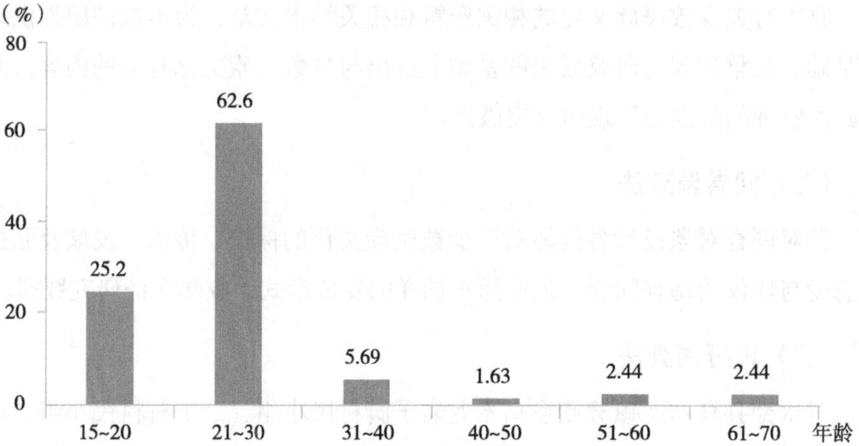

图2　年龄数据分布

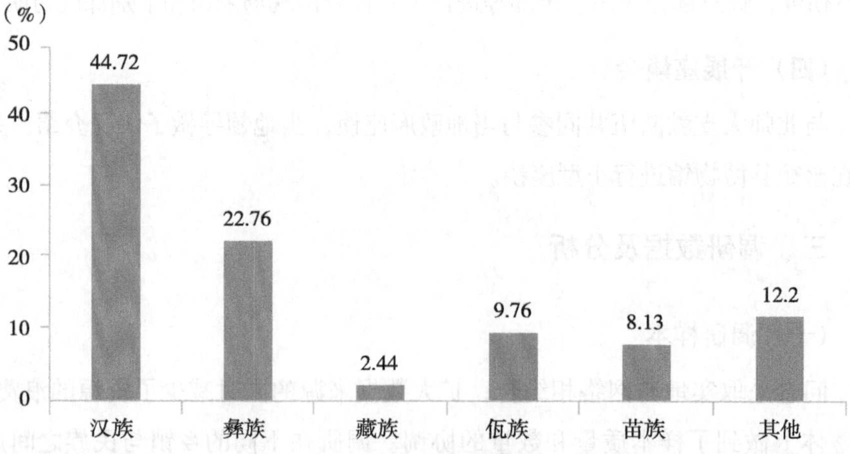

图3　民族数据分布

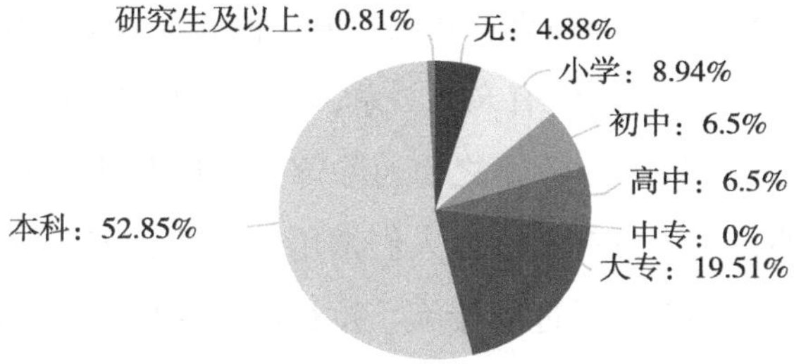

图4 学历数据分布

（二）调研状况及分析

云南省是我国少数民族最多的省份，根据1990年全国第四次人口普查分布的数据，全国56个民族中，云南就有52个，其中人口在5000人以上的民族有26个，除汉族外，少数民族有25个。少数民族的传统文化形式多样，内容丰富，像民间文学、传统音乐、传统舞蹈、传统戏剧、曲艺、传统体育、游艺等杂技、传统美术、传统医药和民俗等都有所涉及。

以永德县为例，永德县在非物质文化遗产的传承和保护中，申报争取到国家级传承人1名，省级传承人4名，市级传承人8名。《七姐妹山的传说》《彝族俐侎人打歌的传说》《彝族俐侎人“响篾”》、彝族俐侎人情歌《等待布谷叫》、彝族俐侎人创世唱调《龙门调》、汉族唱书《永德小曲调》、彝族俐侎人《斑鸠吃水》、彝族俐侎人“桑沼哩”、傣族“打陀螺”、德党镇勐汞石雕等分别列入临沧市非物质文化遗产资源总目。同时申报德党镇坝子寨、永康镇忙石寨、乌木龙乡木场村石坎子自然村分别为佤族、傣族、彝族俐侎人的市级传统文化保护区，永康镇忙石寨为市级构皮手工造纸工艺之乡。

1.语言文字的传承状况

民族语言文字是民族文化发展的基础，是民族的精神文化、物质文化的支柱与载体，在民族发展过程中具有保持民族自信心和凝聚力的重要作用。要想发展和弘扬中华传统文化，增强国家文化软实力，弘扬中华文化，努力建设社会主义文化强国就必须保护好各民族语言文字的传承与发展。

在调研过程中，我们了解到绝大部分的民族在生存发展的过程中逐渐有了属于他们的本民族语言和文字。以佤族为例，据了解，佤语属南亚语系孟高棉语族佤德昂语支，有布饶克、阿佤、佤三种方言，每种方言又有土语的差异。佤语与德昂语、布朗语有亲属关系，与傣语的关系更为密切，词汇中大约有10%的傣语借词。1949年之前，除部分地区曾使用过一种用拉丁字母拼写的文字外，佤语没有文字。人们常用玉米粒、结绳、刻木等方法记数记事。由于佤族长期与附近的傣族、拉祜族、汉族交往，所以部分佤族学会了傣、拉祜和汉语。1949年后，中国社会科学院少数民族语言调查第三工作队与云南省少数民族语文指导工作委员会一起对佤语进行调查与分析研究并广泛征求意见，制定了以拉丁字母为基础的《佤（当时称佧佤）文文字方案（草案）》，并经批准试行。1958年对该草案又做了修改，继续推进并出版了普及读物。“文革”期间，佤文试行工作中断。党的十一届三中全会后恢复试行，并且出版了《佤汉简明词典》等一些读物。佤文的推行，为佤族社会、经济、文化的发展繁荣提供了科学的记录书写工具，受到了佤族人民的欢迎，在日常生活中佤族人民也能够完全听懂并表达出本民族语言（图5）。

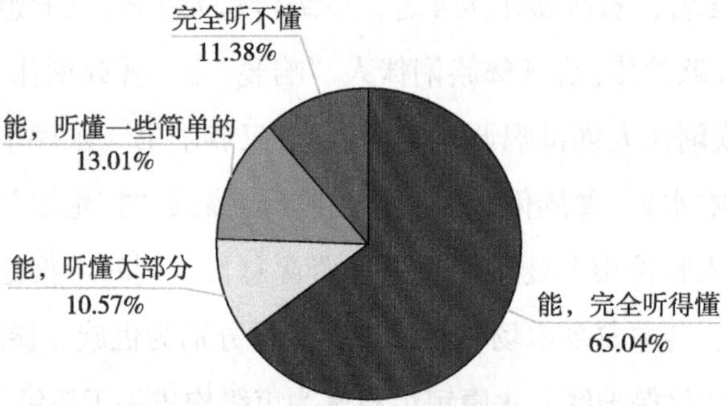

图5 关于本民族语言

在书写本民族文字方面也有多数人存在困难，只有34.15%的人表示能够熟练地书写本民族语言，关于日常用语的书写则合计有21.95%的人会书写，43.9%的人则表示完全不会书写本民族文字（图6）。

可见，语言文字的保护与发展情况并不乐观，在传承的同时，更需要我们将民族语言和文字当成一门学问，去了解，去学习，去创新它的传承方法方式，才能更好地保护、发展和发挥语言文字的作用。

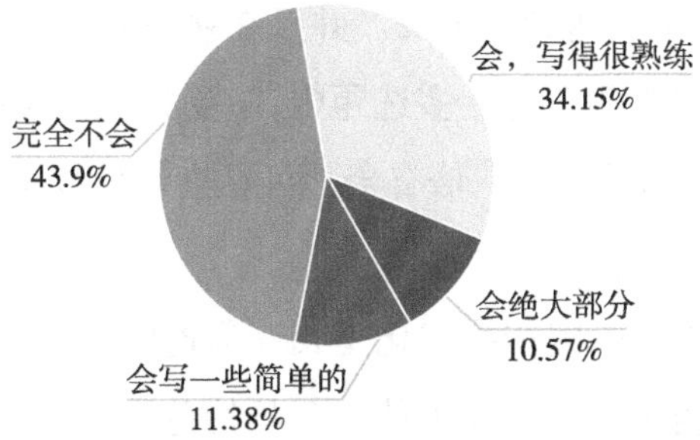

图6　对本民族文字的熟悉程度

语言是思维的载体，也是文化的载体，少数民族语言是少数民族非物质文化的重要方面。如今，相当一部分生活在城镇的少数民族已经不会说本民族语言。以云南彝族为例，由于受各种因素的影响，云南彝语自然断代现象相当严重，代表民族文化重要载体的民族语言正在严重流失。与汉族杂居的一些城镇、交通要道的坝区和一些经济比较发达地区的彝族，已不会说彝语，直接使用汉语作交际工具。

2.少数民族宗教文化传承状况

宗教文化经过漫长的历史演绎，已经渗透到社会的各个领域和人们生活的各个方面。这些宗教文化都存在着大量的与人为善、远离邪恶、清心寡欲、互助互济、乐善好施的思想，这些思想和美德与社会主义文化所倡导的社会公德、家庭美德、职业道德、个人修养，以及全心全意为人民服务的思想是相适应的。各宗教在漫长的发展过程中不断吸收人类文明，可以为构建社会主义和谐社会提供精神财富。宗教信仰自由作为公民的一项权利，得到了宪法和法律的保障。在构建和谐社会的过程中，弘扬宗教文化精华，充分发挥宗教文化的积极作用、整合作用、心理调节和交往作用，对于维护社会稳定和世界和平，促进中华民族大团结，具有重要且深远的意义。

调研小组对个人宗教信仰情况的调查结果显示，虽然村民十分了解本宗教教义教规的人数仅有20%，但是，很少有人会选择放弃自己祖传的宗教信仰。无论是原始宗教、佛教或者其他宗教，如今依然是当地少数民族代代相传的信仰。调研村落世世代代所信奉的宗教体系十分牢固，“您周围信仰宗教的亲戚朋友多吗”和“他们所信仰的宗教是否相同”两个选项所得出的

“很多”和“相同”累计达到了79%。并且在接下来的“您认为您自己或他人信仰宗教的原因有哪些”这一多选题中，“受家庭传统的影响”占比高达95%，比排在第二的选项高出一倍有余。可见当地少数民族的宗教信仰呈现出一种“世袭化”的状态。

当地的宗教文化和中国传统文化是相互渗透的，共同繁荣了中华文明。在我们对大山乡的调研中，发现了他们独具特色的“关门节”“开门节”和寺庙壁画。

相传，每年傣历9月，佛到西天去与其母讲经，3个月才能重返人间。有一次，正当佛到西天讲经期内，佛徒数千人到乡下去传教，踏坏了百姓的庄稼，耽误他们的生产，百姓怨声载道，对佛徒十分不满。佛得知此事后，内心感到不安。从此以后，每遇佛到西天讲经时，便把佛徒都集中起来，规定在这3个月内不许到任何地方去，只能忏悔，以赎前罪。故人们称之为“关门节”。关门节开始后，也就进入农事繁忙季节，为了集中精力从事生产劳动，人们定下许多戒规：禁止青年男女谈情说爱和嫁娶活动；和尚不得随便外出；进奘拜佛的人不能远离家庭或到别家去过夜；任何人不得进佛屋、上佛台、拿佛的东西等。直到3个月后，即开门节时，人们才又恢复关门节前的一切正常活动。而在这为期3个月的时间里，寺庙里的僧徒食宿均在关门节之前便准备好，有些无法存放长久的时蔬便由当地居民包装好后从墙外递到庙内。

伫立寺外，远远便能看到《西游记》中师徒4人的画像，栩栩如生，刻画在佛堂最高处。后来问及原因，一位小师傅告诉我们是为了便于寺庙外的人们能隔着围墙也可以看到这里，同时也是为了吸引游人。住持告诉我们，不论是学习还是生活，只要被一个事物所吸引，那么你就会产生出对它的兴趣，从而加以学习和传承。

3.传统节庆文化及民俗的相关调研

节日往往是文化的集中呈现，是各民族传统文化的重要载体，它的物质/非物质文化表现、传统文化空间及相关社会组织，包含了对民族文化内涵的诠释和认同的表征，多元化的少数民族节日更以其多样性特质反映了多民族的文化。同时，各民族的传统节日有着丰富的表现形式，有精湛的艺术和独到的技艺，有民歌、舞蹈、民族美食、手工艺术、艺术表演等，这些民俗文化，既是民族身份的象征，也是非物质文化的传承表现形式，传统节日习俗常常能够成为民族的文化展示和传承的载体。

同样以佤族为例，佤族人民的节日丰富多彩，如他们的“拉木鼓”“新米节”“摸你黑”等节日尤为热闹和各具特色。而其中，由于木鼓的神圣地位和作用，“拉木鼓”便成佤族极为隆重、盛大的宗教祭祀活动。所谓“拉木鼓”，就是从寨子外的森林里砍伐树木，拉入寨里，制作新鼓，更换旧鼓活动。拉木鼓当天，白天剽牛祭神，晚上由男性青壮年上山砍伐已事先选好的树木，准备制鼓的材料。第二天一大早，全寨男女老少均身着节日的盛装，前来拉鼓，大家边歌边舞，用绳索把木鼓拖拉向寨子。

在数据分析中我们了解到，73.17%的人不具备自己本民族的特长，但是其中有57.72%的人表示希望能够学习本民族民俗文化特长，并在生活中将其展现出来；15.45%的人表示暂时没有兴趣学，只有26.83%的人具备本民族民俗文化特长。当问及对这些民俗文化的看法时，绝大部分的人都表示这些民俗文化体现了民族特色，应该传承并弘扬。

在黑白喜事民俗文化方面，很多地区依旧保留着自己一套规定（图7、图8），对此民俗规定，人们也持支持态度，认为该规定在一定程度上表达了对喜者的祝福之心，对逝者的哀念之情。

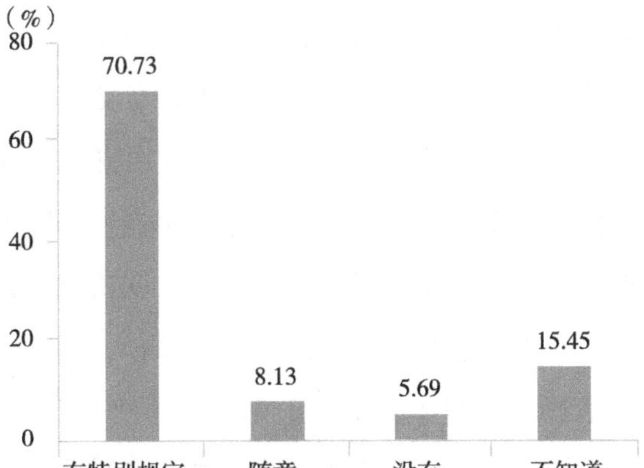

图7　红白喜事是否有特别规定

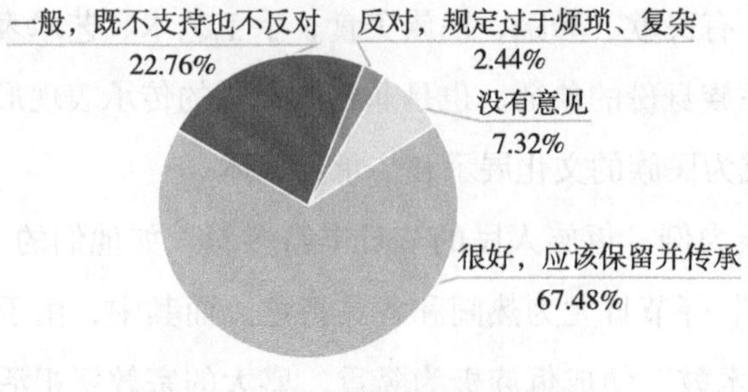

图8　对红白喜事民俗规定的看法

通过以上数据研究表明，传统节日的参与者具有广泛性、群众性，节日习俗既能使其民族成员分享自己的文化认知，也能使大家分享情感。许多传统节日都是吉祥、淳朴和欢乐的，具有很强的亲和力，在节日中人们之间总有一种相互交融的浓厚情感发生，犹如黏合剂，把周围的人们紧紧地联系在一起。民族文化传统节日的周期性的展示、积累、继承和发展，在拥有同一文化传统成员中产生巨大的亲和力和情感的认同感，可以把拥有共同文化传统的成员团结到一起，从而增强民族的凝聚力。在吉祥和谐、淳朴欢乐的氛围下，民族文化传统节日产生极强的亲和力，在节日中，同一族群的人与人之间，总有一种水乳交融的浓厚情感发生、弥漫，把同一族群的人们紧紧地联系在一起、团结在一起。很显然，民族文化传统节日在沟通情感交流、化解生活矛盾和冲突、促进社会和谐，以及建构民族情感、推进民族认同、更新民族观念、统一民族意识、促进民族和谐发展等方面，都起着积极而特殊的作用。在此基础意义上，少数民族文化传统节日对于追求民族认同、识别民族身份、提高民族地位、保障民族权益有着重要意义。

调研过程中印象最为深刻的便是佤族人民对红白喜事的特别规定。

在喜事方面，佤族有个“串姑娘”的说法。每当夜幕降临，青年男女们就会三五成群地聚集在一起，小伙子们弹着三弦、吹着笛子，到等候他们的姑娘家里去。大家一起唱歌与跳舞，互赠烟草、槟榔，男女相互梳头，嬉笑打闹、送秋波、诉衷肠。经过了若干次串姑娘，小伙子看中某位姑娘之后，就会送一些手镯和项链、梳子、头巾等礼物给她。如果几天或一段时间里不见姑娘退还礼物，便能认定她已对自己情有独钟，愿意作为自己的恋人。而姑娘则来者不拒，不管谁送礼物都会一一收下。她们认为，送礼物的小伙子越多，说明自己的相貌和人品等条件越好，越感光彩。姑娘父母也会为串女儿的人多而高兴和自豪。但对不想继续发展关系的小伙子，礼物就会很快退还给他的。也有的是在串姑娘过程中，小伙子若看中某位姑娘，便会趁机抢去她的首饰和头巾等物，表示向她求婚。如果两三天内不去索取，就表示接受小伙子的求爱。确定了恋人关系的青年男女，便会脱离群体，开始单独交往，进而正式托媒求婚和订婚、结婚，喜结连理；另外，年青一代结婚住进的新房位置必须低于本家族长辈房屋之下，以表对长辈的尊敬之心。

在丧事方面更为奇特，佤族把人死分为“好死”与“凶死”。凡属病故于家里寨内的人都算为“正常死亡”；凡属死亡于寨外的人都算为“非正常死亡”。

佤族的传统观念认为，人的吉凶祸福、生老病死都是超自然的鬼神所为，世界充满了鬼神之灵，甚至人也是由灵所做成的；还认为，一个人不论是老死、病死等，只能死在家里寨内。

佤族人在医院治病时，不愿长久在医院接受治疗乃至康复，而愿安宁地死于家中，做正常死亡者。正常死亡者，一般是第三天才葬，小孩死后则当日葬。埋葬正常死亡者时，要举行一定的丧葬仪式和活动：死者用独木棺入殓，在划定的家族墓地上挖好墓穴，棺木放入墓穴后，将死者生前用过的若干生活用品和生产用具作为随葬品放入墓穴，然后在场的人每人往墓穴内丢一把花草，最后填土齐地面，用脚踩踏，在墓地用竹篾围起来作标记。而非正常死亡者，则不举行服丧活动，不做棺材，不葬在公墓，所有非正常死亡的人都会被家人掩埋在一个离寨子很远的偏僻地方所挖的坑里。

此外，在调研过程中我们得出，54.47%的居民遵守一定的民间习俗规定，这些民间习俗在一定程度上为人民的行为举止做了规范要求，起到了促进家庭和谐、稳定社会秩序，教导青年一代懂得尊老爱幼、诚实守信的作用，为中华民族儿女养成优良传统美德做了不可或缺的贡献（图9）。

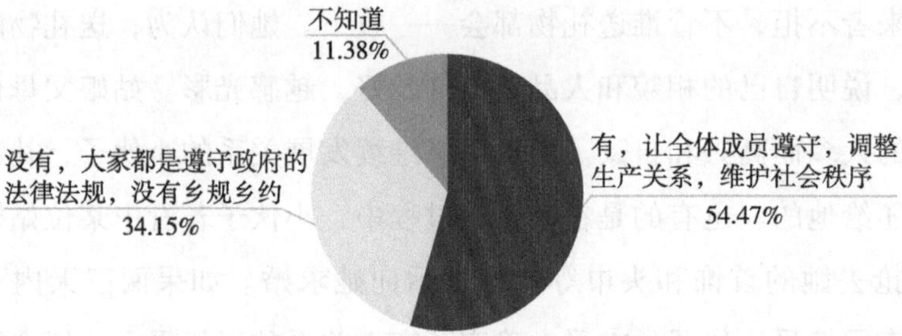

图9　是否有约定俗成的社会文化

4.少数民族服饰文化的特点及其传承状况

在参加民族节日时，绝大部分人也表示都是自愿参加并穿着自己的民族服饰，同时，对服饰的统一提出了看法。大家一致认为着装的统一体现了平等，不会从你的服饰上界定是贫穷还是富有，同时，着装的统一是一种民族的标志，也是人们身份的象征，如校服、军服及民族服饰等(图10)。

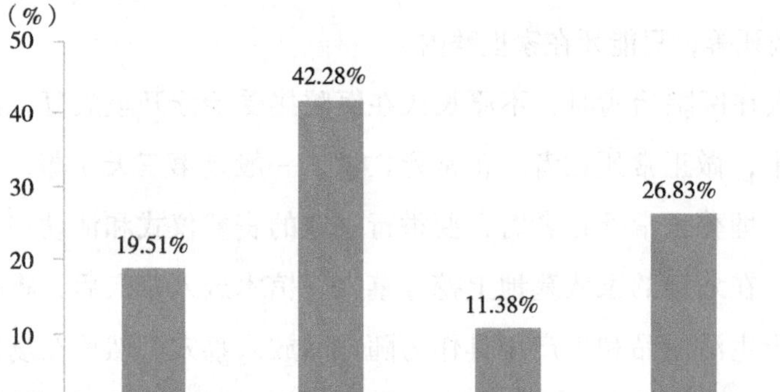

图10　参加节日是否穿着本民族服饰

在涉及民族服饰图案的问题时，我们了解到不同民族服饰上的图案也有着不一样特殊寓意（图11)。如佤族的服饰上通常绣有牛头和配上银制品，表示的是民族的标志象征，以及对所信仰神灵的敬仰之情，同时也代表着他们的美好祝愿。而傈僳族妇女的服饰与男子截然不同。妇女习惯在前额打一种人字形状的叠式包头，头缠丈二长的黑布绕子。傈僳族妇女不论老少，都喜爱戴银耳环，手戴镯子，年轻妇女为显示自己年轻漂亮，再佩戴一些贝壳、银币等装饰品，有的还成串挂于胸前，妇女下身着用火草或白布、青布加工制作的百格裙，裙长及地，走起路来人如在云中，蹲下裙散开，又如人在花中。妇女多数腰系自制的白麻布腰带，带上绣有花、叶图案。脚穿布鞋或胶鞋。这种装束使傈僳妇女行走时长裙摇曳摆动，显得婀娜多姿，有一种独特的风韵，使人见之不忘。1949年后，随着生产的发展，生活的改变，傈僳族人民的服饰发生了明显的变化，古朴风雅的服饰添进了现代风采，让傈僳族服饰变得更加绚丽多彩，就像那开放的马樱花，散发出独特的芬芳。

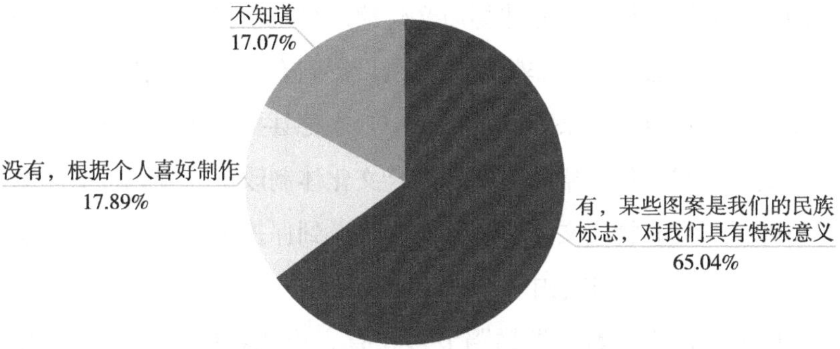

图11　民族服饰上的图案是否具有特殊寓意

5.关于文化传承人情况调研

在我国已经开展的非物质文化遗产的保护行动中，重点抢救与保护有影响的传承人已形成社会共识。目前传承人濒危现象在少数民族地区日益显著，随着传承人年岁老去，年轻人不再学习传统技艺，一些非物质文化遗产面临传承困境。

临沧市永德县芒石寨傣族手工造纸技艺国家级传承人周小三，于2016年7月25日辞世，手工造纸技艺面临抢救性记录的挑战。周小三，傣族，1936年出生于永德县永康镇芒石寨，芒石寨是一个古老的傣族造纸村，造纸是傣族少女必须掌握的技艺。周小三16岁开始学习傣族手工造纸，在老一辈的精心传授下，全面掌握了傣族手工造纸的全部工艺，她造出的纸张洁白、韧性好，纤维脉络清楚，经久耐用，是傣族手工纸的精品。

永德县乌木龙乡有一个古老的少数民族，是彝族的一个分支，俐侎人，共有2.6万多人，他们生活在深山里，创造了璀璨的俐侎文化。据彝族俐侎人“龙门调”记载，永德县的彝族俐侎由楚雄、景东一带于1324—1328年迁徙而来，是彝族24个支系之一。长期居住在高寒山区的俐侎人，至今仍然保留着古老的生产生活方式，传承着独具魅力的葫芦笙舞、祭祀、服饰、饮食等传统习俗。其中，葫芦笙舞和民俗彝族服饰被批准为云南第三批非物质文化遗产项目。葫芦笙舞的传承人为张金宝，服饰传承人为李冬妹和李从妹。

近年来，永德县积极贯彻落实“保护为主、抢救第一、合理利用、传承发展”的工作方针，认真做好非物质文化遗产名录项目的保护、传承和管理工作，一批国家、省、市级非物质文化项目得到有效保护和传承。同时，一批非物质文化项目也在有条不紊申报之中。永德县把非物质文化遗产保护工作提到了发展县域文化战略的高度，结合文化体制改革，着力打造非物质文化遗产品牌，一批非物质文化遗产保护项目得到保护传承和利用。一是在搜集、挖掘、整理、项目申报中，注重挖掘、保护、利用的有机结合，《斑鸠吃水》《佤族祝酒歌》等一批舞蹈节目在省、市比赛中获奖；俐侎服饰制作、傣族构皮造纸等项目的相关产品逐步走向市场；二是进一步加大对项目的保护力度，认真做好非遗项目的建档工作。目前，全县非物质文化遗产项目都进行了文字、图片、影像的档案管理；三是加大对代表性传承人保护、培养、扶持，采取多种形式为传承人创造条件，支持他们开展传承活动，鼓励他们带徒授艺。

四、对少数民族文化传承与发展的对策与建议

千年的风吹散了千年的往事，千年的水冲走了千年的记忆，但是民族文化的印记，文化的传统，却注定要烙在各民族的生命里。每个民族的文化都是一个民族的灵魂，也决定着这个民族的兴衰。现在大多数的少数民族都已经随着时代发展出现汉化趋势，没有了自己本民族的特色，仅存少数民族的称号，所以基于现代的社会现状结合我们云南调研的相关材料实地考察，提出以下几点建议。

（一）传承民族文化，教育是重要载体

继续深入开展“乡土文化进校园”“非物质文化遗产进教材、进课堂”活动。教育传承包括家庭教育、社会教育和学校教育三种形式，传承肯定是从年轻的一代抓起，这样才可以一代一代地传承下去。所以在当今的教育环境中就必须要处理好应试教育和民族文化教育之间的平衡问题，少数民族聚集区的学生课程安排也要照顾这两个方面。例如，我们调研的大山乡大部分人都是佤族，那里的学生的教学环境就是全面汉语教学，民族语言只在家里运用，这样就造成了失重的一面。相反，我们调研的乌木龙彝族乡就是采用另一种方法“双语教学”，孩子的课程中就掺杂了汉语和民族语言两种，其次，他们的中心小学校园里设有“文化长廊”以供学生对本民族历史文化进行了解和学习，这样的教学方法对孩子很有帮助。传承是继承和发展的结合，没有发展的文化是没有活力的，要以核心价值观为引领，创造更多更好的文化表现方式和传播途径，将少数民族的传统文化、风土人情等发扬光大，使其既学会了汉语普通话，结合了社会发展，又没有丢失掉民族语言文化。所以一定要处理好应试教育和民族文化教育之间的平衡。

（二）改变文化传承形式，推广“互联网+文化”模式

创新文化传播形式，运用“互联网+文化”的新理念，把文化包装成喜闻乐见的形式，用现代化的传媒途径传播出去，打造文化创意产业，让中国其他地方乃至世界了解当地少数民族文化的魅力。当代青年都较为喜欢新潮的东西，所以我们可以在这方面多加改革。例如，把各民族的音乐调式融入年轻人喜欢的流行音乐中、将民族特有的文化故事融入到现代文化当中，让年轻人深刻体会到民族文化的精髓，这样做也把民族文化和现代文化做了结合。有的人会觉得，这样的形式会改变民族文化的原本基调，但是时代是发展的，文化也是发展的，只有加入新的元素才能使民族文化细水长流。同时，打造旅游文化品牌，在推广旅游产品的同时，宣传本民族的非物质文化魅力所在，通过“互联网+文化”，让世界了解云南，了解深山里的少数民族文化。

(三)政府注重宣传和政策大力支持

当前云南省各级政府都非常重视少数民族非物质文化遗产的保护，在文化传承方面，重点挖掘和扶持文化传承人，文化传承人分为国家级、省级和市级不同的层次。在对乌木龙彝族乡进行调研时我们了解到，在政府的帮扶与鼓励下，隶属于彝族分支下的傈僳族中，设立了专门的乐器、服饰、工艺品等非物质文化遗产的传承人。其中以芦笙等各种民族乐器为传承途径的爷爷、依旧利用织布机为家人做嫁衣及便衣的奶奶，以及毅然放弃在城务工回到家乡传承具有民族特色工艺品制作的青年夫妇等人为代表，极好地将彝族的民族文化发扬光大；同时，政府也加紧对非物质文化遗产代表性传承人抢救性记录工作的培训，并且选派优秀代表前往北京培训；而且政府也加快创建少数民族文化传承基地，这不仅是一种非物质文化遗产保护的有效机制，更是一种独特的文化传承手段，这样的文化保护机制有利于本民族原始文化的完整和成长，确保非物质文化遗产的保留和延续。希望当地政府更加重视对少数民族传统文化的挖掘与保护，通过口述史访问、文献收集、摄影图片，以及微电影、成果整理档案归集等方式，完整保留记录非物质文化遗产。

五、结束语

“千里之行，始于足下”，从开始调研的迷茫到调研的深入展开再到最后的欣喜而归，云南调研之行让我们成长和成熟。通过对云南省临沧市永德县实地走访与调查，我们感触颇深，让我们真正地明白理论与实践相结合的重要性。在文化传承与发展的过程中，如何巧妙地把社会主义核心价值观融入少数民族文化中去是目前所面临的问题和挑战。通过此次调研，让我们接触到独具特色的原始部落文化，了解到最根本的民族风情，感受到质朴少数民族的真善美，从一开始的陌生到互留联系方式，让我们深深地感受到了大家的淳朴和善良，同时少数民族人民也用自己独特的民族文化感染了我们在场的每一个人。

我们用热诚洒满了云南之行，用语言文字带回无数的希望与期盼，我们会将此行的所感所悟转移到专业课的学习中，努力提高专业技能，提升思想道德的修养，勇于承担起保护、传承、发展和弘扬优秀民族传统文化的使命，不负父母、老师、党和国家对我们青年学子的殷切期望，努力成为我国走上文化强国之路的一块基石！

弘扬公益服务精神　践行核心价值观

——北京“A公益”民间爱心同盟大学生志愿服务研究*

张佳慧　李光宇　卓玛银噶**

一、调研背景及意义

为深入了解当代大学生的内心世界，以及当代大学生的公益意识，认真分析当今社会影响当代大学生价值观念形成与发展的原因及因素，努力寻找引导大学生形成正确的世界观、人生观、价值观的方法，让当代大学生在实践中走出校园、认识社会、接受锻炼的过程中逐渐形成正确的、积极的、健康的、向上的思想观念，做一个积极进取、为了目标努力奋斗、能肩负国家重任的新一代大学生，我们开展了民间爱心公益组织对大学生思想价值观念的影响的调研活动。

此次调研以马克思主义哲学思想为指导，认真学习中国传统思想道德，以“A公益”民间爱心公益组织所开展的一系列爱心公益助学活动，对大学生正确思想价值观念的形成进行引导教育。通过学习使大学生逐渐找到形成正确思想道德观念的方式方法，努力做一个有理想、有道德、有文化、有纪律的“四有公民”，逐渐完善自己、发展自己。

---

* 指导教师：王琪(社科部思想政治理论课专职教师)。

** 作者分别为2014级传播系网络编辑专业、2015级英语系旅游英语专业、2015级社工系社会工作专业。

二、研究过程

（一）研究方法

1. 文献研究

本课题广泛查阅了大量文献，包括国内外学者已有的研究成果、权威部门发布的相关数据，以及政府部门相关的政策法规等，并对这些资料进行梳理、分类、比对，为后期调研奠定扎实的基础。

2. 实地研究

（1）访谈法和观察法

访谈法是通过面对面、一对一的访谈，促进双方的交流，更直接地得到想要的信息，弥补问卷调查的不足，是收集信息资料的一种重要的方法。

在村委会干部的带领下，我们利用暑期共走访3个自然村，8户涉及大学生“A公益”志愿服务的家庭，与志愿大学生，志愿服务对象、家人访谈大约25人。一方面，我们与受访人及家人进行深度访谈，沟通交流，倾听他们的心声，了解他们困难、需求，以及经验，也询问了他们现在所接受的服务情况，以及享受到的国家政府、当地民政部门的资助帮扶情况；另一方面，我们也在受访人家中观察到了志愿者及民间公益组织对受访人的帮助和支援，大大加深了我们对所研究问题的了解和熟悉程度，使我们的认识更加深刻。

（2）问卷法

问卷法是调查者运用统一设计的问卷向被选取的调查对象了解情况或征询意见的调查方法。我们首先根据调研的方向设计调查问卷，选择调查对象，分发、回收和审查问卷。然后，再对问卷调查数据进行统计分析。

在调研过程中，我们主要依靠线上和线下两种方式分发问卷。共计发放问卷500份，回收问卷487份，其中有效问卷412份。被调查者均是大学生，其中男性198名，女性214名。其中有学生干部，也有普通学生，有重点大学的，也有普通大学的，有团员，有党员，也有普通群众，涵盖的范围相对比较广泛。

（二）人员分工

我们组的成员中有2014级网络编辑、2015级英语专业和社会工作专业的学生（见表1），结合所学的专业基础课程和所具有的知识基础，以及《思想道德修养与法律基础》《毛泽东思想和中国特色社会主义理论体系概论》课程和社会主义核心价值观教育的主旨精神，选择了大学生志愿服务的课题。

表1　北京“A公益”民间爱心同盟大学生志愿服务调研小组人员分工

组别	调研地点	指导老师	小组成员	所学专业	组内分工	整体分工
第一小组	河北唐山临河村	指导老师王琪	张佳惠	14级网络编辑	问卷发放与回收	队长，整体协调
	山西长治韩店村		李光宇	15级旅游英语	笔录	文字资料整理
			卓玛银噶	15级社会工作	访谈提问	调研报告主笔

我组指导老师在指导学生思想政治理论课社会调研方面有着丰富的经验，主持参与研究多个青少年志愿服务、社会主义核心价值观相关的课题，是本课题研究的坚实后盾。

（三）调研、访谈过程

2016年6月底，我们加入“A公益”爱心助学组织。当时的“A公益”刚刚开启了爱心助学项目，因为团队主要成员在北京地区，所以我们以北京地区为中心，在北京周边寻找家庭困难的孩子给予资助。

从调查的性别比例看，女生较多，占比51.9%，女生对公益事业的热情高于男生。从调查对象政治面貌来看，党员占比21%，团员占比56%，群众占比23%，团员占比最大。从调查对象的文化程度来看，此次调查的对象主要是参与“A公益”爱心助学组织北京地区的高校学生，有高校本科学生，也有高职高专的学生（图1）。

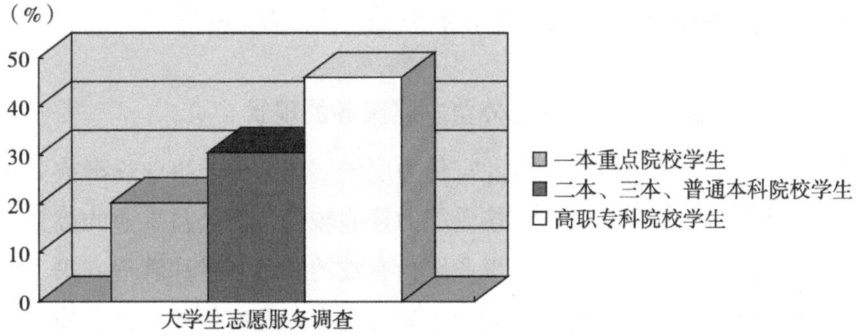

图1　调查对象文化程度分布情况

调研小组分别奔赴河北省唐山市新庄子乡临河村和山西长治的韩庄镇韩庄村做了多天调研，与多名志愿者深入交流。调研小组成员分工明确，获得了宝贵的第一手资料，为我们撰写访谈报告提供了非常好的素材。

在志愿服务对象访谈中，很典型的是杨洋和杨泽为姐弟俩的情况。在当地村干部崔永东和崔永武的带领下，我们到了杨家。推开他们家被雨水腐蚀的锈迹斑斑的铁门，首先映入眼帘的是一头黄白花色的老牛和一只干瘦的狗。院子里弥漫着麦草的清新气息夹杂着牛粪牛尿的味道。一个干瘦的老爷爷从屋里走出来，村干部说明来意以后，很难为情地邀请我们进屋。屋子里充满了药的味道。干瘦的奶奶躺在炕上，动弹不得，炕上堆满了各种药瓶和尿布。爷爷一直很歉意地对我们说，都没有一个干净的地方可以让我们坐一下。当谈起杨洋和杨泽为的父母的时候，爷爷抹了一把眼泪。2008年，两个孩子的父亲因车祸去世了，母亲独自拉扯两个孩子，孩子的奶奶也在同年因脑血栓瘫痪在床，靠吃药维持。祸不单行，2012年，孩子的母亲被检查出患有乳腺癌，等到查出来的时候已经是晚期，同年年底，母亲也不幸去世了。家中只剩下年迈的爷爷奶奶和两个孩子，贫穷让亲戚和他们断了往来，除了家人外，只有那头老牛和狗为伴。说到孩子的上学问题，爷爷不禁动容。家里的经济条件仅够维持生活，加上奶奶的药费，已经外债累累，孩子的学费已经拿不出了，可是孩子成绩很好，辍学实在可惜。看着两个懂事的孩子，我们深深感受到这个家庭的苦难和不幸，然而这仅仅是困难家庭中的一例。从帮助杨洋和杨泽为的爱心助学志愿者身上，我们也深深体会到了“A公益”爱心助学组织的意义所在。

三、民间爱心公益组织大学生志愿服务现状及作用

(一)大学生参与民间爱心公益志愿服务的现状

随着近年有关部门对公益事业宣传力度的增加，公益事业逐渐被更多的人接受。当代大学生接触面广，接受能力普遍较强，对公益事业的接受程度相对较大。但同时，我国的公益事业缺少有效的管理制度和管理方式，也出现了很多问题。一方面，大部分大学生对公益事业是信任的。社会公益事业是中国优良传统的延续，是构建社会主义和谐社会的内在要求。大学生参与公益活动，体现了助人为乐的高贵品质和关心公益事业、勇于承担社会责任、为社会无私奉献的精神风貌。大学生关注公益事业，有利于增强大学生作为时代主人翁的责任感，并使其拥有一颗感恩的心，促进社会的和谐发展。另一方面，部分大学生对公益事业持怀疑态度。因为组织领导者自身对公益性社团发展缺乏自我定位，大多数民间公益行动有盲目跟风的嫌疑。盲目复制也造成内部志愿者很容易在活动中麻痹和退出。同时，现有民间公益组织的相关法律法规的不完善，某些社会不法分子以公益为幌子进行诈骗，社会影响恶劣，严重打击了大学生参与公益事业的热情。

(二)大学生对民间爱心公益事业的态度及目的

1.大学生对民间爱心公益事业的态度端正

当前，很多全国性的、地方性的、官方的、民间的公益组织都在大力进行宣传，从问卷调查来看，大学生对公益事业的认可度非常高，但实际的参与率并不高，对公益事业的态度普遍是支持但不参与。公益事业是纯粹付出的行为，参与公益不仅仅需要一颗热情的心，还需要付出精力、时间、金钱，甚至有时候还要对自己的利益进行取舍。但是公益事业又不是完全的付出，给予的过程是快乐的，被他人和社会需要也是快乐的。

2.大学生参与民间公益事业的目的明确

通过对参与“A公益”助学计划的大学生的访谈，我们发现参与志愿服务的大学生的目的需求，基本符合马斯洛的需要满足理论，以及社会化理论——即追求自我价值的实现，以及受到利他主义、慈善主义精神的感召，追求心灵的满足和更完善的人生。当然，也有人仅仅是出于好奇或者企

图从中谋取个人利益等。

“A公益”助学计划的大四学生薛丽告诉我们，当时想参与“A公益”助学活动就是因为一个坚持：“每一年要至少做一件不求私利，不为自己的事情。社会活动的目的性太强，容易让人变得冷冰冰，把每一件事都看成一笔交易。殊不知这样的行为却让自己失去了很多的快乐，忽略了做事情本来的意义。帮助他人、服务社会，是做公益的最初原因，不忘初心，方得始终。”

通过这次调研，我们了解到大部分大学生参加公益活动的想法也不一样。被需要是一种幸福，被人或者社会需要的根本原因是自己需要别人和社会。参与公益会让这种被人或者社会需要和接受的感受放大。被需要是自我价值实现的一部分，投身公益事业的过程，在某些时候就是追求被需要，抑或说是追求自我价值。莎士比亚曾经说过，善良的心地，就是黄金。善良是一种可贵的品质，也许善良不能等价于黄金，但是善良的品质带给人的精神财富却是无法估量的。投身公益是大学生行善的途径之一，是自我价值实现的方式之一。

（三）民间爱心公益志愿行为有力塑造核心价值观

马克思曾经说过，全部社会生活在本质上是实践的。实践是价值活动，以及价值关系产生的最根本基础，实践决定着价值观的生成、发展与实现，决定着价值观的基本指向。培养大学生的社会主义核心价值观，把社会主义核心价值观转化为他们的自觉行动，就必须深化实践。志愿服务活动本身的实践性及其与社会主义核心价值观的内在契合性，正好提供了这样一个实践的平台，成为大学生志愿者践行社会主义核心价值观的有效途径。

社会主义核心价值观建设是我国精神文明建设的重要内容。大学生作为社会主义事业的建设者和接班人，肩负历史使命，对其进行社会主义核心价值观的培养至关重要。大学生核心价值观培养的方法多种多样，但志愿服务作为大学生从事公益事业的一项社会服务活动，蕴含着无私奉献、乐于助人等价值观念，是社会主义核心价值观在大学生价值观培养层面的反映和具体要求。大学生参与志愿服务活动的过程实质上就是其对社会主义核心价值观认同的过程，是在知与行相结合中形塑正确价值观并内化为自身的价值取向和行为准则的过程。正如访谈“A公益”助学计划的大一志愿者所言：“志愿服务活动让我更深地了解了农村，了解了社会，给我们提供关怀他人的机会。我们通过帮助社会弱势群体等受助群众，加强人与人之间的关怀，学会体谅和尊重他人，逐渐增强对社会和他人的责任感，深刻领悟了社会主义核心价值观的意义。”

大学生长期生活在校园中，较少接触社会，对国情和民情的认识大部分是来自课堂和网络，这些间接的途径往往受社会多元化和网络复杂性的影响，容易影响学生的价值判断和选择。公益行为在一定程度上改变了大学生志愿者对社会、对人性的看法。爱心公益行为影响着大学生的价值观念，势必也会影响到自身的价值选择，对价值的取舍更趋向完善，使其能够认识到思想局限，不断反思，不断进步。。

参与公益是一个互动过程，是一个建设的过程。由于自身去努力营造人人为我，我为人人的社会环境，因此也体会到了人人为我，我为人人的社会环境所带来的温暖的感受。同时，投身公益的过程中可以结识更多志同道合的人，大家怀抱着同样的目的聚在一起，一起面对困难、战胜困难。投身公益的收获包含了享受人人为我的环境。因此，参与民间爱心公益对大学生的世界观、人生观、价值观，以及核心价值观的塑造起到了积极作用。

四、民间爱心公益志愿行为存在的问题

大学生志愿者作为公益服务的主力军，在提供绿色环保、大型赛会、社区服务等公益服务的同时，提升了自身的道德认知和实践能力，为社会管理创新积累了宝贵的实践经验。但由于社会管理水平的制约和大学生自身存在的一些不足，使得大学生公益服务存在着一些问题，如何破解这些难题，值得我们深入思考和研究。

（一）人员的延续性差

大学生志愿者由于平时时间较多，在帮学助困、社区服务、大型赛会等

方面发挥了很大的作用。但是由于大学生正处于兴趣和价值观的形成期，他们的意志力和自我控制力相对还不成熟，兴趣呈现“覆盖广、转移快”等特点，特别是在“A公益”民间爱心助学组织中，人员流动较快。有的大一新生在公益服务中浅尝辄止，一些有经验的志愿者进入高年级后，由于学业增多或就业压力加大等原因退出志愿者组织，而新招募的志愿者对活动的运作方式不熟悉，导致工作运转效率低下，难以持续。

（二）资源获取不足

无论是开展公益活动还是志愿者培训都需要大量的经费，特别是发生不可抗力的人身伤害和财产损失后，保障志愿者及其家属的合法权益都将产生大量的资金缺口。虽然在爱心传递下，北京民间爱心公益同盟团队迅速成长，目前已经拥有爱心成员数千人，每年常规探访孤儿院、福利院爱心志愿者活动近三百次，每年活动人次上万人，但是“A 公益”民间爱心助学组织也存在着资金、资源短缺的情况。由于民间爱心公益组织，以及大学生活动经费有限，而社会赞助等其他资金来源数额不大，根本无法满足大学生开展公益活动的需要，再加上大学生公益活动大多局限在校内或者社区，无法获得广泛的社会支持。

（三）行政化现象严重

某种意义上讲，“A公益”民间爱心公益同盟的服务也受到传统科层制行政组织模式的影响。公益活动采取的是自上而下的方式，分工明确，每个活动有固定负责人，一般主要由群主及管理员组成，管理员有志愿者活动协调负责人、财务负责人、助学负责人、网站建设负责人、微信公众号负责人、百度贴吧负责人、网站活动发布负责人、日常活动报名负责人等。这在一定程度上能够解决大学生公益组织的管理和经费问题，但随着大学生志愿服务的迅速发展，行政主导力量过强在一定程度上制约了公益服务的发展。行政主导公益模式产生的感召力和凝聚力是很微弱的，很难真正调动大学生的服务热情和奉献精神。

五、对策与建议

(一)加大公益事业宣传力度,积极号召大学生参与公益事业

思想是行动的先导,有正确的思想才有正确的行为。一些大学生甚至高校对志愿服务活动缺乏正确的认识和理解,这必然会影响大学生参与志愿服务活动的自主性和积极性,影响志愿服务活动育人功能的发挥。高校应深刻认识志愿服务活动的性质并挖掘其潜在的教育价值,向学生介绍并宣传志愿服务活动的发展历程。就目前我国公益事业的发展现状,高校应该大力弘扬志愿服务的精神,尤其要让大学生认识到参与其中的意义和价值,让学生从整体上认识志愿服务活动,从而树立正确的参与目的,激发参与的热情。同时,在活动过程中将志愿服务的精神作为指导学生行为的精神标尺。要充分利用校园刊物、广播、网络等媒体,宣传志愿服务活动,弘扬志愿服务精神,形成校园服务文化。

另外,需要国家层面的扶持和号召。一方面,这将潜移默化地熏陶和感染学生,促使学生践行志愿服务精神,领悟社会主义核心价值观,形成良好的人格和高尚的品质。另一方面,有利于形成大学生志愿服务活动良好发展的局面,为培养大学生的社会主义核心价值观营造有利氛围。

(二)完善民间公益法律法规,正确引导大学生服务公益事业

在调查中我们发现,与民间公益组织相关的法律制度不完善,存在法律盲区。社会上真假难辨的“公益事业”破坏了公益的神圣性,也蒙蔽了大家的双眼,动摇了公众对公益事业的信任度。为此,国家应加大改革力度,制定并完善相关法律法规和规章制度,规范“公益行为”,政府加强监管,让公益事业更加公开透明。同时,大学生也要擦亮双眼,提高分辨是非的能力,取其精华,去其糟粕,正确认识参与公益,做出正确的价值判断。

(三)加大志愿服务教育培训,大力促进志愿公益服务实效性

大学生志愿服务水平的高低影响志愿服务活动的开展及其功能的发挥,要达到志愿服务活动的既定目标,就必须提高大学生的志愿服务水平。一方

面，高校要加强志愿者的培训，建立志愿者培训体系。按培训的形式分类，可采用集中培训和分类培训、骨干培训和分级培训、理论培训和实践培训相结合的方式；按培训内容分类，可进行专业理论培训素质拓展、礼仪培训、安全和纪律要求培训、定期经验交流等培训。另一方面，高校教育在现有的公共课基础上，开设多类公益课程，并派专任老师进行讲解授课。高校要将课堂与社会实践紧密结合，使大学生将所学知识正确运用到社会实践中去，逐步培养大学生公益服务意识。大学生通过服务社会，学会沟通与交流。高校在完善公益课程中，还应注重营造公益氛围。

扎实有效的培训工作，可以提高和拓展大学生志愿者的思想认识、操作技能、团队精神和沟通能力等方面的素质，进而提高志愿服务的质量和水平，使大学生志愿服务活动获得社会的支持和认可，从而为大学生的志愿服务活动提供更多的实践平台。

（四）拓展志愿服务方法途径，有力推进志愿服务的育人功能

从近年来的实践来看，目前大学生参与民间志愿组织的服务内容主要集中于义务家教、社区援助等方面，涉及服务的种类、方式单一，不能满足日益发展的志愿服务活动的需求，也不能有效发挥志愿服务活动的育人功能。因此，各高校应充分利用社会资源，丰富服务内容，拓展服务领域。例如积极联系政府、企业、社会组织、社会团体等相关单位，加强与民间志愿者组织的联系，建立志愿服务项目基地，鼓励大学生参与不同领域、不同地域的志愿服务活动，满足大学生多元化的需求。通过拓展志愿服务的途径和内容，建立长期的实践平台，让学生根据自身的特长和教育背景选择服务内容，开发自身的最大潜能，提高专业技能。在服务社会的同时拓展视野，磨炼意志，体验人生价值，增强社会责任感。

六、总结与体会

历时两个多月，我们在河北和山西农村，倾听民间志愿者的心声，倾听他们的心路历程，深感他们的辛酸与幸福。

感谢我们的访谈对象，那些志愿者及被服务的对象，是他们的真诚与坦诚形成了这份研究成果；也必须感谢村委会的干部、大学生村干部，他们在整个研究过程中给我们提供了全方位的支持，从数据到建议，给了我们很大的帮助和启发；特别是河北省唐山市新庄子乡临河村村支书张红亮先生和村里会计崔永东先生在报告的撰写过程中为我们补充数据，提供参考意见，对本报告的形成做出了很大的贡献。

感谢全体团队成员的努力。特别是我们的指导老师，不仅在调研过程中进行全程协助，而且在报告的撰写过程中，积极进行指导修改，令我们受益匪浅。

我们深切地感到，所学的思想政治理论课的理论知识在实践中得到了运用，也更加理解了党和国家有关建设和谐社会、关注民生，以及关于社会主义核心价值观的深刻内涵。同时看到了国家对民间志愿服务问题的重视，对关乎人民生活水平问题的重视。

公益还在路上，问题仍然存在，需要我们每一个人为之付出不懈的努力。

参考文献

[1] 中央编译局.马克思恩格斯选集(第4卷)[M].北京:人民出版社,1995.

[2] 吴潜涛.深刻理解社会主义核心价值观的内涵和意义[N].人民日报,2013-05-22.

[3] 何小手."微公益"折射的社会管理之道[N].人民日报,2011-10-11(23).

[4] 张科,彭巧胤.高校青年志愿服务专业化研究[J].中国青年研究,2010(2).

[5] 蔡建淮,李荣志.大学生志愿服务管理中存在的问题及对策思考——以南京N学院为例[J].中国行政管理,2011(3).

[6] 杨军.志愿者活动——高校社会主义核心价值观培育的突破口[J].教育学术月刊,2011(10).

社会负能量对大学生的影响调研报告

——基于对网络舆情中负面信息的研究*

周子桉　王冉　周泽远**

一、研究目的、内容及意义

（一）研究目的

现实生活中，当我们打开网页，不经意间就陷入负面消息的重重包围之中。腐败贪污、色情交易等丑闻铺天盖地；内幕、潜规则、揭秘层出不穷。这些社会负能量在大学生认知社会，架构自己的世界观时，发挥着怎样的作用？它们是精神的瘟疫，摧残着大学生正确的世界观、价值观、人生观？还是被当作无关痛痒的垃圾信息置之不理，对大学生毫无影响？这是本调研团队开展研究的初衷所在。

众所周知，“正能量”一词其核心意义是指具有正面价值和积极意义的人或事。而本项研究所谈到的“负能量”，就是与“正能量”相对的能量，是那些灰色的、带有消极意义的人或事。具体来说，本项研究中的“社会负能量”，特指在大众传媒，特别是网络舆情领域中的负面报道。

（二）主要内容及意义

本项研究的内容主要涉及两个方面。

---

* 2015年北京高校思想政治理论课学生社会实践优秀论文评选二等奖。指导老师：袁宏松（社科部思想政治理论课专职教师）。

** 作者均为2013级英语系旅游英语专业。

第一个方面，社会负能量对于大学生认知层面的影响。调查过程中，调查了社会负能量是否会影响在校大学生对主流媒体（《光明日报》《人民日报》等）的信任；社会负能量是否会改变大学生对某一个人或某件事的看法或者态度；负面新闻是否会改变，甚至冲击在校大学生原有的的世界观、人生观、价值观等问题。

第二个方面，社会负能量对于大学生行为层面的影响。在认知层面调查的基础上，继续研究这些认识是否会影响大学生的行为处事方式，以及在多大程度上造成影响。

了解当前社会负能量对大学生认知、行为模式的影响，其意义在于有的放矢地制定相应的对策，提高大学生心理素质，提升大学生辨别、分析舆论，以及独立思考问题的能力，确保高校作为对大学生进行社会主义核心价值观教育的主阵地，以及引导大学生树立和践行社会主义核心价值观的主渠道。

二、研究方法

采取座谈和调查问卷相结合的方法。调研问卷分纸质版调查问卷和电子问卷两种形式。调查问卷共设立31道题目，其中29道题为单项选择，2道题为开放式问题。社会负能量事件涵盖近3年经济、政治、社会、文化等领域的负面消息。

本次调研活动，在北京青年政治学院一共发放调查问卷257份，有效问卷257份。本次被调查人数共计257人，其中男性64人，女性193人；200名大二在校生，52名大一在校生，5名大三学生。

三、调查数据分析

（一）社会负能量与主流媒体

调查问题一：在媒体曝出一些未经证实的非官方问题观点或敏感信息的解读后，你会采取怎样的态度?

A.这些信息应该是内部消息，与别人讨论讨论

B.采取保守态度，待进一步了解事情后再判断

C.这些信息不可靠，要等官方信息

D.这与我无关

调查显示（图1），在官方未对社会舆论进行回应时，有69%的人对舆论的真实性持有谨慎态度。说明在信息还未掺杂官方与非官方的信任因素时，大部分的大学生对社会舆论本身的真伪有着冷静、客观的态度。其他调查项，认为“这些信息不可靠，要等官方信息”的占14%，认为“这与我无关”的占7%，认为“这些信息应该是内部消息，与别人讨论讨论”的占10%。

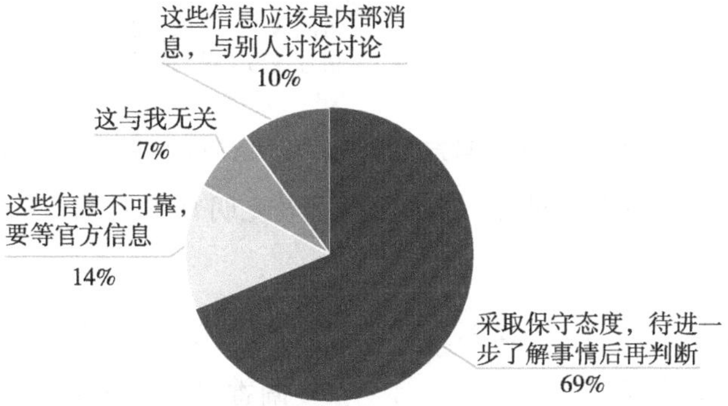

图1　在媒体曝出一些未经证实的非官方问题观点或敏感信息的解读后，你会采取怎样的态度

调查问题二：在网络曝出一些与官方发出的大相径庭的信息（特指负面信息）后，你的态度是：

A.以官方信息为准，其他信息不可信

B.以网络信息为准，官方信息是为了欺骗我们

C.两者都不可信，都不能信任

D.不可信无所谓，好玩、劲爆的就行

调查显示（图2），当出现官方信息与非官方信息出现差异甚至截然不同时，大部分学生有着泾渭分明的立场，其中，“以官方信息为准，其他信息不可信”的占48%，“以网络信息为准，官方信息是为了欺骗我们”的占11%，“两者都不可信，都不能信任”的占35%，“不置可否”的仅占6%。

这一方面，说明被调查者整体与社会舆情互动程度较高，大多数人关心社会。另一方面，一多半的人认为官方信息不是真实信息源的情况说明，当前社会官方的信息覆盖率虽然较高，其在群众心中的可信度有待提高。

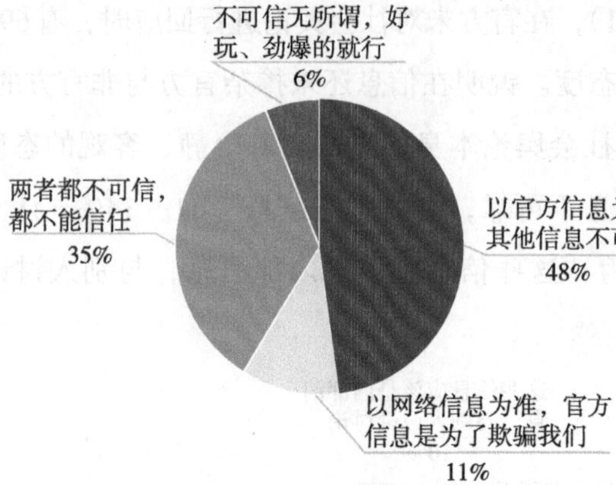

图2　在媒体曝出一些与官方发出的大相径庭的信息后，你的态度是

调查问题三：你认为诸如《人民日报》《光明日报》、CCTV等主流媒体的可信度是怎样的？

A.很可信　　　　B.不太可信　　　C.完全不可信

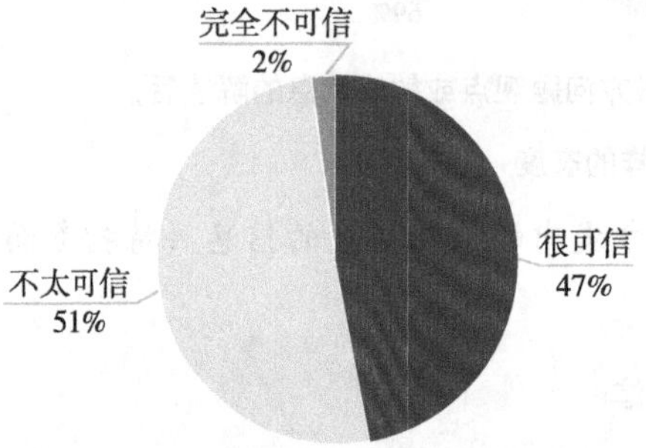

图3　你认为诸如《人民日报》《光明日报》、CCTV等媒体可信吗

调查显示（图3），“很可信”占47%，“不太可信”占51%，“完全不可信”占2%。其中，47%认为“很可信”这个调查数据是对第二项调查数据中，“以官方信息为准，其他信息不可信”占48%数据的一种呼应。之所以存在1%的误差，根据访谈得知，是因为有些官方媒体极个别报道存在失真的情况。

（二）社会负能量是否会改变大学生对某一个人或某件事的看法和态度

调查问题一：在网络曝出大量官员贪污腐败事件后，你对我国官员的清廉有怎样的印象

A.所有官员都是天下乌鸦一般黑

B.这只是少部分，大部分官员应该还是清廉的

C.所有官员都贪污腐败，但这与他们为人民服务没有什么冲突

D.官员腐败与我无关

调查显示（图4），虽然有51%的同学认为“大部分官员应该还是清廉的”，但值得警惕的是，有32%的同学认为“所有官员都是天下乌鸦一般黑”，这个数据还是足以说明网络负面信息使大学生在认知公务员群体时，造成了较为严重的消极影响。有意思的是，有10%的人认为“腐败与他们为人民服务没有什么冲突”，这是一种奇特的“和而不同”的价值倾向，实际是没有看到腐败与为人民服务本质的冲突，不理解社会主义国家立党为公、执政为民的权力观。调查中，认为“官员腐败与我无关”的占7%。

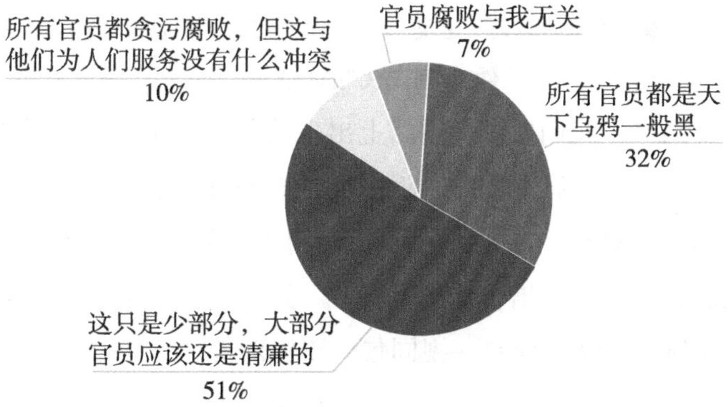

图4　在网络爆出大量官员贪污腐败事件后，你对我国官员的清廉有怎样的印象

调查问题二：在网络曝出大量如李天一之类“官二代”“富二代”依仗父母的负面报道后，你对“富二代”抱有什么样的看法？

A.曝出来了这么多案例，说明“富二代”“官二代”只会依仗父母

B.“富二代”也有勤劳奋进的人，曝出来的只是少部分

C.因为身世背景，这些人出现这些情况值得理解

通过扇形统计图进行平均分析（图5），认为“说明‘富二代’‘官二代’只会依仗父母”的占18%，“‘富二代’也有勤劳奋进的人，曝出来的只是少部分”的占61%，“因为身世背景，这些人出现这些情况值得理解”

的占21%。该组数据说明，虽然在日常生活中，许多人抱怨，“富二代”是生来就具有“拼爹”优势的群体，认为他们不劳而获，不知进取，但是在大学生群体的思想之中，却不会因为一两个“官二代”“富二代”的不轨事情，就给这一个群体的人贴上标签，对他们的评价相对来说还是较为客观的。

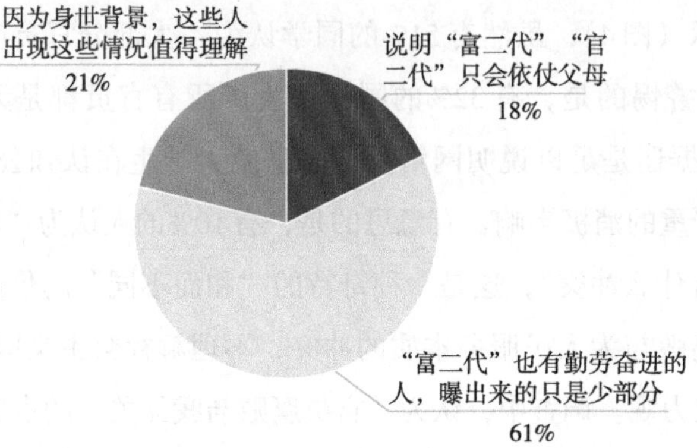

图5　在网络曝出大量如李天一之类“官二代”“富二代”依仗父母的负面报道后，你对“富二代”的态度是

根据调查结果，我们发现，网络上出现的负面新闻的性质不同，大学生的反应明显不同。对于腐败问题，近三成的被调查者给出完全否定性的评价是值得思考的。而对于“富二代”问题，他们明显要宽容许多，面对中国经济的迅猛发展，对于日益增多的“富二代”这一群体，大学生不会因为仇富心理以有色眼镜来看待，而是一视同仁，正常对待。

（三）负面新闻是否会改变在校大学生的世界观、人生观、价值观

调查问题一：在网络曝出大量扶老人被讹的事情后，哪怕被讹的概率小，你还会扶老人吗?

A.不能扶，有被讹的风险

B.会扶，无论是否会被讹这都是我的责任

C.在有人作证的情况下，我可以扶

数据显示（图6），选择“不能扶，有被讹的风险”的占比14%，认为“会扶，无论是否会被讹这都是我的责任”的占31%，选择“在有人作证的情况下，我可以扶”的占55%，这说明网络上老人摔倒的负面消息，对大多数大学生的世界观没有造成消极影响。对于许多大学生来说，在自己的利益

可以得到保护的情况下，还是愿意助人为乐。

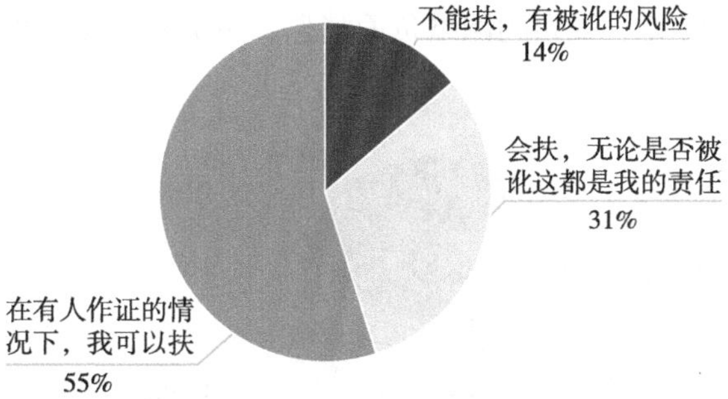

图6　在网络曝出大量扶老人被讹的事情后，哪怕被讹的概率小，你还会扶老人吗

调查问题二：网络负面信息会对你造成一定影响吗？

A.不会，看过就忘记了

B.不会很大，小波动后就平静下来了

C.会，并且久久不能平复

数据显示（图7），“不会，看过就忘记了”的占14%，“不会很大，小波动后就平静下来了”的占80%，“会，并且久久不能平复”的占6%。这说明网络负面消息不会对大学生的价值观造成十分长久的影响。

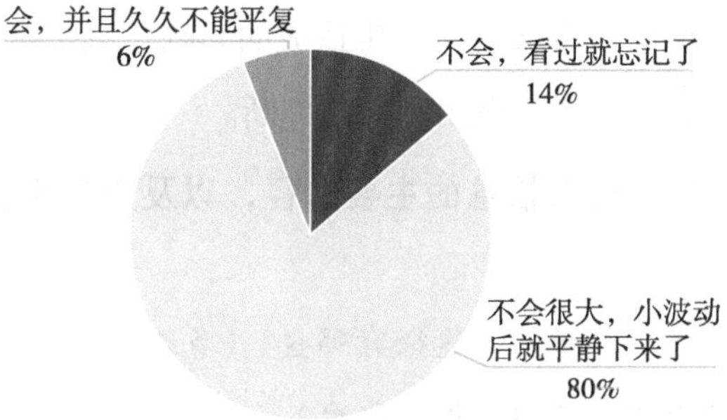

图7　网络负面信息会对你造成一定影响吗

调查问题三：社会上出现的诸如复旦大学投毒事件，对您与舍友的人际交往有影响吗？

A.有影响，防人之心不可无

B.没影响，我信任我的舍友

C.有些影响，一切皆有可能

数据显示（图8），“有影响，防人之心不可无”的占18%，“没影响，我信任我的舍友”的占60%，“有些影响，一切皆有可能”的占22%。这说明复旦大学投毒事件等一系列的网络负面消息，不会对大学生的人生观造成较大影响。

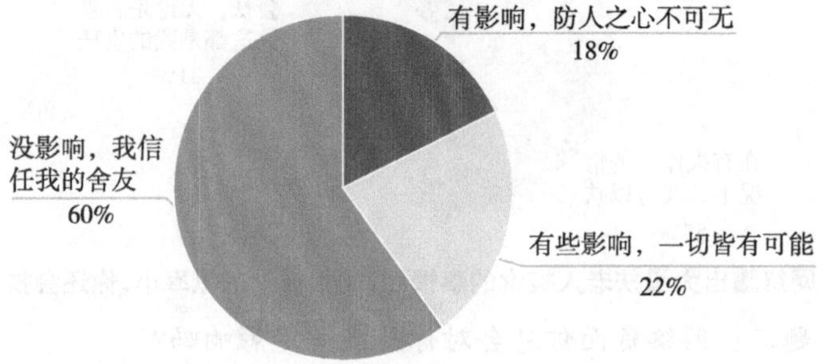

图8 社会上出现的诸如复旦大学投毒事件,对您与舍友的人际交往有影响吗

根据调查结果，我们会发现，网络负面新闻只会在很小的程度上影响大学生的人生观、世界观、价值观，负面新闻与大学生的三观培养之间是不成正比的。学生们利用网络获取信息，便利生活，但不会因此而改变自己生活的模样。网络信息的良莠不齐和多元化，对于那些还未走出象牙塔的大学生，没有正确培养起自己人生观、世界观、价值观的年轻人来说，是一个巨大的冲击，但网络负面信息会对大学生造成的影响，只是短暂而又转瞬即逝的，他们仍然能够理性思考，做出正确的判断。

（四）在校大学生获取信息的主要途径，以及大学生辨别分析舆论的能力

调查问题一：您获取新闻的途径有哪些？（多选）

A.网络（包括微信、微博等网络平台）

B.亲朋好友的告知

C.电视

D.报纸

数据显示（图9），通过网络获取新闻的大学生占51%，通过电视获取新闻的大学生占25%，通过亲朋好友告知获得新闻的大学生占18%，通过报纸获得新闻的大学生占6%。这说明大学生主要是通过网络和电视获取新闻。

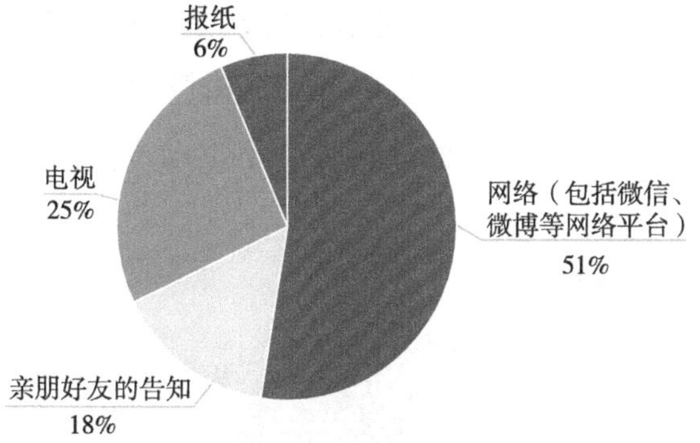

图9　您获取新闻的途径有哪些

调查问题二：你对于政府政策的了解来源于哪些渠道？

A. 书本　　　　B. 电视新闻

C. 报纸报刊　　D. 网络

E. 别人的讲解

数据显示（图10），通过电视获知政府政策的大学生占36%，通过网络获知政府政策的大学生占35%，通过报纸获知政府政策的大学生占10%，通过别人的讲解获知政府政策的大学生占10%，通过书本获知政府政策的大学生占9%。这说明大学生主要是通过网络和电视获知政府政策。

调查问题三：你是否会去验证舆论的真假？

A. 从来没有，看看就过

B. 偶尔，特别是比较感兴趣的

C. 经常，不经常相信某些舆论

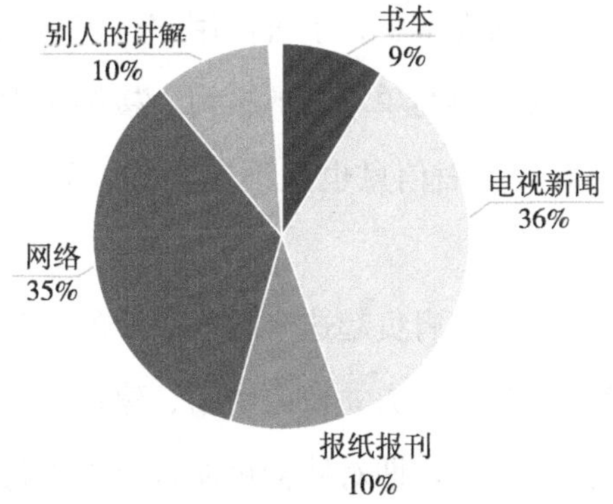

图10　你对于政府的政策了解来源于哪些渠道

数据显示（图11），选择“偶尔，特别是比较感兴趣的”占65%，选择“从来没有，看看就过的”占28%，选择“经常，不相信某些舆论”的占7%。这说明大部分的大学生并不主动或是很少主动去验证舆论的真假。

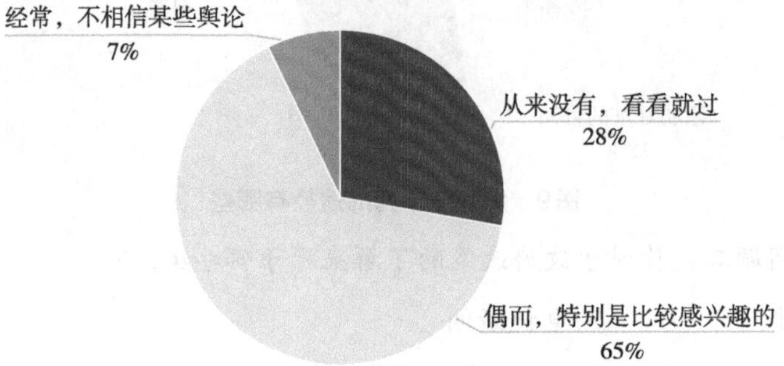

图11　你是否会去验证舆论的真假

五、启示及对策

（一）高校思想政治理论课开辟社会负能量热点追踪剖析板块

由于网络在大学生群体中的广泛使用，经常接触大量负面信息已成为既定事实，采取“堵”信息源头、“堵”学生视听的方式都不可行。当今中国社会，网络的触角已延展到日常生活的方方面面，根据CNNIC中国互联网发展状况统计显示，截至2014年6月，我国网民规模达6.32亿人，其中大中专学生占到20.6%，尤其是随着手机网络的发展（截至2014年6月，我国手机网民规模达5.27亿人，上网设备中，手机使用率达83.4%，首次超越传统PC使用率（80.9%），上网成为再简单不过的事情，接触负面信息无法避免。同时，要求学生不看、不听负面信息也是不现实的，只会让学生产生逆反心理，最后事与愿违。

高校思想政治理论课应该肩负起这个时代赋予的新使命。通过思政课教师成立社会热点追踪剖析联盟、成立校内网站、建设微信公众账号、课堂讲授等形式，集合专业的力量，定期对社会负能量热点进行深度解剖、发布或传播，从而实现引导大学生正确认知社会负面信息的目的。

（二）主流媒体接地气，进校园

通过本次调研数据显示，有近53%的大学生认为主流媒体，诸如人民日报、光明日报、CCTV等给出负面的评价，要么是不太可信，要么是完全不可信。但这并不意味着，大学生的政治信仰缺失，缺乏政治参与热情。事实恰恰相反，访谈过程中，大学生们关注公民福利、国家安全、社会秩序等问题，对社会主义建设和廉政建设有较强信心。所以，大学生们反对的只是填鸭式的政治观念灌输、方法单一的政治教化。因此，建议主流媒体打造自己的、有影响力的网络平台、APP等，实现精致化宣传，适当使用接地气的网络词汇，同时灵活运用图片、音乐、视频等多媒体手段，摆脱严肃古板的印象，拉近与大学生受众之间的距离。

（三）推动机制创新，转变网络文化教育思路，培育大学生自己的网络正能量传播团队

能够与负能量相对抗的当然是正能量，要想实现力的平衡，必须通过以力抗力的方式。事实上，我国许多高校已建立了诸多政治思想教育网站，但是，这些网站还未充分发挥互联网的优势。教育部更是加强在这方面的建设力度，2013年，教育部办公厅颁布了《关于开展高校校园网络文化建设专项试点工作的通知》（教思政厅函〔2013〕31号），然而就整体而言，该类网站仍然呈现出网站面目呆板、缺乏亲和力，网站上相关内容简单罗列，信息面狭窄，或内容泛化，缺乏个性，网站影响力不大，功能简单，针对性弱，有效性差等特征。原因是多方面的，但是最主要的是来自人力、物力的不足，“建站容易，管站难”。

针对该种情况，校园网络文化的教育应该大胆创新机制，培育大学生自己的网络正能量传播团队，最大限度降低大学生对于正面信息存在的抵触心理。可供团队选择的网络传播方式可以是多样的，如网站、微信公众账号、微博等。在培育的过程中，思政课教师负责招募团队成员，尤其认真考察招募对象的理论功底，本着宁缺毋滥的原则，定期指导团队的工作，为团队提供专业咨询，不定时关注团队运作情况。

（四）大学生自身应培养自我独立思考、分析问题的能力

2010年，《国家中长期教育改革和发展规划纲要（2010—2020年）》提出，要“营造独立思考、自由探索、勇于创新的良好环境”“注重学思结合”。独立思考能力是指一种洞察力，即能够通过现象看到本质的能力。只有具备了独立思考的能力，在面对网络大量负面信息的时候，才能够辨别是非。

调研过程中，对于网络舆论（特指负面信息），有93%的同学选择“从来没有，看看就过”或“偶尔，特别是比较感兴趣的”，结合访谈得知，大范围出现这种情况一方面在于同学们的时间和精力有限，更主要的在于缺少甄别能力，因此大学生培养自我独立思考、分析问题的能力显得尤为重要。

大学生在培养独立思考、分析问题的能力时，首当其冲的应该是自觉地储备一些现行制度下的政治、法律、经济、文化常识，尤其是一些大政方针、反腐倡廉的知识，只有这样，面对负面信息，才能够增强自身抵抗力，给出客观的回应，而不是人云亦云，随波逐流。

六、小结

我们应该看到，网络是重要的文化建设阵地。中国共产党第十七届中央委员会第六次全体会议提出“发展健康向上的网络文化”的命题；党的十八大报告在谈到“丰富人民精神文化生活”时，也突出强调对于网络的建设、管理；党的十九大报告再次强调，加强互联网内容建设，建立网络综合治理体系，营造清朗的网络空间。概言之，思政课教育、主流媒体宣传、高校社团组织，以及大学生自身自觉坚守好网络文化建设阵地，有助于推动社会主义文化大发展大繁荣，有助于进一步兴起社会主义文化建设新高潮，对夺取全面建设小康社会新胜利、开创中国特色社会主义事业新局面、实现中华民族伟大复兴具有重大而深远的意义。

云南少数民族宗教信仰现状研究报告

——以永德县、沧源县为例*

周冬晴　余启蒙　李德胜**

一、调研背景、意义及过程

民族和宗教事关社会和谐、民族团结和国家安全。云南是我国少数民族最多的省份，同时也是世界“宗教博物馆”。永德县是云南省临沧市下辖的一个县，位于云南西南部，横断山系南部，也是滇缅边境的传统通道。之所以将永德定为调研之地，是因为这里世居汉、彝、佤、布朗、傣、傈僳、拉祜等22个民族，少数民族人口占比近20%。他们的宗教信仰现状关乎社会和谐稳定，调研结果能够为当地政府相关政策的制定提供参考。

本次调研时间为2016年8月1日至12日，调研组对永德县乌木龙彝族乡、大山乡、沧源佤族自治县翁丁村的部分居民进行了问卷调查与进村入户访谈，以此来了解当地少数民族真实的宗教信仰现状。

调研采取问卷调查、实地调研与访谈座谈相结合的方法。选取了当地少数民族作为调查对象，调查问卷内容分为三部分，分别是个人基本情况、宗教信仰情况和宗教文化发展。

调查问卷分以下阶段进行：2016年7月25日—8月1日为制作阶段；8月

---

* 2016年度首都大中专学生暑期社会实践优秀成果。指导教师：田驰正。

** 作者分别为2015级青少系学前教育专业、2015级传播系网络编辑专业、2015级计算机系计算机应用技术专业。

5日—8月10日为发放与回收阶段；8月12日—16日为数据统计分析阶段。同时，我们对乌木龙彝族乡、翁丁村、大山乡的个别少数民族群众进行了深度访谈，访谈内容包括受访者信息、询问其宗教信仰，以及访谈对象所了解的当地少数民族宗教信仰情况。

除此之外，调研组前期查阅大量资料、文献，掌握了云南尤其是云南边疆地区少数民族的宗教信仰情况，对研究的内容进行更为深入的调查分析。

二、调研结果及分析

根据问卷回收统计分析，在主要受访的彝族、佤族，以及个别布朗族村民中，有信仰宗教的比例达到了82%。在这82%的信仰者中，有超半数受访者信仰的是本民族原始宗教，除此之外信仰的基本是南传上座部佛教（即小乘佛教），以佤族人居多。通过追问我们了解到，无论是原始宗教、佛教还是其他宗教，都是当地少数民族代代相传的信仰。这种家庭、村落世世代代所信奉的宗教体系十分牢固，很少有人会选择放弃自己祖传的宗教信仰。

在关于宗教文化发展的问卷调查中，数据显示当地少数民族的传统宗教活动很常见，被保护得很好，相关保护组织采取了很好的保护措施，这一点在对永德县大山乡寺庙住持的访谈中也有所体现。

通过前期文献资料整理我们发现，云南少数民族中存在外来宗教广泛传播的情况，我们也在问卷中提出了相关的问题。但问卷结果显示，永德县当地少数民族并未听说过天主教、基督教，相关题目的回答略显杂乱，不做统计。不过在对沧源佤族自治县民族小学一名教师的访谈中，我们了解到，佤族所用佤语便是天主教传教士所教，至今仍在使用，学校也专门教授佤语。但是相关宗教并未在当地有广泛传播。

在调研之前，我们根据查阅到的资料和一些掌握的信息准备了三组对比思考。

首先，是当地不同少数民族之间的宗教信仰对比。我们着重调研的是当地彝族和佤族，就这两个少数民族而言，他们都有自己的原始宗教，但又有很大区别。如彝族人的祖先崇拜意识很浓厚，佤族则十分敬畏自然，牛是他们的图腾。虽然两个民族原始宗教有很大差异，但二者无不是历史文化发展的产物，具有很大的研究意义。并且时至今日都保护得很好，也得到了当地政府的重视和保护。

其次，是同一民族不同地区的宗教信仰差异。由于源翁丁佤族村寨比较封闭，佤族原始宗教保留得非常好，但佛教也扎根在了永德的佤族之中，并和原始宗教一起发展，呈现出了宗教多元化的发展趋势。

最后，是原始宗教和外来宗教的发展状况的对比。这一点主要是对永德县大山乡佤族进行调研得出的结果。当地佤族原始宗教不像翁丁佤族村寨有类似佤王、寨主那种主管宗教活动的人，也没有佛教那种举行宗教文化活动的场所——寺庙，所以佛教传入之后对原始宗教的冲击比较大，当地佛教信徒数目很多并且相对比较虔诚，从他们称呼僧人为“佛爷”即可看出。并且佛教有寺庙为依托，定期举行如开门节、关门节这种节日活动，在当地发展得比较快。不过原始宗教有着悠久的历史，不会在这种冲击中消亡，而是和外来宗教互相包容，并行发展。

三、建议和结论

通过本次研究我们认识到，传统宗教活动在当今社会很难有大的发展，尤其是越来越多的年青一代向往外面的世界，传统宗教发展受挫。我们认为当地少数民族传统宗教想要继续传承下去可以有两条路线。

一是保护。通过政府、社会多方面的帮助，让当地少数民族树立保护意识，确保原始宗教文化不会消亡。在这一点来说永德当地政府做得很好，比如政府资助学习、继承传统宗教技艺的人，让他们不用担心生活问题，专心继承和发展民族宗教文化。

二是发展。沧源佤族自治县对翁丁村发展旅游业的做法就很到位，旅游让更多的人关注当地佤族传统宗教活动，社会的关注可以很好地使传统宗教文化得以留存下来，当地的佤族博物馆就是很好的例子。同时，旅游业带来的收入也保证了当地人的生活水平。

通过调研我们发现，无论是崇尚原始宗教的彝族，抑或是拥有多元化和极大包容性的佤族，在云南临沧这片广阔的土地上，无不呈现出宗教多元化的趋势，也无不贯彻了文化间的兼容并包、和谐发展。我们希望社会更多关注云南少数民族的宗教信仰状况，让这个“宗教博物馆”焕发活力，为做好相关民族和宗教的工作打下基础，推动平等、团结、互助、和谐的社会主义民族关系有序发展。

参考文献

[1] 冉顶平.佤族的宗教信仰及其地区差异[J].四川民族学院学报,2016(1).

[2] 徐祖祥.重构与发展:南传佛教、基督教信仰对丙叶寨佤族文化的塑造[J].宗教学研究,2016(2).

[3] 张杰,赵秀颖.云南沧源佤族宗教认同信仰差异实证分析[J].智富时代,2015(2).

[4] 孙浩然.云南少数民族宗教文化发展面临的挑战与对策[J].桂海论丛,2013(3).

[5] 张泽洪.佤族宗教的特质及其文化意义[J].宗教学研究,2008(4).

[6] 张艳娟.佤族的风俗习惯与宗教信仰[J].黑龙江省社会主义学院学报,2000(3).

附件　　少数民族宗教信仰调查问卷

亲爱的朋友：

您好！感谢您在百忙之中抽空填写问卷。为了深入了解永德县部分少数民族群众宗教信仰状况，我们将进行一项针对该现状的问卷调查，恳请您花费一些时间作答。

您提供的信息将对我们的调研有着重大意义，本问卷所涉及的个人隐私只用于学术目的，并且该问卷将被严密保存，请放心并且依据事实填写，我们将不胜感激！

第一部分　个人基本状况

1.您的性别为

A.男　　B.女

2. 您的年龄在

A.0岁~18岁 B.19岁~30岁 C.31岁~45岁 D.46岁~60岁 E.60岁以上

3. 您的民族是

A. 彝族 B. 傣族 C. 佤族 D. 布朗族 E. 其他：__________

4. 您的受教育程度是

A. 小学及以下 B. 初中 C. 高中 D. 大学及以上

5. 您是否有宗教信仰

A. 是，我信仰的宗教是：__________

B. 目前不信仰，但有兴趣将来也许会信教

C. 目前不信仰，以后也不会信教

第二部分 宗教信仰（选做）

（如果您有宗教信仰，请作答）

1. 您了解您所信奉宗教的教义教规吗？

A. 十分清楚 B. 大概了解

C. 有点模糊 D. 不清楚

2. 您认为宗教的经典都是些怎样的书？

A. 难得的好书，可以净化心灵 B. 可以从中收获一些东西

C. 还可以，不是很了解 D. 没意思 E. 其他：__________

3. 您参加宗教仪式的频率是？

A. 定期参加 B. 不定期，想去就去

C. 基本没有 D. 从不

4. 您参加宗教活动是为了什么呢？（可多选）

A. 学习宗教知识 B. 追随自己的信仰

C. 获得神的保佑和眷顾 D. 服从教主权威

E. 出于好奇 F. 其他：__________

5. 您觉得信仰宗教改善了您的生活条件吗？

A. 是，我的生活条件通过信仰宗教得到了很大提升

B. 不是，没有感觉信仰宗教改善了我的生活条件

C.其他：____________________

6.当您的宗教信仰与社会提倡的价值观产生冲突，甚至影响了您的就业和事业的开展时，您会怎么做呢?

A.绝不放弃自己的宗教信仰　　B.看情况再说　　C.完全放弃信仰

第三部分　少数民族宗教文化的发展

（所有人均答部分）

7.您周围信仰宗教的亲戚或朋友多吗?

A.很多　B.有，但不多　C.几乎没有

（接上题）他们所信仰的宗教相同吗?

A.相同　B.不同，有__________（宗教）

8.您认为您自己或者他人信仰宗教的原因有哪些?（可多选）

A.家庭传统的影响　　B.受到神秘体验的感召　　C.教义本身的说服力

D.在宗教信仰内找到了人生的意义及归属感　E.拓展人际交往空间的需求

F.为自己及亲人朋友祈福避灾祸　　　　G.新鲜感，好奇心的驱使

H.喜欢宗教信仰群体（团体）友爱的关系与气氛　　I.赶时髦

J.其他原因：____________________

9.您所参加的或了解的宗教活动会收取费用吗?

A.全都收取　B.从不收取　C.一些收，一些不收　D.不清楚

如果有，金额是多少?

A.100元以下　B.100~500元　C.500~1000元　D.1000元以上

10.当您遇到身边发生关于不同信仰的冲突时，您会

A.大事化小，以和为贵　B.坚守信仰原则，不退让

C.不理睬，不争辩　　　D.不知道

11.您或您身边的人是否信仰基督教?对于基督教在本地发展的情况，您有什么看法?

A.支持　　B.反对　　C.无所谓

12.您认为，宗教对人类社会的文明的影响如何?

A.有着广泛而积极的影响，是人类文明不可缺少的成分

B.影响一般，宗教的存在并不会对世界造成太大的影响

C.影响有点消极，只是为精神空虚的人们提供了虚幻的寄托，并没有多大的积极作用

D.影响非常消极，宗教信仰差异导致了诸多事端和战争，阻碍了人类文明的进步

13.对于国家实行宗教自由这一政策您有何看法?

A.是对的，有利于团结少数民族和宗教信仰者

B.是不对的，中国是由共产党领导的，应该坚持马克思主义理论和无神论

C.没什么看法

D.其他看法：________

14.您所属民族的传统宗教活动在如今的生活中还能经常见到吗?

A.非常常见　　B.偶尔见到　　C.几乎没有

15.请问您是否依旧保留着传统宗教活动的习惯?

A.完全保留

B.基本保留

C.只参与少数重大的民族节日和活动

D.已不保留

16.您认为本民族传统宗教信仰的发展现状如何?

A.年青一代不注重信仰的传承，人们对本民族的宗教文化认同感下降

B.随现代化趋势的蔓延，正在逐渐失去一些独特的东西

C.传承得很好，更多人都了解本民族的传统信仰

D.没留心观察过

17.您见过当地少数民族宗教文化的保护组织或所采取保护措施吗?

A.经常见　　B.偶尔见到　　C.完全没有见过

18.您对于近几年国家关于保护少数民族传统宗教文化的措施力度有何直观感受?

A.力度过大，需减小　B.力度适中，很适合文化发展状况

C.力度不够，还需更加重视　D.没关注过

19.您认为政府应采取何种措施保护少数民族宗教文化？(可多选)

A.加强宗教文化宣传，使更多的人了解并保护少数民族宗教文化

B.搭建少数民族民间宗教文化活动平台，促进不同民族间交流

C.重视少数民族宗教文化机构和基础设施建设

D.培养少数民族宗教人士，支持文化创作

E.将旅游开发和宗教文化产业融为一体

F.制定相关法律法规加强保护力度

G.其他：______________________

20.您有兴趣参与到少数民族宗教文化的保护活动中吗？

A.我非常愿意贡献自己的力量

B.在不耽误自己事情的前提下，会主动参与一部分

C.不主动不排斥

D.没有兴趣

问卷到此结束！再次感谢您花费宝贵的时间配合我们完成问卷，您的任何意见和建议对我们来说都是宝贵的，您的支持是我们最大的收获！

访谈记录

(一) 乌木龙彝族乡

人物：大祭司男　63岁　彝族　信仰原始宗教

见到村子里的大祭司是在一位村民家中。就外表而言，大祭司和当地彝族老人几乎没有差别。他每天做的事和村民也都相同。唯一不同的就是他主持着村子里一切婚丧嫁娶和节日活动。在对他的访谈中，他提到自己主持本村宗教活动主要是传承宗教知识、尽自己的一份责任。平时和村民们的生活是一样的，只有在特殊的日子里，如祭稽林时主持活动，带领村民感恩苍天厚土、安抚灵魂。他也表达了自己的忧虑，那就是年青一代越来越不注重信

仰的传承，人们对自己民族信仰的认同感有所下降。现在村子里的各种节日活动都是一些老人在操持，年轻人大多出去打工去了。

当我们问起他手边的乐器怎么演奏时，他为我们吹奏了一小段，然后告诉我们这是当地彝族的传统乐器之一，也是举办传统活动时要用到的。在当地政府的保护之下，他们会专门培养一批人继承诸如染黑布、演奏民族乐器、制作民族工艺品等技艺，以确保民族文化得以有效传承。

（二）翁丁村

人物：做手工的妇女和她的女儿　佤族　信仰原始宗教

门前用石头垒砌的院子里，女主人悠闲的编织着手工挎包，我试着与她交谈才发现她根本听不懂我说话，无奈之下她叫来了她的女儿。她的女儿今年16岁，名叫小媛（音），就读于沧源县民族中学，成绩非常好。家中除自己外还有一个哥哥和一个姐姐，哥哥已经去城里打工了，而姐姐则在寨子里帮助妈妈的生计。她流利的普通话与她的母亲形成鲜明的对比，她告诉我说，寨子里基本家家户户的情况都差不多，孩子从小就读书，学习普通话，而这一点也源于近几年增多的游客们，我问她既然普通话那么好，学习也不错，有没有以后出去到城里工作的打算，她却摇摇头，还是喜欢寨子里的生活，虽然平淡，但是安心。

家里的日常开销并不大，一年要交的水电费也不多，平时母亲和姐姐在家里编织一些包包、衣服，往年都是自给自足，如今也可以拿这些补贴家用，但一年也不过2000元左右的收入。但比起以前已经好太多，她记得小的时候喝水都不是一件容易的事儿，遇到干旱的时候，寨子里时常会喝不到水。随着近几年寨子的发展、政府的补贴、旅游业的开发，这种苦日子倒不会再回来了。而她告诉我，村子里没有大规模的旅店商业化，也只有一些类似于她家的店铺，让到访的旅客居住。我们到的时候是淡季，游客比较少，能看到的寨子里的特色也不多。如果在早上，她告诉我可以看到传统的拉木鼓活动，非常壮观生动，也是她们每次都要参加的活动。

和我聊天的时候，她的母亲在一旁边抽着烟斗，边摆弄刚做好的牛头挂式，我随口问起小媛知道不知道寨子里关于牛头桩、人头桩的历史，她摇摇头，牛头桩还可以聊上几句，而随着人头祭祀的禁止，寨子里也只有老一辈的人才知道其中的缘由，年青一代已经很少有人了解了。传统宗教活动保留下来的有很多，大部分宗教活动变成了旅游节目，这在一定程度上也算是一种传承。

(三) 大山乡

人物1：佛寺住持

大山乡的佛寺很有特点，在佛堂最高处的外墙上是《西游记》中师徒四人的画像，寺庙住持给我们的解释是寺庙外的人都能隔着围墙看到这里，主要是吸引小孩子过来，因为宗教也需要一代代的传承。

在我们对住持的访谈中，问到当地对宗教文化的保护状况时，住持指向两块宣传板，上面印的是永德县关于保护宗教文化的文件内容。住持还说到，寺院的维持不仅靠村民们的香火钱，还有政府给他们发的“工资”。说明当地政府的保护措施还是相当到位的。

当我们问他村民有多种信仰的情况时，他说这并不会起冲突，村民信仰佛教是对佛教的肯定，信奉其他宗教是对其他宗教的肯定，没有规定说一个人只能信仰一个宗教，只要他在求佛拜神中自己有感觉有收获就好。

人物2：汽车司机　男　42岁　佤族　信仰佛教、原始宗教

当我们到沧源佤族自治县的翁丁村进行调研时，通过聊天才了解原来我们的司机也是佤族人，不过他并不是当地人，他来自永德县大山乡。从他口中我们了解到，虽然都是佤族，但是地理、经济等因素导致了相同民族却“十里不同音，百里不同俗”的现状。如永德大山乡的佤族人信仰佛教的人有很多，而沧源的翁丁因为一开始比较封闭，至今仍只信奉原始宗教。同时他还讲到了我们一直想了解的在同一地域、同一民族，甚至同一家庭内部也有信仰多种宗教的情况。在他们家他自己是先信奉传统的本民族原始宗教，耳濡目染之下也信奉了佛教。家里人也是，有的只信奉一个宗教，有的信奉多个，在当地已成为常态。

第三篇　党建调研

重访抗战老兵　牢记历史珍爱和平

——访谈北京市延庆县老兵社会实践调研报告*

韩伟星　何美仙　焦青**

今天的我们无一不向往着那个英雄辈出的年代、仰慕着那些纵横疆场的战士、期冀着自己也能一如已故的英雄烈士先辈们能为国家的繁荣富强贡献出自己的一分力量，与此同时我们也憎恶着一切影响和平的战争，痛恨着那些让人民流离失所，国不成国家不成家的贪婪之心带来的恶果。但是唯有经历过战争，方知和平的珍贵，历经了生死，才明白生命的意义，曾经的国破家亡形成了今天的忧患意识。

2015年适逢中国人民抗日战争暨世界反法西斯战争胜利70周年。如今生活在美好和谐、繁荣富强的祖国母亲怀抱中的我们，对70多年前的那场民族战争感觉那么的遥远和触不可及，因此唯有亲自去寻访最真实的历史，实地考察走访抗战老兵及战争亲历者，才能真实地、近距离地感受历史、树立最为纯洁的历史观，才能与历史对话，从那一位位垂垂老矣的民族英雄们的身上去探知华夏儿女最为宝贵的精神财富。为此，北京青年政治学院“星火”理论社团进行了“重访抗战老兵牢记历史珍爱和平”的社会实践采访调研活动，通过此次活动，将抗战精神传达到身边的每一个力所能及的角落，

---

* 2015年度北京青年政治学院社会实践优秀成果奖。指导教师：杨春桃(社科部思想政治理论课专职教师)。

** 作者分别为2014级传播系新闻采编与制作专业，2014级管理系会计电算化专业，2014级青少系青年教育与管理专业。

激励全校大学生不忘过去艰苦卓绝的抗战历史，弘扬爱国主义精神，以坚定的信念努力学习、奋发向上，争做一名优秀的北青人，为实现中华民族伟大复兴的中国梦而努力。

大学生参加社会实践活动，能够极大地促进我们对社会的了解，有利于提高自身对经济和社会发展现状的认识，实现书本知识和实践知识更好地结合，更好地帮助我们树立正确的世界观、人生观和价值观。把握当前大学生社会实践中的问题，才能充分发挥社会实践在大学生思想政治教育中的作用。

一、延庆光荣院调研访谈过程

2015年7月20日，北京青年政治学院理论社一行7人在延庆光荣院展开调研访谈。本次调研共对12名老兵进行了访谈，其中有4名老兵参加过抗美援朝，有10名老兵均参加过解放战争，还有张万存、卓文正、王炳仁3位老兵在参加解放战争的同时还参加了抗美援朝战役。访谈对象的具体情况见表1。

表1　访谈老兵具体情况介绍

姓名	性别	年龄	参军时间	部队名称	参加战役
葛仁	男	84	1949—1950年	公安队	
雷志发	男	82	1943—1949年	老十团	解放张家口、解放永宁、解放延庆
王延斌	男	86	1948—1955年	华北野战军	抗美援朝
夏富荣	男	93	1946—1950年	七师、四野部队	解放天津
刘存生	男	85	1943—1948年	华北军	解放张家口
刘满	男	92	1946—1951年	四野部队	解放张家口、热河战役、四平街战役、辽沈战役、解放延庆、解放八达岭、解放永宁
张万存	男	84	1947—1953年	八十四军十九兵团	解放大西北、抗美援朝
卓文正	男	84	1949—1956年	十九兵团六一八八师五六四团	解放太原、兰州战役、抗美援朝
陈理	男	86	1948—1953年	独立七师、华北野战军	解放东北、解放怀来、解放密云

续表

姓名	性别	年龄	参军时间	部队名称	参加战役
高天明	男	87	1947—1955年	华北空军	解放延庆、解放大同、解放绥远、解放包头
沈恩广	男	86	1947—1954年	县大队、华北军区后勤部	解放延庆、解放怀来、解放永宁、解放康庄
王炳仁	男	87	1949—1956年	十九兵团六一八八师五六四团	解放太原、兰州战役、抗美援朝

下面是3位较有代表性的老兵的访谈记录。

访谈对象1：七师、四野部队——夏富荣

在光荣院郭院长的热心帮助下，我们拜访了一位革命老兵。老人叫夏富荣，今年已经94岁了，身体很硬朗，精神头也很好，1946年参军入伍，参加了平津战役、渡江战役，讲起战争年代的故事，老人仍然条理清晰，记忆犹新。夏富荣老人回忆道，抗战的时候他只有24岁，参加了百万雄师过大江的渡江战役，当时南方的老百姓都管解放军叫“改放军”，行军时，每个人背250发子弹，6颗手榴弹，还有衣服包裹，包括一件衣服、棉被、鞋子、水壶，还有米袋，急行军的时候很苦，荒郊野岭只能用口水咽炒熟的小米，经常上火，嘴唇干裂不能说话，渴了就用手捧河里或者沟里的水，有时候还拉肚子，老兵语重心长地对我们说今天的幸福生活真的来之不易，要好好珍惜。

夏富荣老人对毛主席有着特殊和深厚的感情，他坚信共产党一定能带领人民走向幸福的未来。最后，他表达了对我们的期待：作为青年人，你们一定要好好学习，天天向上，将来成为国家的栋梁；同时要认准方向，不能走错路。从夏富荣老人质朴的语言中，我们感受到了老一辈革命战士对现代年轻人殷切的期盼。

访谈对象2：四野部队——刘满

刘满老人92岁，耳朵有点背，我们说的话要重复两三遍才能够听清。老人参加了解放张家口、解放延庆、解放八达岭、解放永宁、保卫四平、热河战役和辽沈战役，随解放军南征北战。老兵说他爱戴毛主席，没有毛主席就没有今天的幸福生活。

访谈对象3：老十团——雷志发

随后我们采访了第三位老兵——雷志发老人，他最初为一名通讯员，后来因为部队需要成为一名卫生员，作为卫生员参加了多场战役，在前线顶着枪林弹雨在第一线救死扶伤。最让人感动的是，雷志发老人慷慨激昂地表示："虽然我已经八十多岁了，但是如果国家需要我，我依然能上战场为伤员们包扎。"谈及对当代年轻人的寄语，老人意味深长地说："不能忘却历史，不能浪费粮食。"话语中饱含着对历史深深的敬畏与怀念，也蕴含着勤俭节约的精神。

二、延庆光荣院调查访谈结果

（一）老兵参军年龄及参军原因

根据对12名退役老兵的访谈结果进行总结，12位老兵的参军平均年龄为17岁。大部分的抗战老兵在参军时刚年满18周岁，有的甚至更小一些。问及参军原因，有的是由于家里的生活有困难，有的是出于对国家的热爱，有的是由于刚好应征入伍（见表2）。

表2　参军年龄及原因

参军年龄/岁	10	13	16	18	19	20	21
人数/人	1	2	1	3	3	1	1
参军原因	家境贫寒		应征入伍		报国热情		
人数/人	4		5		3		

（二）老兵政治面貌及入住光荣院时间

就采访老兵们的政治面貌及入住北京市延庆光荣院的时间来说，大部分的老兵们在参军时都是群众，有少部分是中国共产党党员。入住的时间最早在1982年，最晚的于2011年入住延庆光荣院。调查结果说明，在战争年代，人民群众踊跃参军的比例较大，大家都怀有一颗保家卫国的赤子丹心。其次，就老兵们的入住情况及他们在延庆光荣院生活的状况来看，老兵们退役后的生活都有了相对稳定的保障，在看病就医方面，政府也给予了很大的优惠政策。总体来说，经过对老兵们的访谈问答结果可以看出老兵们对于退役后的生活满意度较高（见表3）。

表3 政治面貌及入住时间

政治面貌	党员				群众				
人数/人	3				9				
入住时间/年	1982	1983	1986	1992	2000	2001	2002	2004	2011
人数/人	1	1	1	1	2	1	2	1	2

（三）老兵退役后在光荣院的生活状况

老兵们生活在延庆的光荣院，由于他们年岁已高，很少走出光荣院，生活用品基本都是统一发放，逢年过节还会收到节假日礼品。老兵们对国家给予的福利和照顾比较满意。

三、访谈感悟

在访谈的过程中，老兵们几度哽咽。“90后”的大学生对战争的了解仅仅局限于书本，通过这次的访谈，我们仿佛回到了当年的战争中，身临其境体验了战争的残酷和夺取胜利的喜悦。

通过访谈，我们体会了当年真实的历史，感受了当年艰苦卓绝的生存条件，领悟了共产党人即便条件艰苦依然为了国家，为了人民，抛头颅，洒热血，永不言败，永不放弃的精神。战争是残酷的，它给人民带来了痛苦，但战争也让我们变得更加坚强，更加勇敢，让我们的国家更加坚固。老兵们用了一生中最美好的时光换来了我们现在国泰民安的生活，我们要倍加珍惜。

生活在21世纪的我们，在回顾这段波澜壮阔的历史时，需要明确的是，千千万万炎黄子孙保家卫国的决心从未动摇，为祖国繁荣富强贡献一切的信念坚定不移。同时，我们需要铭记在战争中牺牲的一批批英雄人物，如黄继光、邱少云、毛岸英等，以及千百万在战争中贡献力量的战士们，正是他们在民族危难、国家危难的时候，毫不犹豫地将如花青春付予战火，将炽热鲜血染满土地，将满腔爱国精神弥漫天际，才有我们如今富强昌盛的祖国、和谐美好的社会环境。

经过此次的采访，我们在为老兵和祖国喝彩与骄傲的同时，更多的是深思反省。作为祖国新一代的接班人，我们不能忘记肩负的传承红色文化的重任，要用红色精神鼓舞我们实现中国梦。同时，作为当代大学生，我们深知文化的传承和弘扬是一项艰巨的任务，红色文化更是如此。为此，我们更加需要正视红色文化在社会、个人发展过程中所起到的积极作用，将红色文化与红色精神大力弘扬，得到更好的传承，使其如源头活水，生生不息。我们每一个人要争做一名优秀的文化传承者，为祖国更加美好的明天而奋斗！

附件

访谈提纲

1. 入伍时间。
2. 为什么当兵？当兵的理由？
3. 当兵期间你最难忘的经历是什么？
4. 哪些事情让你刻骨铭心？
5. 你最难忘的战友是谁？为什么？
6. 谈谈那些年的光荣史。
7. 你为什么选择转业？转业之后的生活怎么样？
8. 如今国家的退休补助金是否合理？
9. 在生活上是否有困难？
10. 在精神上有哪些想法？
11. 在那个年代当兵是最好的选择吗？
12. 如果有更好的出路可以选择，是否还会选择入伍？
13. 入伍之后的生活里有后悔过吗？为什么后悔？
14. 当兵给家人和自身带来的影响。
15. 你有什么话想对我们说？或者对以后的生活有什么期待？

百年传承鉴初心　精神弘扬寄后世

——中国共产党党员优秀品质代际传承调查研究*

王芳菲　王生金　冯永旭　赖林　张佳慧**

2016年7月1日，中共中央总书记习近平在纪念建党95周年大会上号召全党同志“不忘初心，继续前进”。他指出，“我们党已经走过了95年的历程，但我们要永远保持建党时中国共产党人的奋斗精神，永远保持对人民的赤子之心。一切向前走，都不能忘记走过的路；走得再远、走到再光辉的未来，也不能忘记走过的过去，不能忘记为什么出发。面向未来，面对挑战，全党同志一定要不忘初心、继续前进。”

“不忘初心”与“继续前进”有着必然的因果联系。回顾建党的历史，从1921年至今，中国共产党紧紧依靠人民做成三件大事——新民主主义革命、社会主义革命和改革开放。中国共产党能在众多势力中脱颖而出，带领中华民族和中国人民走出一条国富民强之路，原因“是一代又一代中国共产党人同中国人民接续奋斗的结果。”

随着世情、国情、党情的变化，如何继承和发扬老一代共产党员身上所具有的优秀品质，保持中国共产党人的先进性和纯洁性，使党能够不断增强自我净化、自我完善、自我革新、自我提高的能力，能够经受“四大考

---

* 2016年北京高校思想政治理论课学生社会实践优秀论文评选一等奖。指导老师：袁宏松（社科部思想政治理论课专职教师）。

** 王芳菲、王生金、冯永旭为2014级文法系法律服务专业；赖林、张佳慧为2014级传播系网络编辑专业。

验”、克服“四种危险”，无疑是不可回避的重要命题，本调研的研究意义也恰在于此。

一、研究目的

从学理的角度来讲，代际传承，是指前后两代人中后一代人受前一代的影响，并对前一代人的思维方式、价值观念、心理行为等社会特征的继承，它不是一个突发事件，而是一个长期的过程，这个过程可以笼统地解释为交接转换。本次调研所涉及的“中国共产党党员优秀品质的代际传承”重心在于“优秀品质”和“传承”两个维度。一方面，通过深度调查研究，用眼睛去寻找、用耳朵去倾听、用心去感受和总结中国共产党党员优秀品质，从而形成一个完整的对于中国共产党人身上所具有的优秀品格、精神风貌的认知；另一方面，在前一个工作的基础上，探寻更为有效的思想政治教育模式、学习模式，为优秀品质能够真正得以传承献计献策。

二、研究方法及研究对象概述

本研究主要采取直接访谈和间接访谈法，通过实地走访，与被采访对象进行“一对一”“面对面”的交流，对于不便接受采访的优秀党员（新乡先进群体的部分人物），采用间接访谈的方式，通过采访与这些人物共同生活工作的人群，进而从侧面了解、掌握我们所需的核心信息。访谈问题共13道，覆盖认知和评价两大类，设计内容包括入党的初衷、年轻党员所肩负的使命或任务、党员的核心品质、坚持党员廉洁、党性修养提升、对年轻党员的希望与要求等方面的内容。

调研地跨北京和河南两个省份，北京地区包括北京市军庄镇杨坨社区、北京市朝阳区花家地南里小区、北京青年政治学院、北京市诚和敬长者公馆亦庄项目、北京市厚乐居养老服务中心。河南地区包括河南新乡刘庄村、南李唐庄、裴寨社区、回龙村宝泉电站、比干墓等地。调研历经两个多月的实地走访，对85位对不同职业、不同生活环境、不同年龄的党员进行了分别访谈，北京地区75人，河南地区10人，访谈对象平均年龄68.72岁，平均党龄40.33年，采访过程中为提高研究成果的信度和效度，在征得被采访对象的许可下，团队成员进行了全程的录音。

三、中国共产党党员优秀品质及形成原因研究

本部分着重研究受访共产党员身上所具有的优秀品质和这些品质形成的原因。笔者先是从人生态度、入党的初衷、党员应具有的核心品质、坚持党员廉洁，提升党性修养四个方面入手，探究受访的老一辈党员身上所具有的优秀品质的本体是什么，在明确本体的基础上，深度挖掘这些优秀品质的形成原因。调研及分析如下。

(一) 中国共产党党员优秀品质调查

1.人生态度调查分析

(1) 积极乐观的心态

党员侯金山说："生活中总会有一些不顺心的事情，但是很难说可以划归到坎坷这个层次，回顾生活、工作经历，自认为没什么坎坷，更不要说最大的坎坷，因为始终能够保持良好的心态，积极阳光的心态，所以很多不顺心的事也就很容易烟消云散。"他还说："要有一个良好的心态，快乐的心态，很多坎也就不是什么坎。"

有85%的老一辈党员和侯金山一样，在年轻时就很能吃苦、能奋斗，遇到困难也能通过自身不断努力克服，不被困难所击垮。随时保持积极乐观的心态，把困难视为磨炼，每天都有一颗向阳快乐的心，这对老一辈党员一生的发展起到了至关重要的作用。他们所体现的这种心态是值得我们年轻党员、团员尤其是要学习的。每个人都学会自我调节、不被压力所束缚、不被困难所绑架，人生就不会抑郁，就会朝着光亮之处前行。

(2) 古道热肠

曾任工厂生产车间主任的安丽自退休以来，积极参加社区组织的各项活动，随叫随到，从不推辞，在和自己私事冲突的情况下，她告诉我们，她会毫不犹豫地为社区工作服务，将自己的事情往后推。她说："对党组织分配

的各项工作，要积极、主动、自觉、认真地完成好。”在采访中我们了解到，她虽然退休了，但心思还在工作岗位上。

据我们采访分析得知，有80%以上的退休党员和安丽一样时刻都不忘自己是一名共产党员，退休不褪色，离岗不离党，人虽然从单位退休了，但共产党员的本色没有褪，始终以共产党员的标准严格要求自己，这个群体热心配合社区工作，积极热情地为身边的人群提供力所能及的帮助，这种古道热肠是退休党员身上的又一个“闪光点”。

（3）精益求精，追求上进

“言治骨角者，既切之而复磋之；治玉石者，既琢之而复磨之，治之已精，而益求其精也。”精益求精，是王金珍作为工程技术师的人生座右铭，采访之中，王金珍说道：“我们这个行业需要工匠精神，不仅要具有高超的技艺和精湛的技能，而且还要拥有精益求精的工作态度。身为党员，必须潜意识里就要有做到最好的信念。”

精益求精的态度是优秀党员在实践中的外在表现，是党员理论联系实际、突破学以致用瓶颈的有力支撑，是优秀党员的血肉之躯。犹如要建造一座高楼大厦，光有地基架构是远远不够的，还需要丰富多彩的楼层建设，才能使大厦巍峨雄伟、屹立不倒。采访之中，70%的党员也提及做事情需要精益求精，所以说，精益求精，追求上进，这种人生态度亦是作为党员优秀品质的重要组成一部分。

（4）不忘初心，知行合一

党员张少峰，男，1946年出生于北京，1968年参军入伍，1973年复员，1971年入党。1973年，由于家中的兄弟姐妹都身处不同的省市，为了照顾母亲，无奈决定复员回家，长期免费教同事的孩子学习钢琴。他说：“在我的工作和生活中，心中总是有一个结，这个结是深深的愧疚，当年退伍过于仓促，而且是因为个人的原因，没有为党和国家做出更多的贡献，觉得自己愧对于国家、愧对于党。在离开部队之后，将所有的愧疚转化为热情投入到工作当中，通过这种变相的方式，在另外的战线上为人民服务。”

马克思曾言，人的本质是社会关系的总和。现实生活中，作为个体的人是由诸多的社会关系叠加于一身的。有的社会关系之间并行不悖，而有些时候，会发生一些冲突。以党员张少峰为代表的受采访者身上发生的这一类两难选择就是两种社会关系冲突造成的，一边是家庭，是亲情，另一边是钟爱的军队事业，是入党时的“随时准备为党和人民牺牲一切”铮铮誓言，这种两难用一句老话来说就是“忠孝不能两全”。无论选择哪一面，都会造成人生中的重大遗憾。事实上，也确实造成了重大遗憾，“这个结是深深的愧疚”。然而，当我们认真剖析为什么会有“愧疚”之感时，我们发现这源自于这些老党员身上的不忘初心、知行合一的优秀品质。事实上，张少峰的选择是合情合理的，但是他对自己的要求更高，始终记得“随时准备为党和人民牺牲一切”的初心，并能够在其他的工作岗位上，身体力行，知行合一。

综上所述，要认真学习老一辈党员积极乐观的心态，生活上对人热情，常存善心一颗，工作上要精益求精，追求上进，不仅如此，还要不能忘却入党时的那颗“随时准备为党和人民牺牲一切”的初心，知行合一，身体力行。

2.入党的初衷调查分析

(1) 全心全意为人民服务品格

党员史来贺，1930年出生，1949年入党，2003去世，河南省新乡市刘庄村原党支部书记，全国著名劳动模范。他与雷锋、焦裕禄、王进喜、钱学森并列，被中共中央组织部誉为“在群众中享有崇高威望的共产党员的优秀代表”。他说：“为了刘庄父老乡亲有饭吃，有衣穿，有房住，都过上好日子，我自愿加入中国共产党，不怕死，不怕苦，不怕吃亏，跟党走一辈子不变心，死不回头。”

党员王宝立说：“我们的党发展道路是曲折的，在我入党的时代里，伟大的党还是青涩的，不成熟的，面对这样的环境，毅然选择共产党只是因为崇拜党，因为他的魅力是永远所不变的；其次，在我入党的时候，是本着服务人民为目的，根本没想过有一天要从这里拿走些什么。”

党员孙奕说：“在我加入党组织的时候没有什么其他想法，当时也不知道动机在哪里，只是觉得应该入党，为祖国奉献奉献自己的一分力量，只要组织需要，我肯定会尽全力去奉献自己，因为给我的感觉是中国共产党很伟大，值得我们去奉献自己。”

当年入党是为了什么，55%的党员同史来贺、王宝立、孙奕一样，入党不是为了索取，是“为了刘庄父老乡亲有饭吃，有衣穿，有房住，都过上好日子。”“根本没想过有一天要从这里拿走些什么。”而是本着一种给予的态度。他们认为加入中国共产党是实现社会价值的重要途径，只有成为一名共产党员，才能更有机会和能力去实现自我价值，才能做到全心全意为人民服务，只有加入中国共产党，跟随共产党，才能够更好地回馈社会、帮助他人。由此可见，我党在历史发展的进程当中形成了一种独特魅力，她形成一个巨大的磁场，深深地吸引着那些时代中志于“为民立命”“为人民服务”的有为青年。老一辈党员虽已不再年轻，但身上所体现出的全心全意为人民服务的价值品格仍然熠熠生辉。

（2）坚定的政治信仰

党员孔书卿，1934年出生于哈尔滨，1949年入伍参军，1953年入党。孔书卿一直在东北生活了15年，亲眼看到、亲身经历了在日本统治下的中国。15岁，部队在学校统一招兵，但是父母极力反对，认为一个女孩子要安守本分，过平平凡凡的日子。但是她力排众议，给父母做了大量的思想工作，最终实现了自己的政治理想，跟着党走，成为一名光荣的人民解放军战士。她说：“我相信中国共产党，真切的认为共产党是为老百姓的利益打天下。虽然那个时候我还小，但还是要参军，要入党。”

党员侯文志，男，1946年出生，1969年入党。侯文志加入党组织时还有一个曲折的故事。1966年经过考察、入党积极分子候选人确定、在党旗前宣誓，成为一名中国共产党党员之后，受到特殊历史事件爆发的影响，原入党的资格不被认可，他没有灰心丧气，而是继续积极追求进步，信念坚定，重新入党，最终于1969年8月1日再次入党。当被问及为什么这么坚定要加入共产党时，他说：“我始终对我们的党，对我们的事业抱有坚定的信心，坚信跟党走，准没错。即便有些时候，有些历史时期是非正常的，但是我坚信中国共产党一定能够冲破迷雾，重踏坦途。”

受访者对于中国共产党的感情超出了我们团队成员的想象，以孔书卿和侯文志为代表的受访老党员，把中国共产党定义为中国人民的大救星，高度赞同党代表的是中国最广大的老百姓的利益，是引领中国人民奋勇前行的不二党派。

毛泽东说：没有调查就没有发言权。这代党员是有着亲身调查、亲身比较新旧社会不同的一代人。他们达成的共识就是一个坚定的政治信念：跟党走，准没错。

(3) 强烈的精神追求

党员王立成说：“在我年轻的时候，每天都在部队和党的熏陶下度过生活，在我们的群体中，加入中国共产党是一项很高的荣誉，也是自己精神上最大的褒奖，因此，在那个时候我就开始积极向党组织靠拢，曾经有一段时间我曾把加入党组织当作最大的梦想。因为只有入了党感觉自己就是好青年，干起活来那才有劲。”

党员尹恩芬、陈秀英说：“通过在部队的学习和教育，学习很多先进个人感人的事迹，我们自身的觉悟就提高了不少，中国共产党是我们国家的精神所在，所以，在我的一生里，加入共产党是必不可少的一部分”。

有20%的受访者在采谈过程中都提到了一种观念，认为加入中国共产党是思想领域的一个进步，是崇高精神的一种需要，加入中国共产党是内在精神的推动。他们把入党当作信仰来追求，是一种精神上的满足。有36%的党员说道，他们不计较个人得失，不在乎利益关系，而是全身心地投入到党的事业之中，并在他们热衷的事业中实现自己的价值。由此可见，在受访者所处的时代，精神追求远远大于其他导向。在这些党员身上我们看到作为后来人，要继承他们这份对崇高精神追求的执着和韧性，有目标，有方向，将精神内化于心，外化于行动。

(4) 强烈的责任意识

党员方成斌说：“入党初衷是为了工作，慢慢地，在工作中也明白了作为一个党员应该如何去做，要起到带头作用，要比他人更加严于律己，要知道吃苦在前，享乐在后。”

党员施永兔说：“那时候，工作单位都认为党员思想先进，集体观念强，能力品行好，对待工作比一般群众要负责任，要认真，能够提高整个公司的形象和荣誉感，所以我们需要加入党组织来证明自己的工作能力和自己良好的作风。”

有85%的党员和施永兔、方成斌所说的一样，加入党组织的初衷是为了更好地证明自己，另一方面而言，这也是一种强烈的责任感。随着现今“两学一做”的深化学习，在党员之中我们也看到了思想政治教育日常化，而责任意识提供的是做优秀党员的方法论，是优秀党员在实际工作中品质的具体表现，是合格党员在党性觉悟方面的内在修养。根据我们的采访，老一辈党员身上体现出来的强烈责任感是党员必不可少的内质。

（5）积极进取，要求进步

党员于明霞说：“入党之前，深受党的先进思想和一些先进的榜样模范熏陶，润物细无声，耳濡目染，形成了向这些优秀榜样学习的冲劲，形成了追求进步的想法。”

追求进步也是访谈中老党员常提到的一个动机，在团队成员访谈之中，不少老党员提到，最初入党是为了追求进步，更好地学习模范精神，对个人发展、家庭发展，以及社会发展产生一定的作用，能够在进步的同时，完善个人、家庭、社会。这一部分党员入党的初衷就是为了提升自身素养，希望在党组织的领导下，自己能跟上时代的步伐。

综上所述，作为新一代共产党员要继承和发扬全心全意为人民服务品质，要坚定对于中国共产党的政治信仰，要有崇高的精神追求和强烈的责任意识，积极进取，要求进步。

3.党员的核心品质

（1）以身作则

党员侯金山说：“以身作则是作为一名党员的核心品质，没有这一条，什么都是空话、废话，没有说服力。打仗以身作则，冲在前面，党领导以身作则，体恤群众，为老百姓利益着想，不动不该动的钱，不做有违党纪的事情。”

每一个共产党人都不会忘记在党旗下举起右手宣誓的一刻，我们在无数次递交入党申请，在党组织接纳我们成为一名党员时，作为党的“新鲜血液”，我们都必须明白肩上的责任。就像侯金山所言，以身作则是最强有力、最显著的党员标志，没有以身作则的党员品质，一切是空谈。由此可见，以身作则是我们作为党员必须具备的素养和品质。

(2) 与时俱进

党员尚志华说：“与时俱进，跟上时代的潮流，应该学习。像咱们现在习主席讲的话，首先不仅你们学生要学习，领导干部也要学习，端正态度，想着怎么为人民服务。”

采访之中，40%的党员说到“与时俱进”其中的重要性，正如习近平总书记在“七一”重要讲话中连续用了八个“不忘初心、继续前进”，其中贯穿着不变和变的统一，在不变中有变化，在坚持中发展，在发展中坚持。与时俱进也成了党员核心品质发展中不可或缺的一部分。

(3) 信念坚定，全心全意为人民服务

党员范海涛，男，汉族，1964年7月出生，中共党员，河南省辉县市孟庄镇南李庄村党支部书记、河南孟电集团总经理。范海涛荣获全国劳动模范、全国“五一劳动奖章”、河南省优秀共产党员等荣誉称号，入选“中国好人榜”。他说：“爱党，就要为党做点事情；爱乡亲，就要富一方百姓；爱社会，就要奉献一片爱心。”

党员吴金印，河南省新乡市人，生于河南卫辉。40多年来，吴金印主动放弃组织上调他到上级机关工作的机会，深深扎根基层，与群众同甘共苦，忠于党的事业，不计名利，不怕艰苦，带领群众脱贫致富，在平凡的工作岗位上做出了优异的成绩，树立起了基层党员干部的良好形象，赢得了人民群众的拥护和爱戴。他说：“老百姓养一头猪，一年能挣几百元；养一只鸡，一年能攒一罐鸡蛋。咱们当干部的，吃的是人民的粮食，花的是人民的税收，如果不替人民办事，还不如一头猪、一只鸡!”

每个共产党人应该与党员范海涛、吴金印等人那般牢记誓言，要有坚定的政治品格，牢记“全心全意为人民服务”的宗旨毫不动摇。作为一名中国共产党党员如果没有立志的明确，如果没有志向的坚定，那么就没有任何成功的基础，就没有任何成事的基石。如果不能够心系百姓，不计个人得失，为百姓办实事，那么就失去了中国共产党人最核心的品格。每一个共产党人在追求伟大共产主义的道路上，都必须坚定不移地跟着党，坚持党的路线，一心一意为人民服务。每一名党员都要做实现“中国梦”的一块基石，更要做坚定实现“中国梦”的一块磐石。

（4）实事求是的精神

党员王立成说：“实事求是精神是党的思想路线，这是经历了诸多的重大历史事件，诸多的坎坷，最后凝结出来的智慧的结晶，其中有不堪回首血的教训，也有辉煌的篇章。但凡是能够坚持这样的一个路线，我们的事业就会取得重大的进展，反之，就会错误重重。所以，实事求是精神，一切以实际出发，落实到实处是我们共产党人一定要具有的核心品质。”

采访之中，80%的采访对象都谈及“实事求是”这一观点，这警示我们作为中国共产党党员要保持清醒的头脑，不要人云亦云，理性、客观、准确地看待问题。党员要把脚踏实地、实事求是、一切从实际出发作为我们行动的向导，作为人生发展的指南。通过采访，以及研究，我们要用实际行动将这种优秀的品质进行代际传承。

（5）勇于担当的责任感

党员张荣锁，1956年出生，1993年开始担任河南辉县市上八里镇回龙村党支部书记至今，曾荣获2002年第一届感动中国十大人物。回龙村的男女老少在张荣锁的带领下苦战三年，总投工15万个，硬是劈开九座山头，在千仞绝壁上筑起8公里的盘山公路，在百丈悬崖中开凿1000多米的隧道。他说：“我遇到许多事情，确实有最苦的时候，有困难的时候，但是只要我想到我是一名干部，我就有责任去付出、去奉献。其实当干部就是为群众的，当共产党员就应该吃苦在前，任劳任怨，我必须要有担当、敢担当。”

言语中透露着一名中国共产党党员勇于担当的责任感。这也是当代年轻党员所应具备的核心品质。

采访中，党员张荣锁认为“吃苦在前，享乐在后，任劳任怨，勇于担当”是当代年轻党员的核心品质，符合党章之中“坚持党和人民的利益高于一切，个人利益服从党和人民的利益，吃苦在前，享受在后，克己奉公，多做贡献”。年轻党员应该将我党的优良传统发扬光大，而这种优秀品质是我们党带领人民群众克敌制胜、排除万难的政治优势。

综上所述，作为新一代党员，要有实事求是精神，本着全心全意为人民服务的宗旨，坚定信念，与时俱进，敢于担当，以身作则，不断地将党的事业推向前进。

4.保持党员廉洁，提升党性修养

(1) 加强对党员的廉政教育，对于触犯党纪国法的人，一定要严惩不贷

党员尚志华说：“中国共产党是开了两扇门的，一扇是进来的门，一扇是出去的门。在其位，则谋其事，感觉自己不适合当共产党员了，一定要主动地退出去。一定要有底线的意识，不能一面当婊子，一面还给自己立牌坊。表里不一，贪心过重，害人害己。”

访谈中，有老党员是这样看待党员中违反党纪甚至是叛变的人，认为他们的共产主义理想不坚定，入党动机不纯洁，才导致自己走上了这样的一条不归路。笔者虽认为老党员尚志华的言语过于直接，但是并不无道理。党员的廉洁与党性修养必须高度重视，这是组织纪律，这是组织脸面，这更是每个人内心的准则和底线。这也是每位党员入党前必须接受的思想理论课，这也是每个党员所应遵从的规则。

(2) 不为眼前的利益犯低等错误，违背党性原则

党员韩立平说：“自律，一切应该从党的利益出发，不能从你个人利益出发，你把党的利益放在第一位，就不会做贪污腐化的事情，把人民利益放在第一位，就不会考虑到自己。对待违反党纪的党员，甚至叛党的党员，该严肃处理就严肃处理，不能姑息。”

党员张士元说：“作为中国共产党党员，首先是不贪污腐败，做到身正

不怕影子斜，自己带头做榜样，始终如一地勤洁廉政，学会自律。”

在新乡采访过程中，张敬民教授讲述新乡先进群体形成原因时也提到：“作为一名中国共产党党员，必须要透彻理解公私关、苦乐关、是非关、荣辱关，以及得失关，必须要有五个优良品质，具备坚定的信念、要做到心系群众、实事求是、要注重口碑、要学会谦虚包容。”

由此可见，作为一名中国共产党党员，必须经得住诱惑，守得住原则，要真正做好自己，做好党员。这也是每一位党员所必备的优秀品质。

（二）中国共产党党员优秀品质形成原因

在剖析受访党员身上为何有如此多的优秀品质时，我们发现背后隐藏的因果逻辑。以下是团队对于形成优秀品质的原因的调查与分析。

1.新旧社会对比，形成正向主观认知

党员孔书卿说：“这个国家就是共产党把我们从水深火热之中营救出来的，走了95年坑坑洼洼很不容易，现在的年轻人能有这么幸福的生活，你们要想哪儿来的。旧社会呢，像我们那时候吃大米饭都算犯罪，能给你按法律处分。现在的局面多幸福。”

党员方志国：“我爷爷，弟兄7人，新中国成立前家里穷得要命，经常吃不饱饭，有时候饿得实在受不了了，就出去讨饭，新中国成立之后，有机会读书，刻苦学习上了当时本地最好的免费师专，当了40多年老师和校长。在“文革”期间被造反派整得很惨，对日后的身体和精神也造成了非常大的影响。但是我和他谈起“文革”时，他非常执着地告诉我，党犯错误是不可避免的，要我一定要信任党，坚定地跟着党走。在离世的时候，给我们留下遗言，要求火化，仪式从简，这在农村来说是一件不可思议的事情，他说，一辈子是无愧于一个真正的共产党员。”

从心理学的角度来讲，对于个体的态度影响巨大的一个途径就是亲身的感知。采访过程中，老一代共产党员经历了新旧社会交替，对于两种社会形态有一个最为直白的对比，以孔书卿为代表的这一批老党员，根据个人的亲身经历，高度认同中国共产党在近现代历史中，在中华民族发展进程中所扮

演的重要角色。因而对于中国共产党形成了坚定的政治信心，即便是受到了暂时的不公正的待遇，仍然能够坚定对中国共产党的信任。

我们还采访了相对年轻的老党员（改革开放之前），虽然是新中国成立之后出生的，但是他们对于中国共产党同样抱有极大的信任，剖析原因，我们发现，这一批人是因为受到父辈的影响，他们自己虽然没有新旧社会的对比，但是父辈经历了，对于中国共产党的政治信任通过情感教育的方式获得了填补。

2.获得信息渠道相对单一，榜样学习效果好

党员方成斌说："我们年轻的时候可不像现在，又是QQ，又是微信，又是电脑，那时候连手机都没有，流行的是三大件：自行车、缝纫机、手表。娱乐方式也比较单一，最奢侈的事情也就是看看露天电影。了解国家大事就是通过报纸和广播，还有村子里的大喇叭。"

诚如我们所知，个体的社会人思想的形成并非无源之水，无根之木，而是时刻受到各类信息的给养，换言之，接触什么性质的信息，就会塑造什么性质的世界观，而能够接触到什么样的信息，又取决于在当下科学技术发展的条件下能提供什么样的传播媒质。

通过调研我们发现，老一辈党员接触外界信息的渠道相对单一，主要就是报纸和广播，而报纸和广播又是党重要的喉舌。"少则得，多则惑"，在老一辈党员身上体现出来的，以全心全意为人民服务为核心的集体主义精神的形成与传播媒质的单一化密切相关。

3.是非、荣辱价值取向明确且深入人心的社会舆论氛围

党员刘生会说："我们所在的那个公社，曾经发生过这样的一件真人真事，有一个妇女偷了公社大食堂的两三个窝头，结果炊事员发现窝头少了，就报告给了大队，决定晚上开会查一查是谁做的这件事。结果还没等到晚上，那个妇女就在村边山脚下面喝敌敌畏自杀了。"

刘生会讲的这个故事着实是令人伤心的，无论偷盗行为背后是什么原因，这位妇女都罪不至死。但是她却主动选择了死亡，自然是她认为死亡比起舆论的谴责要容易得多。这可以从一个侧面折射出，老一辈党员曾生活的

年代社会舆论荣辱、是非价值取向明确，且深入人心。

4.有与毛泽东同时代生活的体验

党员张少峰说：“毛主席的功劳是第一位的，没有毛主席就没有新中国。”

党员范黎宁说：“对毛主席的感情特别深厚，没有毛主席就没有新中国。长征红军从8万人到2万人，经历了特别多的困难，全靠毛主席的领导。”

采访过程中，被访者都谈到对毛泽东深厚的感情，调研团队认为，与毛泽东有着同时空的生活经历，也是他们身上所具有优秀品质的重要的来源。

在韶山毛泽东纪念馆的题词本中，1994年5月29日雷洁琼的题词“公者千古，私者一时”在众多参观纪念馆的领导人题词中尤为引人注目。公者，公心也。毛泽东干革命搞建设，应用的是公心、培育的也是公心。毛泽东的“公心”，亦体现在为了革命事业，毛泽东一家为中国革命贡献了6位烈士，他们分别是杨开慧、毛泽民、毛泽覃、毛楚雄、毛岸英、毛泽健。毛泽东无愧为我党最杰出的榜样人物，“见贤思齐，见不贤而自省。”老一代共产党员体现出来的公心，也恰是对毛泽东同志公心的相互映照。

四、中国共产党党员优秀品质代际传承研究

本部分研究分成两个部分，分别是老一辈对年轻党员的希望与寄许、新时期共产党员优秀品质代际传承遇到的挑战及应对策略。

（一）老一辈对年轻党员的希望与寄许

1.继承与发扬优秀品质

党员张士元说：“中国共产党建党95周年以来，积累了很多优秀的传统，老一辈共产党人的优秀品质，比如勤奋好学、不懈努力的优良品质；艰苦朴素、不计得失的优良品质；坚持真理不盲从的优良品质。批评和自我批评的接纳精神。例如，在困难面前，危险面前大无畏的革命气节和不畏牺牲的忘我精神等。作为新一代党员，要认真学习并继承这

些优秀品质。”

在笔者看来，张老的一番言语与本研究的课题接轨，直接进入了本项研究的目的，作为新一代党员的我们，作为祖国的新生力量，正如老党员张士元说的，我们应该认真学习并继承优秀品质。

2.坚持信仰，砥砺前行

党员李媛媛说：“既然选择了自己的目标，那就要坚持下去。要有自己的信仰，有自己的追求。吃苦在前享受在后，要有自己的精神气。党员要走正确的道路，不要走邪门歪道，要坚持下去。”

党员李媛媛的话正是对新一代党员的殷切期望与鼓励。更是一名中国共产党党员对年青一代的责任寄托。信仰在所有人心目中都是一个崇高而神圣的词语，毛主席说：“世界是你们的，也是我们的，但归根结底是你们的。”我们是祖国的希望，必须肩负国家使命，民族未来，我们需要坚持本心，坚守信仰，不断努力前行。

3.努力学习，潜心工作，报效祖国

党员李玉兰说：“希望他们在党中央的正确领导下，将来成为国家的栋梁，为咱们的国家做出贡献，你看我们那会文化大革命学习，帝国主义，像美国，老想把中国变成资本主义，把希望寄托在第二代第三代身上。那我们不能让他们的愿望实现，咱们国家就应该越来越强大，人民才能生活得安定幸福。没有一个稳定的国家，人民过得也不好。所以年轻人就应该好好学习，先把学业完成，在工作上兢兢业业，从我经历的和听说的，现在的年轻人对工作敬业这部分欠缺，责任心太差，能混就混，能糊弄就糊弄，那不行，做事要认真。”

团队成员对90岁高龄李玉兰的这番话表示敬意，这段话中，一方面表达了老人对新一代的期许，对祖国的热爱，另一方面，也揭露了现在社会中年轻人存在的不良现象。年轻党员需要正视自身不足，对待工作和生活要端正态度，这也是中国共产党党员应有的优秀品质。

（二）新时期共产党员优秀品质代际传承面临的挑战及应对策略

1.新时期共产党员优秀品质代际传承面临的挑战

（1）历史虚无主义思潮抬头

所谓历史虚无主义，指的是一些人以“反思历史”为名，歪曲“解放思想”的真意，丑化、妖魔化中国共产党领导的革命和建设的历史，发展到贬损和否定近代中国一切进步的、革命的运动。

历史虚无主义思潮不仅表现在史学研究中，而且发展到某些文学、艺术和影视作品中，影响面大，危害至深，对此应有足够的认识。举例而言，“如何解释黄继光奋力堵枪眼的合理性和真实性?”这是前段时间在互联上被部分网友反复提及和炒作的一个话题。一时间，包括黄继光、董存瑞、邱少云、雷锋、狼牙山五壮士等一系列历史英雄的事迹被无情地否定，当年的宣传也被大肆地批评。一时间，此类声音此消彼长，混淆视听，严重的侵蚀年轻党员的对于老一代党员优秀品质的继承。

（2）网络信息泥沙俱下，混淆视听

网络在年轻党员群体中广泛使用，接触大量负面信息已成为既定事实，采取“堵”信息源头的方式已不可行。

网络无所不在，无所不能。截至2017年6月，根据中国互联网络信息中心（CNNIC）最新发布的第40次《中国互联网络发展状况统计报告》，我国网民规模达到7.51亿，该数量占据世界五分之一。在信息年代，采用何种途径提升年轻党员的修养、坚定党员的政治立场成为党建领域亟待解决的问题。

（3）代际衔接出现断档

诚如在分析党员优秀品质形成原因时提到的，从心理学的角度来讲，对于个体的态度影响巨大的一个途径就是亲身的感知。老一代共产党员经历了新旧社会交替，对于两种社会形态，有一个最为直白的对比，即便没有亲身的感知和对比，能够通过情感教育的方式弥补对于中国共产党的坚定政治信仰这一课也是可以的。

但是随着年代的更迭，因为年龄的缘故，老一代共产党员相继离世，从这个角度继承的优秀品质不可逆地出现滑坡，并且只能是越来越出现令人担忧的状况。

2.优秀品质代际传承应对策略

通过研究，笔者与团队成员发现了一些存在的问题，为了更有效地促进中国共产党党员优秀品质的代际传承，实现社会的良性发展、精神的延续，特提出如下对策。

(1) 熟知优秀品质，自觉继承和发扬

优秀品质需要与时俱进，需要被传承者传递和承接，才能有长久性的价值意义。换而言之，中国共产党党员的优秀品质务必要实实在在地为年轻党员所熟知、代代传承与延续。中国共产党的优秀品质之所以成为我党精神家园特有的遗传方式和传导载体，最为可靠而直接的原因在于，这是我们老一辈生产、积累、沿革和传导下来的精神财富，是老一辈用生命、用灵魂积攒下来的精神食粮，它不仅是前一代人对后一代人的传，更是后一代人对前一代人的承。在与时俱进的前提下，实现真正的代际传承。我们要在老一辈的精神基础上，挖掘新一代的精神内涵，并将其结合，更好地传承。党的十七大报告中曾强调："切实把社会主义核心价值体系融入国民教育和精神文明建设全过程，转化为人民的自觉追求。"

加强核心价值观教育，坚定马克思主义信仰是代际传承的基础，加强公民道德教育意识，寻找党员精神与优秀品质是代际传承的方法，建立舆论监督机制，澄清混乱思想是代际传承的补充，强化自我修养，达到知行合一是代际传承的最终目的。

(2) 旗帜鲜明，敢于亮剑

正如毛泽东曾指出，真理必须坚持，而且要旗帜鲜明地坚持真理。旗帜鲜明地坚持真理，就是要有战斗性，不要怕人说三道四。在方式上，就要求思想政治理论课既要依靠书本，但也能抛开书本，直面那些社会上发生的负面事件，我们越是旗帜鲜明的回应争议话题，就会对那些犹豫不决者产生积极的影响，就能争取更多的中间派理解和支持。

高校思想政治理论课应该肩负起这个时代赋予的新使命，思政课教师成立社会热点追踪剖析联盟，以成立校内网站、建设微信公众账号、课堂讲授等形式，集合专业的力量，定期对社会负能量热点进行深度解剖、发布或传播，从而实现引导青年党员、团员正确认知社会负面信息。

（3）熟知党员的权利、义务，以及责任，为优秀党员发展提供行动指南

党员是社会中一个至关重要的角色，更是普通群众的领头羊。作为党员，应该熟知权利、义务和责任，坚持高标准、严要求，贯彻全心全意为人民服务的精神，一定要做到吃苦在前，享乐在后，严于律己，宽以待人，不计较个人得失，不追求个人名利。

如果党员没有进行深入学习，很难全面知道自己所拥有的权利和义务，所应当承担的责任，如果没有一个统一的概念要求，每个党员的标准不一致，很难达成思想上的统一，思想不统一，每个党员不知道自己什么该做，什么不该做，什么能做，什么不能做，或是单方面按照自己理解的责任和方法行事，这往往会导致矛盾纠纷的增加，不利于社会发展，更会降低党员的团结性和服务性。

因此，每个党员必须加强学习自身权利、义务和责任，明确自己的工作准则，每个党员应该将党章内化于心。才能更好地继承中国共产党党员的优秀品质，才能高效率实现代际传承。

（4）走群众路线

在新乡学习的日子里，我们了解到这些先进人物都得到了老百姓的支持和信任，真正拥护他们改革和创新，放手让他们去做。为什么？不外乎就是从群众中去，到群众中来。征求老百姓意见，听取他们的想法，搞民主集中制。设身处地地从他们的角度去想问题、分析问题、解决问题。我们需要扩大实践课堂，切身走近群众，在百姓口中真实接触老一辈的精神和闪光点，这更有利于精神在脑子里扎根甚至发芽、开花、结果。

（5）老一辈党员“传帮带”

“传帮带”最为通俗的理解是指前辈对晚辈、老手对新手等在工作或学习中对文化知识、技术技能、经验经历等给予亲自传授的通俗说法。在此我

们所指出的“传帮带”，并不是通俗意义上的，技术技能经验经历的传帮带，而是要让年轻党员有机会和老一辈共产党员有交集，能够有机会设身处地的感受老一辈党员身上的优秀品质。

毛泽东同志曾经说过，“一切革命队伍的人都要互相关心，互相帮助，互相支持”，而搞好“传帮带”便是这种关心帮助支持最直接、最生动的体现。要做到这一点，不外乎两个方面，作为年轻人，要有虚心好学的精神。作为老同志，则要有诲人不倦的精神。要有高尚的思想境界和高度的责任心，甘当人梯，要有宽广的胸怀，热心做年轻人的良师益友。

五、结语

随着时代的变迁，社会的飞速发展，中国共产党党员的优秀品质是否能够实现代际传承，这是关乎党的先进性和纯洁性能否代际传承的时代命题。

在中国共产党党员优秀品质的代际传承研究领域，笔者强调，挖掘党员的优秀品质是一个重要环节，应该多加注重身边的人身边的事，关注作为党员的老一辈的内在品质、外在精神，善于发现和运用其精神。

优秀的思想道德，先进模范人物的崇高品质，工人阶级的组织性、纪律性及创业精神，学习先进人物的先进事迹，继承和发扬老一辈精神，用老党员的精神鞭策鼓励自己，使自己学有榜样、赶有目标、见贤思齐，从老党员的优秀品质之中汲取养分、吸取力量精华，使高尚情操、崇高品质成为自身宝贵财富，从而外化到行为之中，身体力行地将中国共产党党员的优秀品质进行弘扬和传播。

我们是寻梦人，我们是实践者，我们是中国新生的力量。继承优秀品质，学习党员优秀精神，了解先锋模范，激励自己成为更优秀的自己，是本研究的亮点。因此，让我们一起引领更多的人来继承和发扬中国共产党党员的优秀品质，并将其代代相传，实现“中国共产党党员优秀品质的代际传承”的目标。

附录　　报告中部分被采访者基本情况介绍

编号	访谈对象	性别	职业（现任或退休前）	入党时间（年份）	采访类型
1	侯金山	男	煤矿原武装部部长	1970	直接采访
2	尹恩芬	女	教师	1969	直接采访
3	张士元	男	医生	1985	直接采访
4	刘生会	男	工人	1982	直接采访
5	韩立平	男	社区工作者	1995	直接采访
6	王立成	男	海军演员	1974	直接采访
7	王金珍	男	工程技术人员	1982	直接采访
8	尚志华	男	老师	1989	直接采访
9	安丽	女	书记主任	1996	直接采访
10	施永兔	男	工人	1968	直接采访
11	孔书卿	女	军人	1953	直接采访
12	张少峰	男	教师	1971	直接采访
13	侯文志	男	教师	1969	直接采访
14	方成斌	男	工程师	1970	直接采访
15	吴金印	男	镇党委书记	1960	间接采访
16	史来贺	男	村党支部书记	1949	间接采访
17	范海涛	男	村党支部书记	1992	间接采访
18	张荣锁	男	村党支部书记	1978	直接采访
19	裴春亮	男	村委会主任	2009	间接采访
20	张敬民	男	教授	1969	直接采访
21	赵红艳	女	教师	1997	直接采访
22	王萌毅	女	村党支部副书记	2009	直接采访
23	闫志红	女	社区讲解员	2009	直接采访
24	吕利娟	女	村妇代会副主任	2010	直接采访
25	朱命爱	女	教师	2010	直接采访
26	冯光伟	男	政府工作人员兼讲解员	—	直接采访
27	张影	男	教师	2011	直接采访
28	蔡慧敏	女	教师	2002	直接采访

续表

编号	访谈对象	性别	职业（现任或退休前）	入党时间（年份）	采访类型
29	裴四海	男	教师	2010	直接采访
30	孔祥香	女	教师	2015	直接采访
31	陈婉馨	女	教师	2010	直接采访
32	方志国	男	教师	2001	直接采访

寻访祖辈道路　坚定理想信念

——祖辈访谈实录两则*

常文娟**

一、前言

2016年是中国共产党建党95周年，长征胜利80周年。为了回顾总结中国共产党成立95年来的光辉历程和宝贵经验，为了增强广大学生对中国特色社会主义的道路自信、理论自信、制度自信和文化自信，社科部组织我们参加"寻访祖辈道路，坚定理想信念"活动，通过寻找及采访我们家庭中的祖辈，倾听他们的真实故事，从而对国家与社会的发展有更深刻的了解。

通过对家庭及周边祖辈人生故事的记录，熟悉家庭的发展变迁，树立家风传承；通过家庭发展变迁，了解中国近现代历史的细节，体会改革发展的真实变化；通过前后两代、三代甚至四代人的生活对比，体会并牢固树立"四个自信"；通过祖辈的期待与希望，树立并坚定个人理想，培育个人对社会和家庭的责任感。

访谈对象为家庭成员中的祖辈成员或者本村、社区等生活范围内愿意接受采访的适龄人员。访谈采用直白对话方式开展，访谈内容以老人的人生阅历和对我辈青年提出期望与要求为主，适当穿插本人的感悟与体会。

---

* 指导老师：祁志钢（社科部思想政治理论课专职教师）。

** 作者为2015级文法系法律事务专业。

二、救死扶伤，保家卫国——抗战老兵晋利民

1.相关介绍

受访人晋利民，小名柴娃，1924年11月30日出生，襄汾县襄陵镇东院村人。1949年以前主要在晋军中从事医疗救护工作，曾任第二战区陆军第34军野战军医院上尉军医；新中国成立后在襄陵县第一区卫生所、温泉诊所、襄陵县贾庄医院、襄汾县第一人民医院等地工作。晋老虽然91岁高龄，但思维清晰，言语敏捷，行动自如，生活能够完全自理，殊为难得。晋老是本村德高望重的老人。

采访时间：2016年7月25日

采访次数：2次

采访地点：山西省临汾市襄汾县襄陵镇东院村晋老家中

2.采访内容

山川不改仗英雄。在“母亲送儿打东洋，妻子送郎上战场”的抗日战争年代，千千万万的中国军人不畏强敌，舍生忘死，为人民而战，为民族而战，为祖国而战。如今，这些抗战英雄正在老去，正如那段历史正在远去一样。在纪念中国人民抗日战争暨世界反法西斯战争胜利70周年之际让我们一起聆听老兵口述抗战故事，真实还原那段艰苦卓绝的岁月往事，向所有的抗战老兵致以崇高的敬意！

晋利民，11岁时入本村小学读三年。1938年3月，日军攻陷襄陵镇。因为家庭艰困，兵荒马乱，无法生活，遂到乡宁县关王庙太行沟村参加了晋军。经过短期训练，编入晋军34军暂编44师。因他本人认识一些字，有文化，不久被分配到战野医院。当时一个军有三个师，近15000人，他们平时就在医院给士兵看病。那时候缺医少药，导致许多士兵患了疟疾、伤寒而没有治好，造成了非战斗减员，十分可惜。为此，他主攻内科，很快成为医疗业务尖子。

1939年，升任晋军34军暂编44师野战医院少尉看护长。1941年，任晋军34军军部野战预备医院少尉军医。1942年，任晋军34军繁特务营少尉军

医。后送太原绥靖公署陆军卫生人员训练所培训学习。1943年，结束培训回到部队。1944年，连升二级，升任晋军34军野战医院上尉军医。1946年获医师资格。

晋老是国民党上尉军医，他参军的那几年正值国共第二次合作，共同抗击日寇之际，因此，晋老虽是国民党军医，但参军是在抗战期间，在抗战胜利后国民党想要内战，分裂我们国家的时候，晋老已经退役。所以，晋老的一生战功赫赫，他对民族，对国家，对人民都是当之无愧的民族英雄，他的贡献是不可抹去的。

当晋老知道我们的来意之后，立马神采奕奕，激动地拿出自己的荣誉勋章给我们看，和我们谈起当年抗战的事迹。

当晋老和我们谈及当时抗战的生活环境时，晋老激动地说你们根本不能想象当时的环境多么艰苦，平常还好，但是一到冬天，环境就特别的恶劣，由于厕所是露天的，当时的厕所的大瓮里从底到头结满了厚厚的冰。铁根本不敢用手抓，因为天气极其寒冷，一用手抓，手上的肉就会被狠狠地撕下来。民国19—20年，东北沈阳达到零下40多摄氏度，特别寒冷。当时的老百姓生活也特别困难，困难到连2分钱的洋火（即火柴）都买不起，8分钱的咸盐十户人家就有七八户吃不起，老百姓吃的都是没盐的、淡淡的食物，那时的老百姓都吃不上玉米面，吃的都是豆子皮做的馒头和窝窝头，生活条件极其艰苦。

“日本统治下的伪满洲国就是一个人间地狱，中国人完全失去了自由。老百姓处处受到日本人和汉奸的监视，到处都有日军的督导官。日本人杀中国人那就是如杀鸡一样，只要稍有不从或者汉奸告密，很快就会被日军杀害。”晋利民老人回忆。

“那时，日本人规定，吃大米就是经济犯，乱说话就是政治犯。老百姓食不果腹、食糠咽菜、民不聊生，粮食全部交给了日本人。老百姓如果私自吃大米，轻者打个半死，重者就抓起来当劳工，大多被送去给日军修筑工事。为了保密，劳工们在工事完工后遭集体杀害。”晋老说。

“他们满脸堆笑，让你感觉非常友好客气。其实，那些全都是假的，转身他就会把你杀害……”回忆日寇的凶残，晋老讲述了自己的抗战记忆。

“日寇设置了大量的‘人圈’，就是用土围栏把人如牲口一样圈起来，一个村庄一个大的围子（人圈），每家有一个木牌作为出入证，每天在汉奸的监视下一组一组出来参加劳动。“

“把人残害到了什么地步？就是男女老少大多没衣服穿，全家人有的只用一条麻袋用来裹体。为了遮羞，就在地上挖半身深的坑，人平时就在坑里坐着！战士们都惊呆了，纷纷脱下自己的军装，给百姓穿上，这就是亡国奴的生活。”晋老感慨地说。

晋老还给我们讲述了日军在山西实行的惨绝人寰的罪行，令人发指，惨无人道。

晋老还给我们讲述说，敌人用的都是大炮、坦克和经过精心改造的枪械，而我们却只有小米加步枪来和日本作战，战士穿的都是补了又补，破的不能再破的衣服，平常还好，但是一到冬天，战士们就得穿着单薄的衣服，忍受着严寒来与敌人抗战。那时候，粮食也特别缺少，战士们饿到不行，只能挖野菜和树根吃，更别说吃肉了，经常是好几个月，一年多甚至是好几年吃不到肉。衣服破了，就拿针线补补再穿；行军中，渴了，就用手随便舀点路上的水喝；饿了，就随便拔点路上的野菜充饥。但就是在这种极其恶劣和艰苦的环境下，战士们仍是克服万难英勇抗战，团结一心抗日，直到最后把日寇赶出我们的领土，赶出中国。1945年，日本投降时，晋老跟随晋军一起去运城接受日本投降。

晋老说，抗击日本人的战区共有12个战区，河南是第一战区，山西就是第二战区，自从日本人进中国以来，他们抗战8年，就坚守在乡宁从未下过一步山。晋老说，他们抗战的时候正是国共第二次合作时期，直到国共分裂，他就已经退役。晋老向我说，在抗战时，不论是中国各战区的军事情况，还是欧洲各国的军事情况和地图，他都有较深的了解，而且晋老还自豪地向我说，他们家现在子孙6个，就有两个大学生，大孙子现在学医，二孙女学教育当老师，他还让我看了大孙子的那些医学方面的书籍，晋老一生都在践行活到老、学到老的精神，晋老骄傲地告诉我，现在他没事了，经常翻看孙子带回来的医学课本，看了很多遍。

当谈到晋老对现代青年的寄望时，晋利民老人说："年轻人不要光想着享受，思想上要居安思危，不忘国耻，不忘历史。日本在钓鱼岛问题上还在叫嚣，南海问题也很紧张。年轻人要好好工作，把我们的国家建设得更好。"

兆民团结坚于铁，破尔鲸吞胜巨鳖。饱经岁月沧桑的老兵们虽已是面容苍老，身躯蹒跚，但身着戎装的他们依然英武刚强；那一枚枚军功章和那一个个庄严的敬礼，让我们感受到他们周身散发着的不屈的精神和顽强的意志。无论时光如何更迭，无论社会怎样变迁，我们都铭记在抗日战争中英勇战斗、为国捐躯的抗战英烈和尚健在的中华民族的功臣——抗战老兵！是他们，在中华民族的生死存亡的时刻，在中国共产党的领导下，不畏强暴，浴血奋战，在中华大地上谱写出一曲曲可歌可泣的英雄赞歌。在保家卫国的民族正义战争中，以鲜血和生命铸就了中华民族的脊梁，以不屈和坚韧捍卫了民族尊严，取得了中华民族抗日战争的伟大胜利。

勿忘历史，珍惜今天，创造未来！战争的硝烟虽然散去，但每一寸土地都镌刻着中华儿女不能忘却的共同记忆。老兵是活着的记忆，与历史同在。他们弯曲的腰背，曾经挺立起中华民族的脊梁；他们沟壑纵横的皱纹，铭刻着不朽的抗战史诗和民族精神！

三、听爷爷讲述他的故事

1.相关介绍

受访人常腊娃，1948年1月9日，山西省临汾市襄汾县襄陵镇胡村人，老人一生清贫，为人和善，生活简朴，一心向着党和国家。

采访时间：2016年8月13日

采访次数：3次

采访地点：山西省临汾市襄汾县襄陵镇胡村常腊娃家中

2.采访内容

在中国这样一个已经步入老龄化的社会里，儿孙对祖辈的记忆和祖辈的经验传达显得尤为重要。这次访谈既是一次时空穿越之旅，同时也收获了一份温暖的慰藉。

一蓑烟雨任平生。如果把人的一生浓缩到一天的话，那就是朝阳充满活力，少年时代始终生机勃勃；中午的阳光最烈，中年时代如正午的阳光万丈光芒；夕阳虽然暗淡，但依旧让人驻足，步入暮年，只要心不老，人永远不会老。

1948年春天，爷爷出生在山西省的一个小村庄里。时至今日我已经揣测不出长子的降临给那个家庭带来了多少喜悦，而听他回忆童年，似乎并不是那么的轻松。

那个时候，爷爷生活在一个庞大的家族里，兄弟姐妹9个。上有太姥爷、太姥姥，中间有父辈们，下面还有同辈的小孩子和兄弟姐妹们。一家三十几口人同住在一个屋檐下。爷爷是一个面朝黄土，背朝天的农民，爷爷的一生，是饱经风霜、坚韧不拔、正直善良的一生，是不卑不亢、志向高远、胸怀坦荡的一生。

爷爷7岁时失去了母爱，10岁又失去了父爱，从此寄养在舅父家。舅父家的孩子上学读书，受到父母百般宠爱，而可怜的爷爷放猪捡粪打柴。每当爷爷看到同龄的小伙伴上学读书，而自己却因失去父母寄人篱下，不能踏进校门半步，常常暗自落泪。就这样，爷爷度过了辛酸的童年。

1949年，爷爷才过上安稳的生活。虽然经过战乱后，建国初期物资匮乏，可是这对于饱受旧社会苦难的爷爷来说却是无比的幸福，他总是对后来的我们说，是毛主席、共产党让他过上好日子，他感谢国家，要报恩。正因为这样，他对党充满了无限的热爱，并将自己的一腔热血献给了故乡这片土地。由于他一心为公，一心热爱集体，正直善良，村里的百姓拥护爷爷当了20多年的队长。

20多年来，爷爷把集体利益、群众的利益放在首位，从未往家里拿过队里的一粒粮食，一分钱，一草一木。不管百姓有什么困难，爷爷会想尽一切办法去解决。

爷爷老了，满脸的皱纹，佝偻的脊背，蹒跚的步履，花白的头发，无不记录着一个农夫的艰难困苦、奋力拼搏的一生。

在祖辈们走过的足迹上，人们来来回回地重复着同样的生活，在这一片黄土地上，不断演绎着亘古不变的人生戏剧，人们以其粗犷的方式传承着古老的香火，从先辈们粗糙的双手中接过上苍的祷告，在天地间奔跑着、追逐着、静静地听着历史讲述的声音。

当人们在历史的长河中拾起一点点祖辈创造的文明时，谁还会想到那些先辈，他们已经永远地退出了历史的舞台，留下的是许多许多的奇迹或是古老的文明，留给后人的是在今天文明的天空中，闪烁着的一颗颗璀璨耀眼的明珠。先辈们给予这个世界上的是人类特有的丰富多彩的精神文化事象，是连接古往今来的原本，是后人想要寻根问祖的历史依据。在先人面前，在祖辈们缔造的文明面前，值得后人们认认真真地研究，好好珍惜。

“寻找身边的老党员”实践报告
——红色1+1学生党支部活动*

姜煌　杨康　刘硕**

在中国共产党建党95周年之际，习总书记发出了“不忘初心，继续前进”的伟大号召，这个号召对于20世纪50年代左右出生的老党员来说是共同语言和共同心声。但是对于95后的青年学生来说，他们因为缺少历史经历和相关的专业知识背景，对于初心的把握大都只停留在文字上的理解，并不了解初心的内涵，难以激发共鸣。为此，组织青年学生到基层中去进行社会实践认识国情，去和老党员交流党的初心的话题，就是让我们的青年学生对党的初心有更丰富、更准确的把握，激发他们向“四为”人才转变，自觉为实现伟大中国梦做贡献的有益尝试。

管理系党支部始终高度重视本系学生的思想政治工作，坚持结合专业学生特点，围绕各项社会实践活动做好思想政治教育工作。让同学们触基层，接地气，在社会实践中得到锻炼的同时了解基层，提升党性修养。恰逢中国共产党成立95周年，习总书记提出了“不忘初心，继续前进”的伟大号召，管理系党支部以此为契机，以“什么是初心”为问题导向，组织全系师生党员，以及积极分子来到花家地南里社区开展红色1+1活动。一方面为社

---

* 该项目获得2016年度首都大中专学生暑期社会实践优秀成果奖。指导老师：李钢（思想政治理论课兼职教师、管理系辅导员）。

** 姜煌为2014级管理系电子商务专业；杨康，刘硕为2014级管理系工商管理专业。

区做义务劳动，用实际行动体现党的宗旨；另一方面组织学生与社区老党员进行关于党的初心的交流，通过老党员的所见所闻，进行党的教育、人生教育。

一、在服务中历练，在学习中明理

2016年8月21日上午，管理系党总支副书记薛文湃、辅导员李钢老师，以及系学生预备党员、积极分子一行40余人前往花家地南里社区及社区党支部开展红色“1+1”活动。活动分为三个环节，一是义务为社区打扫卫生，二是听社区党支部书记讲党课，三是访谈老党员。

抵达花家地南里社区后，按计划师生对花家地南里社区进行了大扫除活动。大家分工明确又相互配合，姜煌等10名同学打扫道路上的垃圾，张长成等10名同学清除楼道垃圾，田天宜等10名同学清除橱窗垃圾，邓瑞松等10名同学清除小广告，大家个个不怕脏、不怕累，为社区卫生积极奉献力量，同时也在这样的小事中培养为人民服务的意识和吃苦精神。

打扫完卫生之后，管理系师生在社区工作人员的带领下，进入社区活动室，同社区党员一起听社区党支部书记吴长清讲党课。吴书记首先为大家详细介绍了社区党支部的行政架构，职责分工，以及社区党员的管理。此外，吴书记特别提到了社区党员突击队的事迹。花家地南里建立于20世纪90年代，是一个老旧小区，因为历史遗留问题，卫生环境问题很突出，当时为了改善环境，在社区党支部的号召下，成立了社区党员突击队。短短几年时间里，党员突击队人数由8人上升为70人，包括一些社会志愿者、学生、热心人士。

社区党员突击队始终以身作则，经常性自发组织各种服务活动，例如，大年初一清理鞭炮烟火等垃圾，他们为了社区无私奉献着，坚持“党员退休不褪色，发挥余热为社区”的优良作风，共同为建设“525+（我爱我家）”而奋斗。在残奥会期间，党员突击队还接受了中央电视台的采访，接待了50多次代表团参观，并获得由国务院颁发的“温馨家园”证书。

吴书记还说，按照社区2016年“十三五”规划，为了号召社区服务，着力打造了三支特色支部。第一支部与北京联合大学对接，参观文化楼门；第二支部与北京青年政治学院对接，主要进行一些环境服务；第三支部与中医药大学对接，真情温暖社区。除此之外，还建立了党员实验田和社团文化节，宣传正能量。在社区推行分类治理，要进一步为社区群众解决问题。

吴书记的党课使得师生对于社区党组织工作情况有了深入的了解。同时大家也对于社区党员的奉献精神纷纷点赞，随后，吴书记组织大家四人一组与老党员开展访谈活动。

社区党员张大爷是一名有20年党龄的老党员，今年65岁。张大爷是在工作后入党的，他觉得自己入党是受到了父亲的影响，他认为父母那一代对于党充满向往，与现在的年轻党员区别很大。他很认同父亲说的党员的核心品质是为人民服务，即便自己不能为党为国家做什么大贡献，但是可以在本职工作中尽心尽力，间接为国家和人民做贡献。提到当时入党的情形，他回忆道："入党宣誓时我非常激动，感到父亲的心愿终于在自己身上实现了。"

当提到现在娱乐性节目泛滥会不会影响80后的党员的素质时，张大爷说80后党员要有思想，要对政治关心，但感觉现在人云亦云的党员占多数。说到这里时，张大爷用自己的女儿举了个例子，他认为追捧娱乐明星、娱乐八卦新闻等是没有意义的，年轻人应该思考一些有意义的问题。他认为党性有无是区别党员和群众的标准。张大爷每天坚持看新闻联播，了解国家的发展。

谈到习总书记现在"打虎拍蝇"的行动时，他说腐败问题在建党时就有，并不是现在才发现的，不能因为有腐败就否定党，还要看到党一直在反腐败。老党员应该起带头作用，以身作则。他举了自己工作时的例子，当时他是在保卫科，在当时上级的带领下工作方面配合得很好，可是没想到上级最后因为收受贿赂丢了公职。张大爷认为党对于腐败的党员绝不能手软，不能给一点儿喘息的机会。最后，张大爷提出希望，鼓励年轻党员踏踏实实走好每一步，爱国爱党爱人民，为每一个人服务，这是一个好党员应该做的。

除了张大爷，参与访谈的老党员大都是首钢退休的一线工人。王大妈说现在是和平年代，但只要组织有需要我肯定奉献自己的一分力量；姜大爷说希望现在的年轻人可以思想坚定，做好自我约束，树立一个良好的目标；赵大爷说现在的年轻人盲目追星，什么东西都要有个度，不能沉溺其中；李大爷是这次所有参与访谈的党员中党龄最长的，他用自己的经历让我们明白那个年代的党员和今天的新党员有何不同。李大爷在首钢工作30余年，因北京申办奥运会成功之后，首钢面临搬迁，加上家里有老人、有病人，他选择了买断工龄回家，正常情况下他还能再工作5年，这成了他最大的遗憾。那时候党员是一种荣耀和责任，并且要吃苦在先，享受在后。在香港回归的那年，为了安全工作，他在单位里4天没有回家，守护首钢的一片安静。他说党员就是要在关键时刻挺身而出。最后，他对年轻的党员提出希望：在这个好的时代里，要有正确的追求，要有正确的政治觉悟。现在生活条件越来越好，每个年轻人应该拿出自己的本领，不能做什么都依靠家长，更不能炫富。现在年轻人经历的事情太少，多锻炼就会有提高。有经验才会在工作中有好的发展。既然选择了自己的目标，那就要坚持下去。要有自己的信仰，有自己的追求，要有自己的精神气。党员要走正确的道路，不要走邪门歪道。

二、以老党员为镜，正吾辈衣冠

通过对老党员的采访，引发了师生的反思，对照老党员的政治觉悟，发现了自身的很多不足，还有很多方面需要向老党员们学习，尤其是不管遇到任何问题和诱惑，都不能忘记自己当初入党的信念和梦想，要不忘初心。

管理系辅导员李纲老师说，此次活动虽然短暂但却内容丰富，老党员的先进事迹，老党员的政治觉悟，给大家上了一堂高质量的思想政治教育课，特别是以前模糊的党的初心观念，在交流之后变得具体而鲜活。向老党员致敬，感谢他们赠予我们这笔精神财富，我们一定会好好传承。

管理系电子商务一班张佳钰说，十分荣幸可以来到花家地社区与老党员们进行交流，接受我们组访谈的是一位老奶奶，老人家精神头很好。对话的过程中我深深感受到奶奶积极向上的乐观心态，她和我们交流的过程中透露着对党的热爱，让我感受到了老党员的觉悟之高，让我受益匪浅。我们生活在好时代，没有经历过去的艰辛，今天的好日子来之不易，离不开老党员们的贡献。我们要向他们学习，努力提高自己综合素质，为党为国家多做贡献!

管理系电子商务二班卢悦说，通过对花家地南里社区的老党员进行采访交流，我受益颇深。我已经明白了作为一名当代的大学生的责任，我们不仅要学习老一辈党员的思想精神，更重要的是要把他们的思想精神发扬光大。如今，我更加体会到了自己肩上的那份责任。只要我们充满执着的信念，就没有什么不能克服的困难；只要我们坚定自己的脚步，不论前方有多远，不论道路有多艰难，我们都不畏惧、不退缩，坚定做共产主义接班人，相信总有一天，中国必将屹立于世界强国之林，中华民族必能昂立于世界民族之中，实现中华民族的伟大复兴!

管理系工商管理一班唐宇辰说，通过参加这次活动，我感受到了以前从没有感受过的东西，尤其是和老党员们谈心接触之后，我受到了深刻的教育。在生活中，我们要多去学习和注意观察身边的人，从他们的身上学习长处，要有一颗谦逊的心。这不能只是喊喊口号，而是要有行动。平时多注意自己的言行，让自己做一个更优秀的人!

三、初心永不忘，精神代代传

2016年，习总书记在7月1日庆祝中国共产党成立95周年大会上的讲话中说：“我们党已经走过了95年的历程，但我们要永远保持建党时中国共产党人的奋斗精神，永远保持对人民的赤子之心。一切向前走，都不能忘记走过的路；走得再远、走到再光辉的未来，也不能忘记走过的过去，不能忘记为什么出发。面向未来，面对挑战，全党同志一定要不忘初心、继续前进。”从这段话可知，“初心”就是中国共产党人自建党伊始就树立的奋斗精神和对人民的赤子之心。而奋斗精神和对人民的赤子之心，通过这次实践活动，从10余名老党员的谈话中，在他们的切身感悟中，亲身经历之中，变得具体形象了。艰苦奋斗就是以真本事去拼搏，对人民的赤子之心就是爱国爱党爱人民，为每一个人服务；共产党的初心就是花家地南里社区党员突击队为社区做的每一件公益，为社区赢得的各种荣誉，就是社区党员“党员退休不褪色，发挥余热为社区”的奉献精神。

今天我们组织青年学子去基层服务、去向老党员学习初心，其实就是以实际行动听党话，知党情，以更加坚定的信心，昂扬的精神状态，跟着中国共产党继续前进。

第四篇　学校管理

大学生创业意向现状调查报告

——以北京部分高校为例*

张国军**

一、调研缘起

（一）调研背景

1. 大学生就业压力与日俱增

近年来，大学生就业形势愈发严峻，造成这一现象既有主观原因也有客观原因。就主观原因而言，部分学生"眼高手低"，过分追求高薪、具有良好发展前景的工作，对自己认为不好的工作不屑一顾；部分学生综合素质低，动手能力不强，缺乏社交能力和团队协作能力等，很难在激烈的招聘考试中脱颖而出。就客观原因而言，1999 年高校扩招，近些年高校毕业生数量一路飙升。2001 年高校毕业生为 114 万人，2015 年高达 749 万人。与毕业生数量激增相比，就业岗位增长速度明显逊色，毕业生的就业压力势必增大。此外，高校学科专业设置尚未以市场为导向，导致人才供给与社会需求错位。随着高校扩招，毕业生数量增长的同时，质量却在下降，而当今社会对人才提出了更高要求，相当一部分毕业生不能适应工作。再者，托关系、走后门等不良之风严重破坏了公平竞争的用人机制，一些没关系的

---

* 北京高校青年教师社会调研优秀成果奖。

** 作者为社科部思想政治理论课专职教师。

优秀人才被拒之门外。

目前，我国处于经济发展新常态，经济增长速度由高速转为中低速，经济结构不断优化，经济增长动力由要素驱动、投资驱动转向创新驱动。经济新常态下我国就业形势更是不容乐观。经济增长速度的变化影响着企业对劳动力的吸纳，经济高速增长，企业对劳动力需求大，就业岗位增多，就业率攀升。反之，经济增长速度放慢，就业岗位减少，企业对劳动力的需求也随之减少，失业率攀升；经济结构优化会造成结构性失业增加。随着经济结构的不断优化，一些产能过剩、附加值低的行业将逐步被淘汰，部分企业倒闭，失业增加。随着资源环境压力的增加，一些高污染、高能耗、高排放的企业陷入生存困境，导致就业岗位减少；随着经济增长动力转为依靠创新驱动，企业对高素质劳动力的需求增加，客观上增加了就业的竞争。部分学历低、缺少专业技能的毕业生就业前景渺茫。

2.国家鼓励并支持大学生创业

为缓解高校毕业生就业难的问题，国家鼓励大学生通过创业来实现就业。而实际上，国家自20世纪90年代末就已经开始鼓励大学生创业，并陆续颁布了一些政策（见表1）。这些政策的出台对推动大学生创业具有积极意义，引起了社会和高校对大学生创业的重视，并给予一定支持。部分高校开设创业教育课程，举办创业大赛，引导学生树立正确的创业观，提高学生的创业积极性。

表1 大学生创业政策一览表

名称	颁布时间	发文单位	内容
《面向21世纪教育振兴行动计划》	1999年1月	教育部、国务院	加强对教师和学生的创业教育，采取措施鼓励他们自主创办高新技术企业
《关于进一步做好1999年普通高等学校毕业生就业工作意见的通知》	1999年5月	国务院办公厅	鼓励和支持毕业生到非国有制单位就业或自主创业
《关于做好2003年普通高等学校毕业生就业工作的通知》	2003年5月	国务院办公厅	凡高校毕业生从事个体经营的，除国家限制的行业外，自工商部门批准其经营之日起，1年内免交登记类和管理类的各项行政事业性收费。有条件的地区由地方政府确定，在现有渠道中为高校毕业生提供创业小额贷款和担保

续表

名称	颁布时间	发文单位	内容
《关于深入实施“中国青年创业行动”促进青年就业工作的意见》	2004年4月	团中央、劳动和社会保障部	要求从普及创业意识、培养创业能力、提供创业服务、优化创业环境、完善对青年的就业服务五个方面采取措施引导、帮助广大青年（包括大学毕业生）在创业中实现就业
《关于进一步做好2006年高校毕业生就业有关工作的通知》第四条、《关于做好2007年高校毕业生就业有关工作的通知》第三条，以及《关于进一步加强创业培训推进创业促就业工作的通知》	2006—2007年	劳动和社会保障部	扩大创业教育试点范围，设立大学科技园，以及创业孵化机构、加大创业培训力度、建立创业孵化基地、实施创业税费减免、小额担保贷款等
《教育部关于大力推进高等学校创新创业教育和大学生自主创业工作的意见》	2010年5月	教育部	提出“通过开展创新创业教育工作，促使高等学校不断更新教育观念、改革人才培养模式、教育内容和教学方法，将人才培养、科学研究、社会服务紧密结合，实现从注重知识传授向更加重视能力和素质培养的转变，提高人才培养质量”
《关于实施2010高校毕业生就业推进行动大力促进高校毕业生就业的通知》《关于实施大学生“创业引领计划”的通知》	2010年	人力资源和社会保障部	强调继续加强创业教育、开展大学生创业培训（实训）、加大对大学生创业的政策优惠扶持（如大学生自主创业三年内每年减免8000元税费）之外，着重提出了要为大学生创业提供指导服务和孵化服务，如指导大学生制定创业计划书，为大学生制定创业路线图，成立大学生创业导师团、专家志愿团，为创业大学生提供低成本的生产经营场所和企业孵化服等
《国务院关于进一步做好普通高等学校毕业生就业工作的通知》	2011年5月	国务院	要求各高校要广泛开展创业教育，积极开发创新创业类课程，完善创业教育课程体系，将创业教育课程纳入学分管理。积极推广成熟的创业培训模式，鼓励高校毕业生参加创业培训和实训，提高创业能力。对高校毕业生在毕业年度内参加创业培训的，根据其获得创业培训合格证书或就业、创业情况，按规定给予培训补贴。要根据高校毕业生特点和需求，组织开展政策咨询、信息服务、项目开发、风险评估、开业指导、融资服务、跟踪扶持等“一条龙”创业服务。在充分发挥各类创业孵化基地作用的基础上，因地制宜建设一批大学生创业孵化基地，并给予相关政策扶持
《普通本科学校创业教育教学基本要求（试行）》	2012年8月	教育部	要求各高校应创造条件，面向全体学生单独开设“创业基础”必修课

续表

名称	颁布时间	发文单位	内容
《关于做好2013年全国普通高等学校毕业生就业工作的通知》	2013年5月	国务院办公厅	各高校要将创新创业教育融入专业教学和人才培养全过程，并将创业教育课程纳入学分管理，鼓励在校生积极参加创业教育和创业实践活动。鼓励高校与公共就业人才服务机构合作开展创业培训和实训，从2013年起，将创业培训补贴政策期限从目前的毕业年度调整为毕业学年（即从毕业前一年7月1日起的12个月）
《关于做好2014年全国普通高等学校毕业生就业创业工作的通知》	2014年5月	国务院办公厅	要求2014年至2017年，在全国范围内实施大学生创业引领计划。通过提供创业服务，落实创业扶持政策，提升创业能力，帮助和扶持更多高校毕业生自主创业，逐步提高高校毕业生创业比例
《关于深化高等学校创新创业教育改革的实施意见》	2015年5月	国务院办公厅	从完善人才培养质量标准、创新人才培养机制，健全创新创业教育课程体系，改革教育方法和考核方式，强化创新创业教育实践，改革教学和学籍管理制度，加强教师创新创业教育教学能力建设，改进学生创业指导服务，完善创新创业资金支持和政策保障体系9个方面提出了改革的主要任务和措施

资料来源：夏人青，等. 中国大学生创业政策的回顾与展望（1999—2011年）[J]. 高教探索，2012(1)；教育部官网http://www.moe.gov.cn/。

（二）调研意义

高校毕业生就业形势严峻，就业问题关系着每个大学生的切身利益，关系到高校的生存和发展。而创业是缓解大学生就业压力的一个有效途径。本项目通过研究大学生的创业意向现状及影响因素为高校更好地了解当今大学生对创业的基本看法及成因，更好地开设创业课程，有效引导大学生树立正确的创业观，提升毕业生就业率提供理论支持和决策参考。

（三）调研方法

文献分析法。通过收集既有研究文献的方式，了解学界对于本项目相关问题的研究进展，获取其中有益于本项目顺利进行的数据、资料和理论观点。

社会学调查方法。调查问卷法，调查对象为北京部分高校大学生（高职高专学生、本科生、研究生)，运用定量、定性等分析方法分析数据；个案访谈，选取一定数量的大学生进行面谈，了解他们的创业意向；集体论证，访谈相关领域的学者，集思广益。

(四)调研对象

本项研究对象为在校大学生，包括高职高专学生、本科生、研究生，对清华大学、北京大学、中央美术学院、北京科技大学、北京经济管理干部学院、北京青年政治学院等高校大学生进行了随机问卷调查和个别访谈。本次共发放460份问卷，收回456份有效问卷。面对面访谈了36人，每个学校访谈6人。

二、调研结果及分析

(一)大学生创业意向的整体现状

大多数在校大学生没有创业经历，他们对创业感兴趣，但不确定自己是否已经具备创业能力。图1显示，只有10.74%的学生创过业。图2显示，57.23%的学生不确定自己是否具备创业能力，30.48%的学生认为自己不具备创业能力，认为自己具备创业能力的只占12.29%。从图3可见，45.18%的学生认为创业是对以后从业的一种创造性选择，36.84%的学生认为创业是开创一份事业，各约8.99%的学生认为创业是开办一个企业或不清楚创业是什么。这说明绝大多数学生对什么是创业，以及如何创业不是非常清楚，并缺乏创业信心，需要相关指导。图4显示，21.27%的学生对创业很感兴趣，35.96%的学生对创业比较感兴趣，34.22%的学生对创业一般感兴趣，8.55%的学生对创业不感兴趣。不难看出，一半以上的学生对创业很有热情，国家近年来鼓励并支持大学生创业可谓是应运而生。

大学生的创业想法主要来自于亲朋好友，自己可以支配自己和赚钱是当今大学生选择创业的主要动机。图5显示，39.47%的学生的创业想法来自于朋友，20.83%来自于亲戚，18.86%来自于学校，13.60%来自于媒体，无创业想法的占7.24%。因此，高校还需要加大大学生创业教育，鼓励大学生积极创业，并为其提供便利条件。图6显示，33.55%的学生创业是为了做自己喜欢的事，不受约束；29.60%是为了获得金钱等物质回报；23.9%是为了成功创业，满足自我成就感；9.45%则是为了追求创新，迎接挑战；仅有3.50%的大学生创业是为了解决就业。可见大学生并未把解决就业当作创业的主要动机，而作为年轻人，更多的是把创业作为追求自由的一个途径。

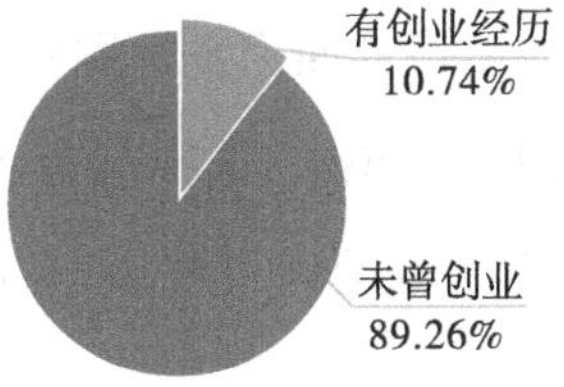

图1　大学生创业经历

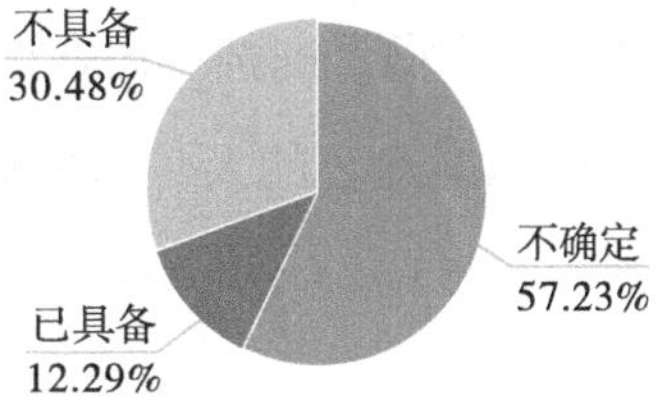

图2　大学生对自己创业能力的认知

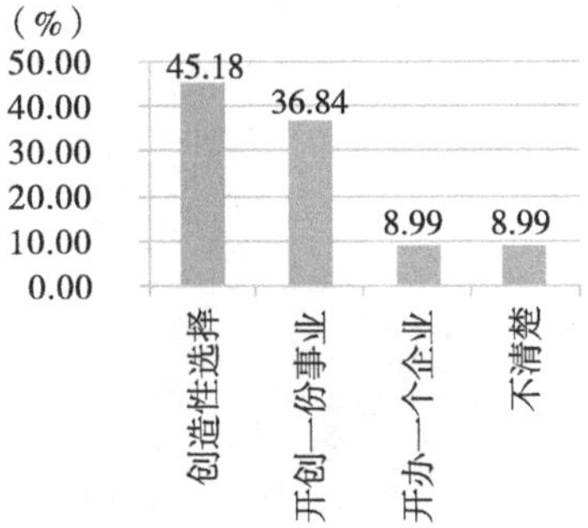

图3　大学生对创业的认识

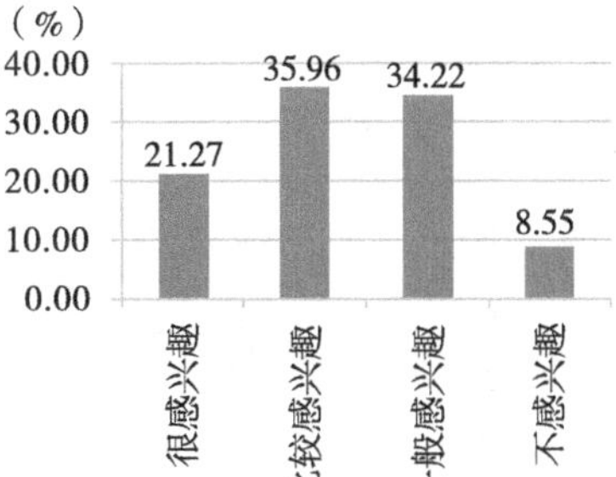

图4　大学生创业兴趣

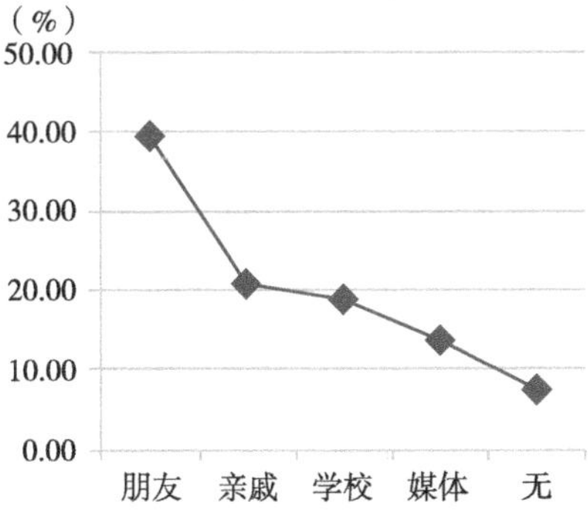

图5　大学生创业想法来源

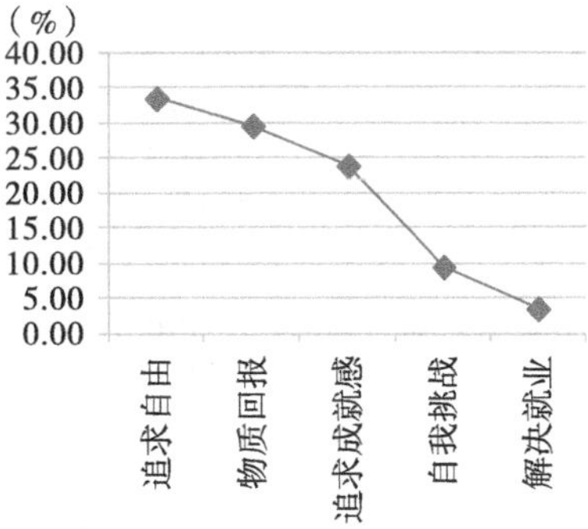

图6　大学生创业动机

大学生青睐的创业领域为自己感兴趣的领域，首选的创业地点为自己读大学所在的城市，最愿意和自己志同道合的人合伙创业。如图7显示，

57.89%的学生选择自己感兴趣的领域创业，31.58%的学生选择与自己专业相结合的领域创业，而选择当今热门领域和选择启动资金少、风险低的行业的学生不相上下，都各占5.27%左右。由此可见，兴趣和专业是影响大学生选择创业领域的重要因素。在图8中，35.52%的学生选择在自己读大学的地方创业，33.99%的学生选择在自己家乡创业，选择在东部沿海等经济发达区创业的占27.19%，选择在西部地区创业的只占3.30%。这一结果也反映了大学生毕业后的主要去向，即选择留在读大学所在城市或回家乡。图9显示，选择愿意与自己志同道合的人一起创业的学生占51.75%，选择与有经验的人一起创业的占30.55%。不难看出，大学生在选择创业伙伴的时候主要考虑志趣是否相投。

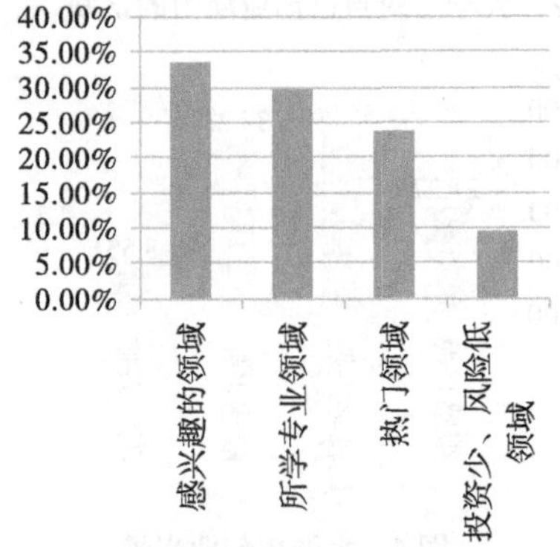

图7　大学生创业领域选择倾向

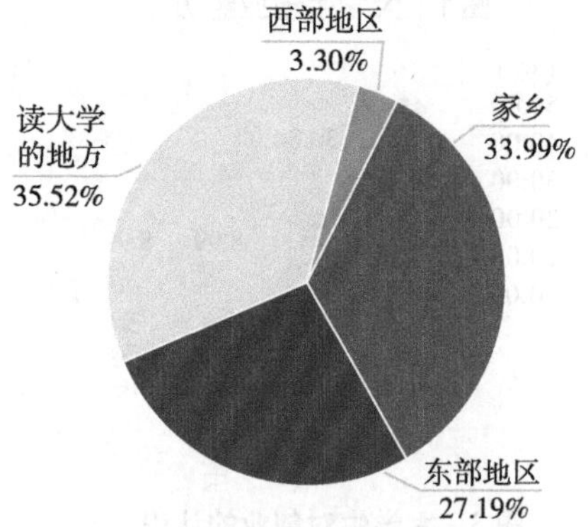

图8　大学生创业地点选择倾向

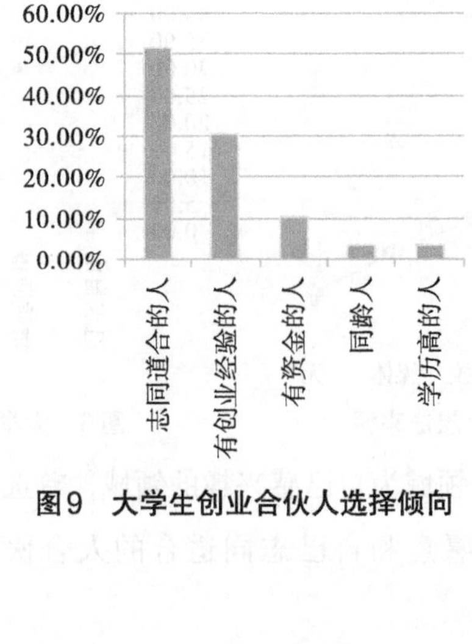

图9　大学生创业合伙人选择倾向

（二）影响大学生创业意向的因素

性别。男生创业积极性高于女生。在接受问卷调查和访谈的大学生中，70%以上的男生都有创业的想法，而女生有创业想法的不足10%。根据调研结果，造成这一现象主要是因为女生对自己的创业能力缺乏信心，大多数女生都想找一份有稳定收入的职业，而创业具有一定的风险。

专业和学历。理科专业的学生创业意向要高于文科专业的学生。60%以上的接受调查的理科学生有创业想法，接受调查的文科学生有创业意向的只有15%左右。专科和本科层次学生创业意向要高于研究生，这主要是因为经历研究生阶段学习后，部分学生更倾向朝学术研究方向发展，学校、研究机构成为这类学生所青睐的就业单位。

家长职业。家长从事经商的大学生的创业意向高于家长从事稳定有固定收入工作的大学生。究其原因，一方面，家长的职业背景对子女的价值取向、职业取向有一定的影响，进而影响到他们的创业意向。另一方面，“近水楼台先得月”，从事经商可以为子女创业提供经济支持和人脉关系等便利条件。

相关创业知识积累或创业经历。相关的创业知识和创业经历对大学生的创业意向起着强化作用。多数创业意向较高的同学了解过创办企业的相关知识，关注过一些创业人物（如马云、俞敏洪等）的事情，以及阅读了他们的传记，有意识地积累过一些有价值的人脉资源，为以后创办自己的企业做好准备。

创业能力。创业能力包括承受压力能力、财务管理能力、人际沟通能力、风险承担能力、判断力、项目管理能力等。调查结果显示，创业意向强烈的大学生对自己的创业能力有自信，且认为自己具备了上述创业能力。

创业态度。创业意向较高的大学生具有良好的创业态度，一方面他们对创业比较感兴趣，并且有意识地获取相关的创业信息。另一方面他们认为自己能够从容应对创业过程中的失败，90%以上的人认为自己若在创业中遇到挫折和失败能够积极面对，勇往直前。

三、提升大学生创业意向的对策

在大学生就业形势日益严峻的情况下，提升大学生创业意向具有一定的必要性和现实意义。这需要政府、家庭、高校、大学生个人的共同努力，多管齐下。

就政府而言，督促相关部门认真落实国家关于鼓励和支持大学生创新创业的政策，简化办理流程，切实为大学生创新创业提供各种便利；设立专门负责大学生创新创业事宜，为大学生创新创业政策咨询、资金支持、法律援助等服务的机构。加大对大学生创业创新政策的宣传，营建整个社会支持创新创业的良好氛围；建立大学生创业奖励表彰制度，对优秀的大学生创业者进行表彰并给予适当创业补贴激励大学生创业。

就高校而言，积极响应国家相关政策的号召，努力为大学生创新创业提供支持，调动其参与创新创业的积极性。按照《普通本科学校创业教育教学基本要求（试行）》，积极创造条件，面向全校学生开设创业基础必修课。积极响应《关于深化高等学校创新创业教育改革的实施意见》文件精神，完善人才培养质量标准，使创新精神、创业意识和创新创业能力成为评价人才培养质量的重要指标；探索建立需求导向的学科专业结构和创业就业导向的人才培养类型结构调整新机制；调整专业课程设置，挖掘和充实各类专业课程的创新创业教育资源，在传授专业知识过程中加强创新创业教育；充分利用各种资源建设大学科技园、大学生创业园、创业孵化基地和小微企业创业基地等创业教育实践平台，建设大学生校外实践教育基地、创业示范基地、科技创业实习基地和职业院校实训基地；积极组织学生参与全国大学生创新创业大赛或全国职业院校技能大赛，举办各类科技创新、创意设计、创业计划等专题竞赛，举办创新创业协会、创业俱乐部等社团，举办创新创业讲座论坛，开展创新创业实践；为参与创新创业的学生提供便利，如实施弹性学制、放宽学业年限、保留学籍、设立创新创业奖学金等；加强创新创业教育的师资建设，加强创新创业教育考核评价。

就家庭而言，家长需要改变认为只有“铁饭碗”才是好工作的传统观念。支持和鼓励孩子大学毕业后通过创业实现就业；针对孩子创业信心不足的问题，家长应积极了解相关的创业创新政策，从思想上对孩子进行疏导，给予其创业所需要的精神支持。若有条件的，也应给予资金支持，帮助孩子在创业的艰辛道路上开好头，走好第一步。

就大学生个人而言，无论选择创业与否，平时都要注意不断提升自己的综合素质，培养自信心。积极参加各种创业培训和创业实践活动，在大学时期为今后创业奠定坚实基础；在日常生活和学习中，不断提高各方面能力，如学习知识的能力、人际交往能力、组织协调能力、语言表达能力等。这些能力既是大学生创业所必备的能力，也是今后生存所必需的能力。

参考文献

[1] 叶映华.大学生创业意向影响因素研究[J].教育研究,2009(4).

[2] 严建雯,叶贤.大学生创业意向的现状调查[J].心理科学,2009(32).

[3] 吕智强.大学生创业动机及其影响因素分析[J].湖北科技学院学报,2014(11).

[4] 蔺思涛.经济新常态下我国就业形势的变化与政策创新[J].中州学刊,2015(2).

[5] 李德江.把创业作为经济新常态下的就业常态[J].中国就业,2015(2).

高校思政课考核评价环节实施现状调查与对策研究*

张姝**

一、调研背景与意义

（一）调研背景

思想政治教育课程是大学生必修的一门课程，对大学生的学习和生活具有指导作用，能够帮助大学生在学习生活中严格要求自己，形成正确的世界观和人生观。大学生的世界观、价值观和人生观都在形成时期，高校在教育过程中有必要对大学生加强思想政治教育。然而，大学生受到周围环境的影响，对思政课并没有给予应有的重视。同时，相当部分思政课教师，一方面因授课班级多、课业负担重等原因，造成上课疲于应付，成绩随意性强，客观性差，区分度小；另一方面，有的教师纯粹因为责任心不强，重视程度不够，随机分配思政课成绩。

传统的思政课考试以理论知识为主要内容、闭卷笔答为主要形式，“千人一卷，千人一面”。长期以来，学生对思政课考试的印象就是“背多分”，即背书、背答案、背论述、背要点。近年来，许多高校陆续试行开卷考试，抄书、抄答案、抄论述、抄要点又成了思政课考试的“新常态”。

在高校思政课的重要性逐渐凸显的背景下，在思政课内容所应该承担的

---

* 该项目获得2016年度首都大中专学生暑期社会实践优秀成果奖。指导教师：祁志钢（社科部思想政治理论课专职教师）。

** 作者为2015级泰尔弗商务分院会计电算化专业。

价值目标下，思政课成绩的公平公正与否，将是实现思政课教学目标、引导学生树立正确的价值观的重要环节。

（二）意义

作为社会的价值取向，自由、平等、公正、法治之间既相互独立，又内在统一，它们在实践中相互补充、相得益彰。自由平等是社会活力的源头活水，公平正义是社会活力的阳光雨露，而法治是社会活力的可靠保障。有了自由才会有人格尊严，才会有创造活力；有了平等才会打破阶层固化，机会才会向每个人开放；有了公正才会有和谐，才会有心情舒畅；有了法治，每个人的权利、自由、安全才有制度保障。倡导自由、平等、公正、法治，就是为了建立一个社会活力竞相迸发、创造源泉充分涌流、发展成果更多更公平惠及全体人民的社会，就是为了迈向自由社会、平等社会、公正社会、法治社会。

应当明确，不论是自由、平等，还是公正、法治，包括国家和公民层面的价值，都是具体的、历史的、相对的。每一时代只能提出自己时代的价值观，每一时代价值观的实现程度都不可能超越自己时代的经济社会发展水平。因此，迈向自由、平等、公正、法治的社会只能是一个循序渐进的过程。

改革创新是高校思政课的生命线，改革的方向与根本目的就是增强思政课教学的针对性和实效性。教师要主动适应移动互联网发展的新趋势，探索更契合学生特点、心智，更能满足学生成长成才需要的教学改革之路；用学生喜爱的语言、新颖活泼的形式，以及生动鲜活的事例，把思政课教好。学生要有长远眼光，学习不带功利性，努力培养学习兴趣，但是学习也并不是全由兴趣主导，思政课给学生的影响是潜移默化的，我们要从更长远的角度去思考问题。

二、研究过程和方法

（一）研究概况

2016年7月中旬，课题组组织三支学生调查小组，利用学生社交朋友圈，通过微信方式，面向不限定地域的非本校大学生开展了《学生对思想政治理论课成绩公平公正感的调查》(修订版)。

调查采用朋友邀请、扩散传播、松散组织、自愿填写、红包激励等方式开展，完全没有传统班级和系部行政组织的介入和干扰。课题组实际回收625份问卷，采集到全国273所大学数据，包括本科院校、高职院校、独立学院、民办高校等。

(二)研究方法

(1)文献分析

了解思政课存在的意义、部分专家学者对思政课改革的看法、现代社会对公平的理解和期待。在整理现有研究成果的基础上找出与大学生思政课公平公正感调查有关的内容，并在归类整理的基础上发现其中的缺失与局限之处。

(2)问卷调查

针对调查对象设计出大学生思政课成绩公平公正感调查问卷，采取随机抽样的发放方法，收集实证研究数据。

(3)访谈法

通过专门访谈研究对象及相关人物，进一步了解被调研对象的状态和面临的问题。进一步补充相关的资料，为充分了解相关问题提供素材和支撑。

(三)课题研究实施步骤

课题调查研究步骤见表1。

表1　调查研究步骤

时间	事项	参与人
2016年5月—6月	前期基础调研与策划	张姝、祁志钢
2016年6月—7月	调查问卷设计与方案制定	祁志钢、张姝
2016年7月11日—16日	调查问卷发放与回收	杨方举、郑瑶 程婷、张姝
2016年7月16日—20日	初步数据分析	祁志钢、张姝
2016年7月20日—8月21日	调查报告初稿撰写	张姝
2016年8月20日—9月11日	修改与完善	张姝、祁志钢

三、研究内容

（一）政治面貌及年级

此次问卷通过微信方式推给学生，为了保证问卷的准确性，所以填写问卷的主要群体为在校大学生。此次问卷政治面貌共青团员所占比例较大，达到了69.6%，大部分的学生在高中时期就已经成为共青团员。由于入党的程序要经过层层审核、经过各种考核，所以中共党员所占比例仅为9.8%，做完问卷后，曾经尝试询问一些学生不入党的原因，有部分人表示正在准备入党，还有部分学生担心以后出国、移民会受到影响，还有少数学生表示入党过程太过烦琐、入党后要经常上交思想报告什么的比较麻烦，所以导致群众占了19.5%（表2）。

表2　政治面貌

政治面貌	人数（人）	百分比（%）
群众	122	19.5
共青团员	435	69.6
中共党员	61	9.8
民主党派	7	1.1
共计	625	100

此次调查的全部问卷共涵盖我国27个省、自治区和直辖市，以及两所国外大学。对国内地域，以及大学的覆盖程度相对较好，数据代表性相对较高（表3）。

表3　调研区域

序号	区域	数量（个）	百分比（%）	序号	区域	数量（个）	百分比（%）
1	安徽	4	0.64	7	贵州	9	1.44
2	北京	346	55.36	8	河北	26	4.16
3	福建	2	0.32	9	河南	11	1.76
4	甘肃	1	0.16	10	黑龙江	9	1.44
5	广东	4	0.64	11	湖北	3	0.48
6	广西	3	0.48	12	湖南	9	1.44

续表

序号	区域	数量（个）	百分比（%）	序号	区域	数量（个）	百分比（%）
13	吉林	2	0.32	21	上海	4	0.64
14	江苏	4	0.64	22	四川	16	2.56
15	辽宁	4	0.64	23	天津	6	0.96
16	内蒙古	21	3.36	24	未知	2	0.32
17	青海	7	1.12	25	新疆	2	0.32
18	山东	5	0.8	26	浙江	10	1.6
19	山西	105	16.8	27	重庆	3	0.48
20	陕西	7	1.12				

（二）思政课哪些因素比较吸引你

有37.9%的学生认为课程知识对自己有用才会去喜欢这门课，其实上大学学习知识一方面就是为了以后可以得到更好的生活和工作，如果老师可以上课引用一些自己的经历来告诫学生、启示学生，会增加学生对这门课的好感。33.8%的学生认为如果讲课老师照本宣科、一板一眼的上课，会让学生产生困意，反之如果老师上课幽默风趣、擅长调节课堂气氛会更加吸引学生。如果这门课本身就是一门概念性极强、很难理解的课，再加上枯燥的课堂氛围，就会使学生变得不那么喜欢上这门课了。30.9%的学生认为任课教师思想开放、贴近热点时事可以成为上课的亮点（表4）。

表4　影响上课的因素

选项	人数（人）	百分比（%）
教材生动有趣	154	29.1
课程知识对自己有用	201	37.9
任课教师有个人魅力	177	33.4
教学过程参与度高，可自由发表意见	130	24.5
任课教师上课方式风趣幽默	179	33.8
理论联系实际，能够解决我们的思想问题	161	30.4
任课教师思想开放，贴近热点时事	164	30.9
教学过程轻松，能够看看影片之类的	117	22.1

（三）上课状态

39.5%的学生上课状态处于上课认真听讲，积极思考，说明学生们还记得自己是如何考入现在所在的大学。多少次彻夜不眠，给学生们留下了深刻的印象，无论学生们是否身处自己理想中的大学，结果已成定局，所以学生们想要去更高的学府学习，只有上课认真听讲，才能实现自己想要创造出的社会价值。27%的学生上课状态是玩手机，有趣的地方听一听，这应该是大学里普遍存在的不良的听课状态。现在社会中大部分的青年人都是低头族，一会儿不看手机就难受，学生们也不例外，只有在讲到有趣的地方才会停下来听，停下来听到的应该是和书本上的知识没什么太大的关系。26.9%的学生上课的状态是兴趣不高，但会努力听讲（表5）。

表5　上课状态

选项	人数（人）	百分比（%）
上课认真听讲，积极思考	247	39.5
兴趣不高，但还是会努力听课	168	26.9
上课玩手机，有趣的地方听一听	169	27
毫无印象	36	5.8
其他（自我描述状态）	5	0.8

（四）对待思政课态度的影响因素

21.3%的学生认为学生的处事心态和学习习惯是影响大家对待思政课态度的一大因素。如何对待课堂、如何看待大学里的课程这些问题与学生们多年来养成的学习方法和对待学习的态度有关，如果一个学生习惯每天上课并且积极思考问题记录笔记，那么这个学生是不会做出上课睡觉、玩手机这样的举动的。17.6%的学生认为思政课与学生学习、生活实际的贴近程度是影响大家对思政课的态度（表6）。

表6　对待思政课态度的影响因素

选项	人数（人）	百分比（%）
学生个人的处事心态和学习习惯	340	21.3

续表

选项	人数（人）	百分比（%）
学生对老师授课内容的认可度	252	15.8
老师讲课的认真程度和水平	254	15.9
思政课与学生学习、生活实际的贴近程度	281	17.6
任性，看心情	81	5.1
老师的教学方法	221	13.9
老师的个人魅力如性格、颜值等	157	9.8
其他	8	0.5

（五）认可教师的作用，希望老师具备哪些素质

（1）认真听讲的原因与讲课老师是否有关

55.0%的学生认为如果老师讲课生动有趣就会认真听讲，每个老师的讲课风格不同，而且思政课被列为必修课，就说明这门课和其他的专业课一样重要，不应该因为老师的讲课风格而决定自己是否认真听讲。18.7%的学生认为讲课老师和上课是否认真听讲没有关系，认为大学思想政治教育很重要。如果上课的老师风趣幽默可以更吸引学生，课堂的气氛比较欢乐，老师的上课风格并不能评判老师的讲课水平。13.8%的学生认为认真听讲与讲课老师无关，对这类课程就是没兴趣（表7）。思想政治教育是社会或社会群体用一定的思想观念、政治观点、道德规范，对其成员施加有目的、有计划、有组织的影响，使人们形成符合一定社会所要求的思想品德的社会实践活动，所以思政课是必要的。

表7　认真听讲与讲课老师是否有关

选项	人数（人）	百分比（%）
没有，我对于这类课程就是没兴趣	86	13.8
没有，我觉得大学思想政治教育很重要	117	18.7
有，如果这个老师给分高我就会认真听讲	78	12.5
有，如果这个老师讲课生动有趣我就会认真听讲	344	55.0

（2）希望老师具备哪些素质

27.2%的学生认为老师应该具有幽默感。多数学生在进校时对思政课教师抱有很高的期待，希望思政课教师博学多闻，具有人格魅力，能让他们在学习中了解到政治、经济、哲学、法律、历史等多方面的知识，帮助他们剖析时事热点和理论前沿问题。23.0%的学生认为任课老师应该具有调节课堂气氛的能力，与此相比，仅有7.4%的学生认为老师对工作的热情更为重要（表8）。

表8　希望老师具备哪些素质

选项	人数（人）	百分比（%）
教学经验	107	9.1
幽默感	319	27.2
知识的深度、广度	170	14.5
对工作的热情	87	7.4
对学生的关心程度	145	12.4
调节课堂气氛的能力	270	23.0
其他	75	6.4

（六）成绩与考核方式是否能真切地反映出学习状态

44.0%的学生认为思政课的考核方式不能体现学习过程，一直以来，思政课的期末考试成绩都是学生们背课本得来的，这种考核不能反映和体现学生的学习过程，学习过程应该是从知道理论到熟练掌握的过程，并不是靠考试前背课本死记硬背来的。34.1%的学生认为思政课的考核方式可以反映学习过程，在和学生们的交谈中得知，部分学生觉得课堂考勤加上期末考试就是学习过程，可见学生们并不知道什么是学习过程（表9）。

表9　你认为思政课的考核方式能够体现学习过程吗？

选项	人数（人）	百分比（%）
不能	275	44.0
能	213	34.1
说不清	137	21.9

(七)印象中的最高分与最低分,产生差距的原因

有大部分学生印象中的最高分是81~90分、最低分是61~70分。学生印象中的最高分和最低分之间没有太大的差距。在接受调查学生的普遍认知中,最终考核成绩与预期成绩产生差距的主要原因及其所占比例分别为期末考试成绩(23%)、平常考勤结果(22%)、学习态度(20%)、作业质量(15%)、上课表现(13%)、与教师关系(7%)。

(八)通过什么方式考核

20.7%的学生认为课堂考勤应该占成绩的大部分。课堂考勤如果占了成绩的一大部分,可以缓解大家的期末考试压力,学生也会更加乐意去上课,在提高课堂知识的吸收率的前提下,提高课堂考勤占总成绩的比率。18.4%的学生认为上课表现应该作为考核中的一项,上课积极思考、回答老师的问题可以带动学生大脑思考,有利于知识的学习。

将年级和成绩影响因素进行交叉分析,结果如表10所示。

表10　思想政治理论课成绩的决定性因素

年级	你认为你思想政治理论课成绩的决定性因素是					
	考试成绩	考勤结果	作业质量	学习态度	与老师关系	上课表现
大一	50.80%	53.20%	32.50%	50.00%	19.80%	33.30%
大二	60.50%	57.00%	41.90%	41.90%	19.20%	32.60%
大三	58.20%	53.50%	34.70%	48.20%	12.90%	32.90%
大四	50.60%	39.50%	25.90%	42.00%	21.00%	18.50%
研究生	44.40%	41.70%	36.10%	52.80%	13.90%	27.80%

与校内调查所呈现的较为规律的年级与观点相关联的变化相比,校外调查的相关数据则显得更为复杂而缺乏明显规律。但在其中,我们似乎仍可发现并总结出两点特异的现象。

一是大四年级呈现出较大的思想波动性。从考勤结果、作业质量、师生关系、上课表现四项因素在各年级的变化规律来看,应该能够体现学习认真程度的考勤和作业质量,在大四年级学生这里却呈现出较大幅度地向下波

动；原本在前三个年级甚至在研究生阶段已经呈现下降趋势的师生关系影响因素一项，在大四年级却再次升温；原本在前三个年级相对平稳的上课表现影响因素一项，在大四年级居然跌至极低。早已没有了思想政治理论课的大四年级，在高校影响日益开始让位于社会影响之时，学生们的思想状况和价值观意识似乎更加值得我们关注与重视。

二是关于学习态度影响因素的认识。学生学习态度的好坏与其学习效果密切相关。在学校情境里，如果其他条件基本相等，学习态度好的学生，其学习效果总是远胜于学习态度差的。虽然在整体占比排名中，学习态度影响因素排在第三位，但是从年级持有态度的分布规律来看，对学习态度影响因素的认可却是呈现出总体下降的趋势。从概念上来讲，学习态度是指学习者对学习较为持久的肯定或否定的行为倾向或内部反应的准备状态。在结构上可以包括认识成分、情感成分和行为意向成分。在我们给定的成绩影响因素中，作业质量、考勤结果和上课表现既是认知成分也可看作是行为意向成分的内容，因此，学习态度是更具有概括性的评价因素。在作业质量和考勤结果整体评价上升（排除四年级的干扰因素后）的同时，学习态度的影响因素却在本科阶段下降，不得不说是一个值得注意的现象。

（九）党员学生与思政课之间的关系

（1）上好思政课是学生入党的前提和基础

有34.6%的学生表示上好思政课不一定是学生入党的前提和基础，也有30.7%的学生表示同意上好思政课是学生入党的前提和基础（表11）。34.9%的学生对于与其他课程成绩相比，思政课成绩在学生党员发展中应该发挥更大的参考作用表示赞同，思政课的大部分内容与党有关，与其他课相比思政课就有了明显的优势，思政课成绩也应该在学生党员中发挥更大的参考作用。也有34.7%的学生表示中立，认为思政课成绩不一定在学生党员发展中会发挥更大的参考作用，他们表示思政课的成绩好不过是考试前多背了两页书罢了，不能完全反映出学生真实的学习状态和上课认真程度（表12）。

表11　上好思政课是学生入党的前提和基础

选项	人数（人）	百分比（%）
非常同意	134	21.4
同意	192	30.7
不一定	216	34.6
不同意	51	8.2
非常不同意	32	5.1

表12　与其他课程成绩相比思政课成绩在学生党员发展中应该发挥更大参考作用

选项	人数（人）	百分比（%）
非常同意	114	18.2
同意	218	34.9
不一定	217	34.7
不同意	53	8.5
非常不同意	23	3.7

（2）发展学生党员，他（她）的思政课成绩应该达到何种程度

29%的同学表示发展学生党员，他的成绩应该在班级思政课成绩的前10%。一直以来，很多的学生认为评优、发展学生党员、各种评选都是好学生的专利，所以会导致有29%的同学认为应该占班级思政课成绩10%。20.1%的学生认为高于班级平均思政课成绩即可，部分同学表示思政课学的那些让人难以运用到实际的理论实在是难为同学们了，发展学生党员差不多理解就行了，没必要卡分数（表13）。

表13　发展学生党员的思政课成绩

选项	人数（人）	百分比（%）
班级思政课成绩前10%	127	29.0
班级思政课成绩前20%	74	16.9
班级思政课成绩前30%	48	11.0
班级思政课成绩前40%	45	10.3
高于班级平均思政课成绩即可	88	20.1
不低于班级平均思政课成绩即可	35	8.0
及格分数以上即可	21	4.8

（3）你对思政课成绩在学生党员发展中的作用产生疑惑或否定的原因

30.6%的学生认为思政课成绩不能反映学习态度与思想意识，学生们认为考试不能反映这一阶段的表现，成绩不够好也不能代表没好好听课，对于一些不擅长考试的学生来说，如果成绩是决定党员发展问题的话显然是有点不公平的。21.2%的学生认为思政课成绩与其他课成绩一样，不应特殊，思政课不应该成为影响学生党员发展的因素，部分学生认为如果思政课成绩影响学生党员发展，那就会给学生们带来更大的学业压力。17.1%的学生表示思政课成绩没有合理的区分度，大家普遍的认为在考试前临时抱佛脚也可以考出和平时认真上课的学生一样的成绩，如果思政课成绩和入党挂钩对于一些平时认真上课、积极思考的同学存在一定的不公平（表14）。

表14　对思政课成绩在学生党员发展中的作用产生疑惑或否定的原因

选项	人数（人）	百分比（%）
思政课成绩本身尚不公平不公正	61	12.4
思政课成绩不能反映学习态度与思想意识	150	30.6
思政课成绩没有合理区分度	84	17.1
思政课成绩与其他课成绩一样，不应特殊	104	21.2
学习成绩不应与学生党员发展挂钩	76	15.5
其他	15	3.1

四、对比调查及其意义

为了在获得大范围其他高校相关数据的基础上，对本校思政课教学工作提供有益的启发与帮助，本课题组对本校内学生进行了同样内容的调查。

（一）调查概况

此次调查针对校内三个年级学生，特别是二、三年级学生开展。调查分两个阶段进行，第一阶段是在2016年6月底前，主要面向即将毕业的三年级学生；第二阶段是在7月上旬，主要面向已经学习全部思想政治理论课并已经获知所有课程成绩的二年级学生。调查展开时，一年级学生仅学习过思想道德修养与法律基础和形势与政策两门课，尚未学习概论课，因此原本一年级学生并不在被调查范围之内，仅由于组织形式导致个别一年级学生加入了调查。

调查采用自愿填写的方式开展，没有传统班级和系部行政组织的介入和影响，回收有效问卷338份。

（二）对比结果

经统计分析，校内外两个调查在绝大多数题目上统计结果基本相似，但是有两道关键题目呈现出较大结果性差异。

1.你的思想政治理论课成绩能反映你的学习态度和学习过程吗

更大范围的校外调查，在该题目上呈现出了与校内调查中同样题目不同的结果。我们特将两个调查结果对比呈现如表15所示：校外调查的否定性答案形成了较为明显的多数优势。

表15　你的思想政治理论课成绩能反映你的学习态度和学习过程吗

选项	校内调查		校外调查	
	小计	百分比（%）	小计	百分比（%）
能	122	36.09	211	36.1
不能	105	31.07	245	41.9
说不清	111	32.84	129	22.1
本题有效填写人次	338	100	585	100.0

2.你认为思想政治理论课的考核方式能够体现学习过程吗

同样题目的校内外两次调查的对比结果如表16所示：校外调查的否定性答案再次形成了较为明显的多数优势。本题目与上述题目应该形成基本的印证关系，即考核方式若能够体现学习过程，则最终成绩就应该能够反映出学习者的学习态度和学习过程。

表16　你认为思想政治理论课的考核方式能够体现学习过程吗

选项	校内调查		校外调查	
	小计	百分比（%）	小计	百分比（%）
不能	116	34.32	264	45.1
能	119	35.21	198	33.8
说不清	103	30.47	123	21
本题有效填写人次	338	100	585	100

（三）对比结论

本校思政课正在推行的“思政课过程化考核与成绩评定”教学试点，应该发挥了一定的作用。

在教学的实施过程中，社科部依托已有教学资源平台，将教学内容进行过程化分解，利用网络平台开展学生能够自主掌握学习进度和课程进程的过程化学习，并通过教师在网络上的及时反馈、评价，在学生学习过程记录、考核与评价体系方面达到三个关键目标：一是“一个建立，两个避免”，即在课程的考核上，建立形成基于学生学习过程的考核评价体系；避免简单的平时与考试成绩四六（或者三七）分，避免平时考勤靠混，考试成绩靠运气的情形。二是“两个促进，两个满意”，即基于学习过程的考核与评价体系，要能够明显促进学生对思政课的学习投入，要能够促进教师对学生学习过程的管理和监控；通过两个促进，基本实现学生对思政课成绩公平性的普遍满意，基本实现教师与学生间对彼此投入程度的满意。三是实现学生学习过程记录、考核与评价的结果在学生党员发展和再教育方面的实际应用。

上述措施在一定程度上强化了学生的学习过程意识，对课程成绩与评定有了依据自身学习行为的更加主动地参与。学生对课程成绩与评定在获得了更加及时和准确的反馈基础上，有了更加直观的印象和体会。这对于提升学生学习兴趣，改善课堂学习状况，激发学生学习积极性都具有一定积极的意义。

五、结论与建议

（一）上课形式

随着时代的进步，网络技术的发展，智能手机的普及，思政教育方法、手段也应该与时俱进。思政课教师不应该仅仅局限于课本上的知识，还应该结合现代生活的部分实例进行讲解和深度剖析。有部分学生认为，学习那些枯燥的知识对未来的学习生活并没有用，无法应用到实际中去，所以课堂上应该运用多媒体手段增加思政课的趣味性。

大学生是社会人才的主体，大学生世界观、人生观和价值观的形成与社会的发展有着密不可分的影响。思想政治教育课程是大学生必修的一门课程，对大学生的学习和生活具有指导作用，能够帮助大学生在学习生活中严格要求自己，形成正确的世界观和人生观。

（二）考核方式

思政课的考核不应局限于笔试，考核可以适当地加入师生的互动分值。例如可以让教师抽查学生进行问答，然后以一定的分数比例，将问答分数计入期末成绩，这样既让考核多元化，又增强了师生互动。

考核也不应该仅仅停留在考察记忆方面，更要注重考核学生的思想与行动，所以参加课外实践，组织参观博物馆、历史遗迹等人文景观，可以更加直接的刺激学生的情感，促进学生的学习和思考，从而能够更加深刻地去理解。实践比理论给人的印象更为深刻，理论不应该死记硬背，需要通过实践来体现。

（三）相互监督

随着社会的进步，人们对于事物的公平公正需求也在增加。人类社会的每一步发展都是向平等的迈进，而人类社会的每一次变革也都包含着平等的价值诉求。同样，成绩是用来考核学生的，因此授课老师需要牢守自己的责任。建议学校建立健全关于成绩公平公正公开的规范，提高思政课成绩在学生中的权威性和公信力。

（四）考核评价过程化

教师对学生的考核与评价应该能够呈现出过程化、动态化、互动化，学生应该能够及时了解甚至参与教师的考核与评价工作，通过参与和互动实现对自我学习进度、成绩获得、评价内容的直接感受，这样才有助于调动学生学习积极性和主动性。在实现上述目的的方式方法中，我校思政课正在实施的思政课过程化考核与评价系统具有较好作用和效果。

思政课过程化考核与评价，主要是基于学习过程阶段理论。学习过程的阶段性同样决定了教学过程的阶段性。因此，加强教学过程设计和管控，着眼于学生学习过程化的考核与评价，是切实提升思政课教学教育质量的有效途径。

经过调研，思政课过程化考核与评价主要从以下四个方面开展：第一，积极转变教师教育教学观念。通过对教学过程和学生学习过程记录的检查与考核，逐步推进教师从结果教学评价向过程教学评价的转变。第二，基于现有条件，依托Blackboard（简称Bb）教学资源平台，实现对教学和学习过程的记录、反馈、考核与评价。Bb教学资源平台具有强大的功能，完全可以实现教学和学习过程化的考核与评价。第三，继续提升思政课小班教学比例。过程化考核与评价，属于精细化教学管理，必须在适度的班级教学规模下才能有效果。因此，必须继续提升教师小班教学比例，为过程化、精细化教学管理创造条件，从而提升思政课教学效果。第四，实现对学习过程考核与评价结果的转化运用。学生的学习过程能够较为真实地反映学生的学习态度、行为习惯和思想状况。客观而真实的过程评价结果应该能够在学生全面成长、成才，以及在具体的推优、入党和党员再教育过程中发挥应有的作用，从而实现学习过程考核与评价结果的转化运用。

社团-校外-课堂三位一体的高校思政课实践教学模式构建*

杨春桃**

一、建构依据

（一）政策、理论依据

本成果的主要政策依据是《中共中央国务院关于进一步加强和改进大学生思想政治教育的意见》（中发〔2004〕16号）、《普通高校思想政治理论课建设体系创新计划》（教社科〔2015〕3号）、《中共中央办公厅、国务院办公厅关于进一步加强和改进新形势下高校宣传思想工作的意见》（2015年）、中共北京青年政治学院委员会关于印发《北京青年政治学院进一步推进思想政治理论课建设工作方案》的通知（2015年）。

理论依据是建构主义理论。建构主义理论认为，知识是认知个体主动的建构，不是被动地接受或吸收；学习是一个动态的、独特的、个体化的信息加工过程；建构性学习是指在一定的社会文化中，通过参与社会互动和他人的讨论，完成个人的知识、能力与素质建构（Jonassen D，Hnning P，1999）。

以教师为中心的灌输式教学模式、“知行不统一”的思政课教学效果使得高校思想政治理论课教学广为诟病。源于认知理论的建构主义理论强调学生主体性和能动性，注重学习环境对自主建构的价值，注重学生社会实践，

---

* 荣获第四届院级教育教学成果奖三等奖。

** 杨春桃为负责人，参与人有社科部张国军，祁志钢，周颖，袁宏松。

通过知识建构、亲身体验来达到对理论知识的授受目的，有助于改善思想政治理论课教学现状。

（二）校本依据

本成果对我院大学生思想政治理论现状进行了调查分析，发现了我院思想政治理论课教学存在的问题及其原因，为思想政治理论课改革和建设提供了解决思路。存在的主要问题如下。

1.学生学习主动性不强

传统的大学生思想政治理论课教学比较枯燥，学生学习主动性不强，学习单纯停留在“知”的层面和环节上，学生容易脱离学习生活实际而空谈，无法实现在道德修养、人文素养与法律素质上的“知行合一”。

2.教师教学创新性不足

思想政治理论课融思想性、理论性和实践性于一体，该课程对教师的素质要求很高。传统教学只注重教师的灌输式“教”，教师缺乏创新意识，不注重学生的建构性“学”，造成“教”与“学”脱节。

3.教学效果不理想

传统思想政治理论课教学重分数轻实效，“过程性考核与形成性考核”欠缺，造成理论教学脱离实际，教学质量不高、教学效果不理想等诸多现实问题。

二、建构内容

建构主义理论提出了一种新知识观，认为学习不仅是知识由外到内的转移和传递，还是学习者主动地建构自己的知识经验的过程。[1]以该理论为指导，结合我院的青年特色和政治特色，推行“社团-校外-课堂”三位一体教学模式，同时根据专业特点，搭建多元化教学环境，实施分类教学。

（一）三大模块

设置了三大模块，使教学环境多元化。在实践教学环节上，设置了课堂

---

[1] 斯滕伯格，威廉姆斯．斯滕伯格教育心理学[M]．姚梅林，等，译．北京：机械工业出版社，2012.

实践（包括课堂小组讨论、辩论赛、演讲、专题课件讲解演示等）、课外实践（包括爱国主义教育基地实践、专题社会调查、优秀毕业生访谈、模拟法庭、志愿服务、编排拍摄社会公德情景短剧等）和理论社团实践（包括暑期社会实践、“红色之旅”、校史专题讲座、党史征文活动、读书月活动等）三个模块，使实践活动类型丰富。

1.课堂实践

在课堂实践中，一改传统的“以教师为中心”的填鸭式教学模式，将学生视为学习建构的主体性因素，形成主体学习建构的人文性情景。通过小组讨论、辩论赛、演讲，以及专题课件讲解演示等形式，发挥学生的主体性和能动性，充分调动起学生的参与意识，实现教学互动和教学相长。在教学实践中，辩论赛最受学生欢迎。

2.校外实践

通过理论联系实践的方法，开展校外实践教学，为学生创造更多接触社会、了解国情、主动思考的机会；培养学生自我学习的能力、习惯，掌握专业访谈、社会调研的方法和流程，通过专题社会调查、模拟法庭、志愿服务等，锻炼学生的组织能力、沟通能力和团队合作与竞争意识；深化对于思想政治理论课基础知识的理解，获得关于优秀道德品质和法制观念养成过程的亲身体验。比较典型的大型实践活动包括两年来组织全院1000余名学生赴中国人民抗日战争纪念馆参加爱国主义教育基地现场实践教学活动。

3.理论社团实践

“星火”理论社团是在我院团委领导下，依托社科部开展活动，宣传和学习中国特色社会主义理论的重要平台。自2015年6月成立以来，发展学生社员100余人，成为我院人数最多、规模最大的社团，组织、引导学生社员学习、研究和宣传中国特色社会主义重要思想，广泛开展社会实践活动，成效显著。比较典型的大型实践活动包括：邀请学院党委书记楚国清同志为全院300名师生作题为《筑牢中国梦·畅想青院梦·追逐青春梦》的专题讲座；赴北京延庆光荣院寻访抗战老兵；前往革命圣地——西柏坡进行现场实践教学活动；赴河南新乡参加以“走进先进群体，学做时代先锋”为主题的思想政治理论课暑期教育实践活动等。

（二）结合专业

与专业结合，使教学过程人性化。教师在选择实践模块时，根据我院不同专业的特点，有针对性地选择，实施分类教学，以适应多元化和人性化的人才培养目标。如针对文秘与法律系学生，选择“模拟法庭”实践模块；针对传播系学生，选择“编排拍摄社会公德情景短剧”实践模块。

（三）质量监督

教、学、管多维度结合，使教学质量监督过程化。实践教学贯彻整个教学周期，形成长效机制。一方面，学生全程参与，理论学习和实践参与一以贯之；另一方面，教师全程跟踪，全程指导，保证了实践教学的实效性和监督过程化。

三、建构体系

建构主义认为，学习环境是影响主体能动性建构的一个重要因素，它包括物化的学习工具、信息资源和人性的协作支持、人文关怀。该成果通过强化“社团-校外-课堂”实践教学核心体系、改革考核评价机制辅助体系和质量监督保障体系，为主体自主建构打造了一个匹配的学习环境。

（一）核心体系

充分利用校本资源和社会资源，打造与主体自主建构相交互的学习环境，在实践中形成“课堂-校外-社团”三位一体的模式，强化实践教学核心体系。在实践教学环节上，以能力培养为核心，以道德修养、人文素养与法律素质提升为目标，综合运用讨论式教学、情景式教学等教学方法，依托课堂、校外和社团等平台和载体，突出实践教学过程中的学生主体地位，调动学习的自主性，解决学生主体地位欠缺、自主性学习不足等问题。通过构建课堂实践、校外实践和理论社团实践平台，强化实践教学环节，实现课内与课外、理论与实践的衔接，解决重理论轻实践、重课内轻课外的问题。

1.组织课堂实践

结合理论讲解，认真开展课堂实践。针对各专业特点，结合思想政治理论课的培养目标，适时开展，全面提升学生的综合素养。

2.强化校外实践

灵活设置校外实践项目，学生主动参与，提高学生的理论知识运用能力和合作意识。

3.依托理论社团全方位开展社会实践

“星火”理论社团以学习和宣传的形式帮助广大青年学生探索人生、探索社会，树立正确的世界观、人生观和价值观为宗旨，是加强我院大学生理论学习能力和实践创新能力的阵地。

（二）辅助体系

通过改革考核评价机制，改变传统“期末一张卷”的考核模式，实行以能力培养为中心的开放式、全程化考核，解决重结果轻过程的问题。

第一，改革考核计分方式，推行“三七”比例。即实践教学评价占30%，理论教学评价（包括平时成绩、期中小论文和期末考试）占70%。

第二，实践教学环节，推行“课堂-校外-社团”三位一体模式，参与方式灵活，可选择性参与，参加理论社团实践活动还可折抵实践学分。

（三）保障体系

建构主义强调建构主体的主动性和能动性，但高校思想政治理论课教学长期以来受到灌输式教学模式的影响，教师缺乏实施引导式教学的问题意识，学生缺乏讨论交流和互动协作的主动性，过程性监督和形成性考核是在我国教育文化情景下实现主体学习建构不可或缺的环节。

以我院的实际情况和教学监督政策为依据，以校本及社会资源为基础，从“教”“学”“管”三个方面，通过“自评”“他评”“互评”，保证主体学习建构的效果和目标最大化。针对学生加大了形成性评价占比，实践教学环节全部实现形成性评价，大大提升了教学实效性，通过强化教学质量监督的过程性和形成性考核评价机制，使教学质量明显提高。

四、建构成效

（一）学生成长

本成果实施以来，学生的道德修养、人文素养与法律素质得到有效提升。多次组织暑期社会实践和“红色之旅”活动，200余名学生参加；实践教学期间，共组织全院各系、20多个班级、1000余名学生赴中国人民抗日战争纪念馆、西柏坡革命圣地等地参加爱国主义教育基地现场实践教学活动；依托理论社团举办人文专题讲座，以及党史征文活动等，500余名师生参加；组织500余名学生参加图书馆以“国学经典”“览中国人文地理育学子家国情怀”等为主题的“书香校园”读书月活动；组织全体任课教师和学生代表团队参加实践教学成果展示会；每年几十名学生参加志愿服务活动等。

通过实践，学生获得多项奖励，特别是通过理论社团实践获得很多荣誉，包括：理论社团荣获“2015年度优秀社团”称号；理论社团第一任社长何美仙的社会实践报告荣获“2015年度北京青年政治学院社会实践优秀成果”奖；在北京青年政治学院第十二届读书月征文活动中，理论社团学生投稿20余篇，获奖9篇（特等奖1篇、二等奖1篇、三等奖1篇、优秀奖6篇）；在北京青年政治学院“一二·九”征文比赛中，理论社团学生获奖9篇等。

（二）教师发展

通过实施本成果，以点带面，深化了人才培养内容，推动了学院综合改革，教师得到了全面发展。基于该成果理论研究和实践成果，我院制定了《北京青年政治学院进一步推进思想政治理论课建设工作方案》（院党发〔2015〕6号），在全院范围内推行基于应用能力培养和人文素质提升的教育教学改革，强化了思想政治理论课实践教学学生理论运用能力的培养，推动了学院综合改革的进程，为人才培养探索了可资借鉴的路径。

成果主持人杨春桃获得市级和校级等多项奖励。其2015年被北京市教委、北京市委教育工委授予“2015年度首都大中专学生暑期社会实践先进工作者”称号；2015年，被北京市委教育工委授予“2015年北京高职院校思想政治理论课青年教师教学能手大赛三等奖”称号；同年，被评为“2015年度北京青年政治学院社会实践优秀指导教师”。公开发表论文《教学模式创新下的高职思想政治理论课实效性研究》(《悦读无字之书 历炼思想品格——思想政治理论课实效性成果汇编》论文集，2015年10月20日)、《依据教学规律加强高校思想政治理论课实效研究》(《科技资讯》，2015年4月15日)。

团队参与人也获得多项奖励。张国军2015年被北京市委教育工委授予“2015年北京高职院校思想政治理论课青年教师教学能手大赛三等奖”称号；2015年，被北京市委教育工委授予“2015北京高校青年教师社会调研优秀项目”一等奖。祁志钢2015年被评为北京青年政治学院“师德先进个人”；2014年、2015年，被评为先进党务工作者、优秀共产党员。周颖2015年被北京市委教育工委授予“2015北京高校青年教师社会调研优秀项目”二等奖。袁宏松2016年被评为北京青年政治学院“师德先进个人”；2016年，指导的论文《社会负面信息对大学生的影响调研报告》被北京市教委评为2015年首都高校思想政治理论课学生社会实践论文二等奖。

(三) 社会协同

本成果实施以来，产生了社会协同效应。通过实施，思想政治理论课实践教学改革成效显著，同时拓展了思政课校外实践教学基地。成果得到了同行广泛的关注，北京交通职业技术学院等兄弟院校的思政部来我院社科部进行实践教学经验交流学习；先后与大兴区礼贤镇王庄村、丰台区南苑乡石榴庄双石一社区等单位达成建立我院思政课学生社会实践基地的合作意向。

新媒体在首都大学生社会主义核心价值观教育中的模式及对策*

晋静　杜衫　马思等**

一、调查主题的选定与调查目标

（一）调查主题的选定

新媒体是一种环境，它涵盖了所有数字化的媒体形式，包括数字化的传统媒体、网络媒体、移动端媒体、数字电视、数字报纸杂志等。党的十八大以来，中央高度重视培育和践行社会主义核心价值观，习近平总书记多次做出重要论述，提出明确要求。中央政治局围绕培育和弘扬社会主义核心价值观、弘扬中华传统美德，进行集体学习党中央高度重视和有力部署，为加强社会主义核心价值观教育实践指明努力方向，提出了重要遵循。

而大学生作为社会主义现代化建设的主力军，面对新媒体环境下各种思想文化交流交融交锋形势下价值观较量的新态势，积极培育和践行社会主义核心价值观，对巩固马克思主义在意识形态领域的指导地位，对于促进大学生的全面发展、引领社会全面进步，实现中华民族的伟大复兴中国的强大正能量，具有重要的现实意义和深远的历史意义。出于对新媒体环境下首都大学生社会主义核心价值观的关注和首都大学生加强社会主义核心价值教育的重要性，我们做了此次调查。

---

* 指导教师：张子荣（社科部思想政治理论课专职教师）。

** 作者还包括张思，刘娇，于立莹等人，均为2015级管理系工商企业管理专业。

(二)调查目标

对首都大学生在新媒体环境下对社会主义核心价值观的模式进行调查，初步分析研究调查数据，探知大学生对新媒体、社会主义核心价值观及在两者关系上的态度和看法，形成具有参考价值的调查报告，为首都大学生在新媒体环境下积极践行社会主义核心价值观做出贡献。

二、调查方法

结合调查主题和目标，本次调查采用了电子问卷调查和随机采访调查等方式，以问卷调查为主，对北京部分高校在校大学生进行了调查。我们小组根据被调查者的性别、所处阶段和专业等实际情况，围绕新媒体、社会主义核心价值观及两者关系，设计出简明扼要的调查问卷。调查问卷包括19道题，其中18道单项和多项选择题，1道问答题。调查过程中，共发放150份问卷，收回有效问卷150份。被调查者以在校大学生为主，其中男生64位，女生86位，既有高职本科阶段，也包含研究生博士阶段，涵盖大部分专业类型，较为详细地反映了新媒体在首都大学生社会主义核心价值观中的模式。

毛泽东同志强调调查要用正确的方法，不能走马观花，要下马看花，过细看花，分析一朵花，剖析一个麻雀。下面就将调查小组“下马看花”所得的数据进行分析，以此来了解新媒体在首都大学生社会主义核心价值观中的模式，分析其模式存在的问题，并对问题进行解剖，找到问题的原因及解决对策。

三、调查数据分析

(一)首都大学生的“新媒体”

1.首都大学生对新媒体的了解

新媒体已延展到我们生活的方方面面，新媒体对大学生的影响也越来越大。但是，当我们提到对新媒体的本质认知上，多数大学生却不是很了解。在问卷调查中，表示很了解的人数占到被调查对象的9.33%，而表示一般了解和不了解的却分别占78%和12.67%（图1）。

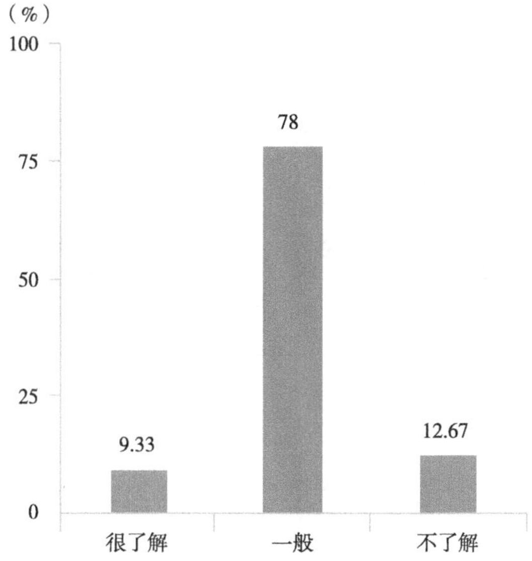

图1

2.首都大学生在新媒体使用时间上的表现

作为大学生，主要任务是学习各种科学文化知识，积极参加各种社会实践。据调查，使用手机等新媒体浏览网页在2~3个小时和4个小时以上的分别为26%和24.67%，而使用1个小时以下的和不使用手机等新媒体的共占49.33%。但是另一方面，表示同意和非常同意大学生不应该花大量时间在网络上而应该把时间花在理论研究和社会实践上的共占58%，表示不同意和非常不同意的占42%。从上述的数据分析中我们发现，过半的学生把大量时间花在浏览各种网页上，但根据我们的调查，仅有32%的受访大学生认为自己对新媒体很依赖，没有它就没有安全感，68%的受访大学生认为如手机等新媒体，对它们的依赖程度不大，只是生活工具或者不需要依赖新媒体。虽然我们调查的几组数据对比差异不大，但是我们可以从中发现很多问题（图2，图3，图4）。

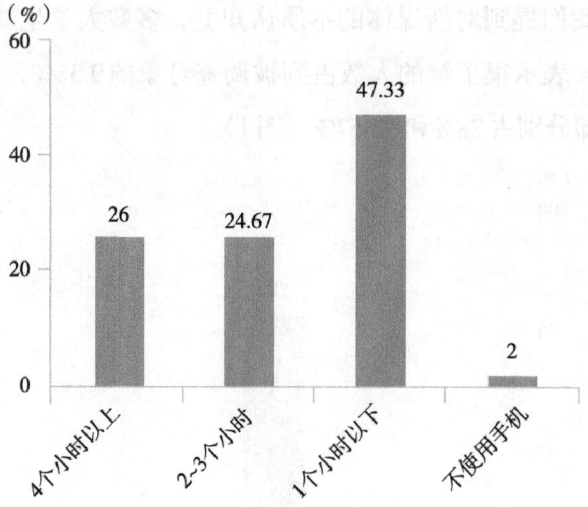
(%)
60
40
20
0
26
24.67
47.33
2
4个小时以上
2~3个小时
1个小时以下
不使用手机

图2

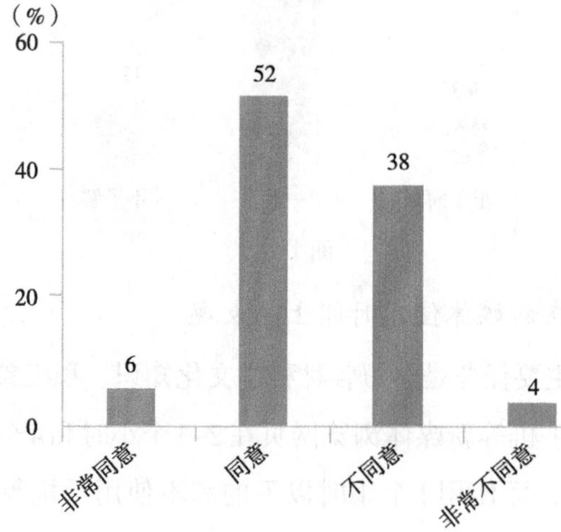
(%)
60
40
20
0
6
52
38
4
非常同意
同意
不同意
非常不同意

图3

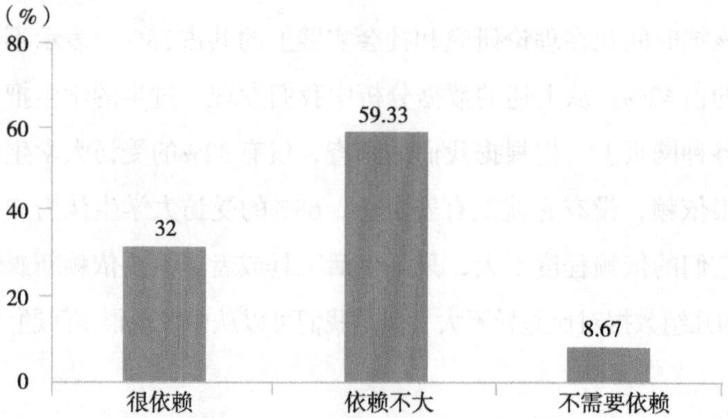
(%)
80
60
40
20
0
32
59.33
8.67
很依赖
依赖不大
不需要依赖

图4

3.首都大学生对新媒体作用的看法

新媒体的快速发展，对当代大学生的学习生活产生了巨大的影响。对大学生而言，这既是一种机遇，同时也是一种挑战。一些负面信息会通过新媒体传播给大学生，而这些信息或多或少会影响大学生的三观塑造及自身的发展。根据调查数据，更多的大学生对不良信息会选择有意识的筛选，虽然有少数受访大学生表示自己会受到影响或者“视情况而定，有的会有的不会”。而关于新媒体对大学生的影响调查中，我们发现只有少数受访大学生表示，新媒体对自身的发展“弊大于利，一些不良思想会通过新媒体传播给大学生，对大学生的三观塑造产生了不良的影响”。多数受访者表示，新媒体对大学生培育和践行社会主义核心价值观是利大于弊的。此外，调查中我们发现大多数大学生通过新媒体了解社会动态、与他人进行沟通。而且大多数学生认为新媒体使沟通的互动性更强，增强了交往中的平等意识和自主意识。

（二）大学生在新媒体环境下的核心价值观

1.首都大学生的社会主义核心价值观教育

传统、系统的社会主义核心价值观教育是在学校进行，学校的首要任务是育人，所以学校承担着对学生进行三观教育的任务。但是根据我们所了解的各种现象及事实，大多数学校对学生的社会主义核心价值观教育做得不到位，无论是高学历犯罪的频发，还是个别大学生进入社会后的不良表现，都引发人们对高校教育的深思和担忧，我们做的关于“各大高校利用新媒体大力倡导社会主义核心价值观，对大学生的三观教育有没有推动作用”的调查数据可以证明这个担忧必须值得我们关注。根据我们的调查数据，只有30%的受访者认为有很大推动作用，62%和8%的同学认为“有，但作用不大”或者“根本没有推动作用”（图5）。

我们做的关于“通过浏览新华网，人民日报等主流媒体，您觉得对您的价值观塑造有作用吗”的调查发现了同样的问题，55.33%的受访大学生认为“有，但是作用不大，看完就忘了”，38.67%的受访者认为“有作用，在思想层面有了更深刻的认识”（图6）。虽然两者数据的对比差异不大，但这不得不引发我们的思考——如何能更好地通过新媒体让社会主义核心价值观深入人心。

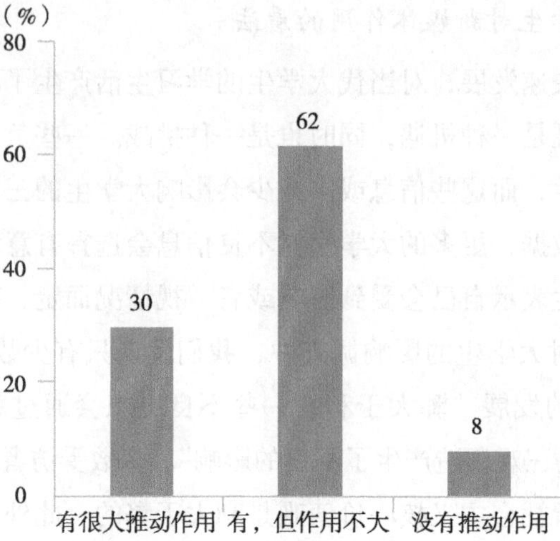

图5　高校利用新媒体大力倡导社会主义核心价值观对大学生三观教育的作用

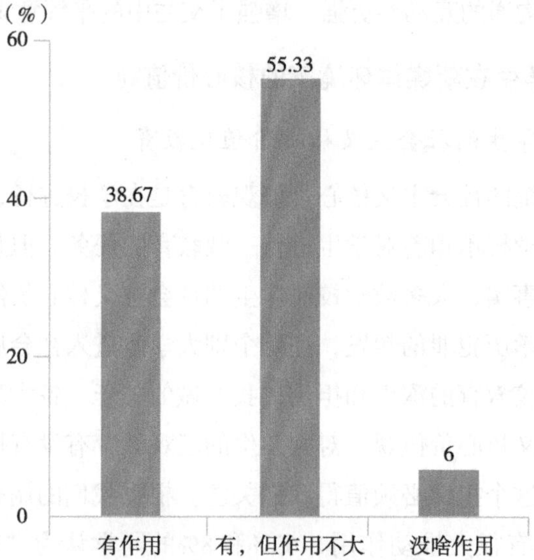

图6　主流媒体对价值观的塑造作用

2. 首都大学生对社会主义核心价值观的态度

我们每天都在浏览大量的信息，虽然网络上充斥着一些消极思想，但我们大多看到的还是充满着正能量的。例如，《人民日报》等主流文化平台，他们在传递信息的同时，也在传播着社会主义核心价值观思想。根据我们的调查，多数大学生认为“人民日报等传播平台、微博上的热词如正能量等、公益广告和手机客户端上弘扬主旋律的新闻报道”对大学生社会主义核心价值观具有很大帮助。对于新媒体大力宣传的先进人物和先进事迹，受访者认为影响很大，有利于培养正确的价值观。

3.首都大学生眼中的“新媒体”与“社会主义核心价值观

富强、民主、文明、和谐是我国建设社会主义现代化国家的目标，而大学生作为主力军，应该具有对这个时代的责任感。根据我们的调查数据，大多数学生认为新媒体环境下我们应自觉抵制不良信息；充分运用网络传播社会主义核心价值观；从自己做起、遵法守法、自觉维护网络健康；对于境外的文化渗透应提高警觉性，上述观点在受访者中所占的比例分别为63.33%、46.67%、44%和40.67%（图7）。另外，在对受访大学生的调查中，我们发现对自己的社会主义核心价值观学习程度进行评价的数据，近50%的学生认为自己的得分在80以上。虽然上述数据中大学生表现出对培育和践行社会主义核心价值观的信心，但是在我们的调查中，大学生对于新媒体的监管力度还是有一些意见。在我们调查数据中，47.33%的受访者表示国家加大对互联网等新媒体的监管力度，可以减少不良信息的扩散传播，作用很大；45.33%的受访大学生表示作用一般，加大技术开发才是主流；7.34%表示没啥作用（图8）。

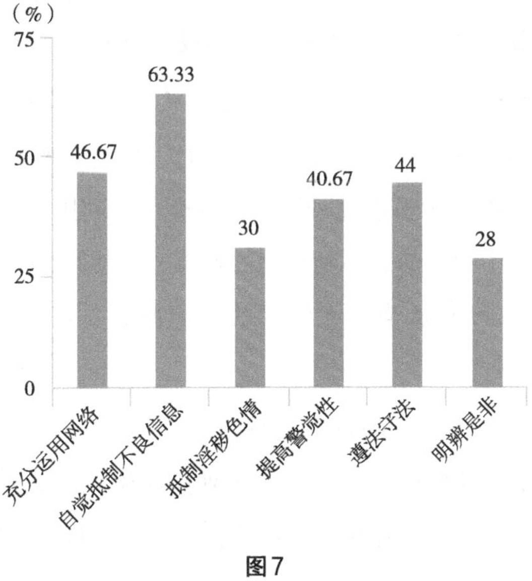

图7

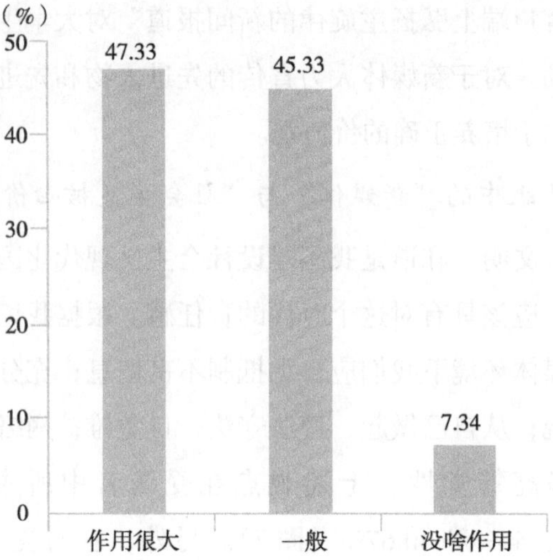

图8

四、存在的问题及对策

(一)存在的问题

1.主流新媒体对大学生的吸引力不够

在调查中，大多数大学生都表示通过手机浏览无关信息占用了很多时间，比如看网剧、玩游戏、聊天、购物等。但对一些传递社会主义核心价值观的主流媒体却很少关注，主要是感觉内容没有吸引力，提不起兴趣。

2.高校利用新媒体对大学生进行社会主义核心价值教育效果不理想

从我们的数据分析中可以看出，大学生对于高校三观教育表现出消极的态度。大多数受访者表示虽然高校课程设置全面，利用新媒体宣传也到位，但具体落实到学生中间，却达不到理想的效果。究其原因是学校和学生之间没有良好的沟通，没有从当代大学生的心理特点、行为出发来进行课程设置。

3.面对不良信息大学生的辨别力较弱

大学生与社会交流较少，对信息的辨别能力不够，难以正确区分所获得的信息的良莠。频繁的网络诈骗及一些不良信息的恶意传播导致大学生对新媒体在一定程度上产生了排斥的心理。同时，大学生正处于三观形成与完善的阶段，面对大量不良信息，其很容易产生偏激的政治情绪，具有很大盲从性。

（二）解决对策

1. 大学生层面

大学生应从自身做起，培育和践行社会主义核心价值观，正确对待矛盾的主要方面和次要方面，即正确处理好社会主义核心价值观和新媒体的关系。作为一名大学生，应当把树立正确的价值观与践行社会主义核心价值观协调起来，既要努力学习科学文化知识，也要注重实践。

2. 学校层面

学校应加大对学生的调研，了解学生的心声。同时，学校应充分利用新媒体对学生进行感染和渗透式教育，引导、教育和铸造大学生价值观的形成，让大学生成为社会主义核心价值观的维护者。

3. 国家和政府层面

国家和政府应加大对新媒体的监管，建立完善的互联网法律体系，为公众营造一个安全的互联网环境；同时，利用新媒体加大对社会主义核心价值观的宣传力度，创新宣传手段、方法，贴近大学生，让社会主义核心价值观深入人心。

附件　　　　　　调查问卷

亲爱的朋友：您好！

在新媒体环境下，为了让社会主义核心价值观在首都大学生中产生更深远的影响，我们做了此次调研，旨在分析新媒体环境下，首都大学生对新媒体环境、社会主义核心价值观及两者关系的看法。本调研以匿名形式进行，我们会尊重您的隐私权，感谢您对我们的支持及配合。

1. 您的性别：

A. 男　　　　B. 女

2.您现在处在哪个阶段?

A.大一　　B.大二　　C.大三　　D.大四　　E.其他

3.您的专业

A.经管类　　B.教育类　　C.理工类　　D.医学类

E.其他____

4.新媒体包括所有数字化传统媒体、网络媒体、移动媒体等，您对新媒体了解吗?

A.很了解　　B.一般　　C.不了解

5.您平时一天使用手机等新媒体浏览网页大概需要多长时间?

A.4个小时以上　　B.2到3个小时

C.1个小时以下　　D.不使用手机等新媒体

6.有人认为大学生不应该把大量时间花在网络上，应该把时间花在理论研究和社会实践上。您对此观点怎么看?

A.非常同意　　B.同意　　C.不同意　　D.非常不同意

7.各种各样的APP、微信、微博等都是新媒体环境下的产物，您对新媒体的依赖程度有多少?

A.很依赖，没有它就没有安全感

B.只是生活工具，依赖性不大

C.不需要依赖新媒体

8.您觉得新媒体给您的生活带来最大的便利是什么?

A.了解社会动态　　B.方便了学术研究

C.提供了消遣工具　　D.创造了沟通的多样化

9.您认为新媒体在人际交往方面最大的优势是什么?

A.可以扩宽自己的交友范围

B.交流的互动性更强，增强交往中的平等意识、自主意识

C.自由，发表自己的心情和看法时可以随心所欲

D.方便、快捷，减少沟通阻力

10.您觉得各大高校利用新媒体大力倡导社会主义核心价值观，对大学

生的三观教育有没有推动作用？

A.有很大推动作用　　B.有，但作用不大　　C.没有推动作用

11.通过浏览新华网、人民日报等主流媒体，您觉得对您的价值观塑造有作用吗？

A.有作用，在思想层面有了更深刻的认识

B.有，但作用不大，看完就忘了

C.没啥作用

12.您认为下面哪些选项对培养大学生社会主义核心价值观有帮助？（最多选两项）

A.“人民日报”等传播主流文化的微信平台

B.微博上的热词例如：正能量等

C.电视上的公益广告

D.手机客户端上的弘扬主旋律的新闻报道

13.利用新媒体大力宣传的先进人物和先进事迹对您有没有影响？

A.有影响，有利于培育正确的价值观

B.没有影响，看看就过去了，不会有深刻记忆

14.网络上的一些负面的消极信息有没有对您的思想、学习和价值观产生消极影响？

A.会，会受到这些信息的影响　B.不会，会有意识地筛选信息

C.看情况，有些会有些不会

15.新媒体产业对当今社会方方面面的影响力不可忽视。您觉得大学生利用新媒体对自身发展有何影响？

A.利大于弊，通过新媒体大学生可以更好地了解外面的世界、更好地丰富自己

B.弊大于利，一些不良思想通过新媒体传播给大学生，对大学生的三观塑造产生了不良的影响

C.新媒体对大学生自身的发展只能是外因，内因还是大学生自己

16.“富强、民主、文明、和谐”是我国社会主义现代化国家的建设目

标，您认为在新媒体环境下，大学生为实现这一目标该怎么做？(最多选3项)

A.充分运用网络传播社会主义核心价值观，弘扬社会主义主旋律

B.自觉抵制不良信息，坚决不给这些信息传播的机会

C.对于一些淫秽色情网站，积极向有关部门举报

D.对于境外的文化渗透，应提高警觉性，坚决抵制不利于国家统一、民族团结的思想的传播

E.从自己做起，遵法守法，自觉维护网络健康环境

F.明辨是非，不随波逐流，不被一些不法分子利用

17.国家加大对新媒体环境的监管力度，您觉得这对于建设社会主义和谐社会有作用吗？

A.作用很大，减少不良信息的扩散传播

B.一般，加大技术开发才是主流

C.没啥作用

18.新媒体环境下，请您对自己的社会主义核心价值观学习程度进行评价：

A.90以上　B.90~80　C.80~70　D.70~60　E.60以下

19.请您从自身角度出发，谈谈该怎样利用新媒体培养当代大学生的核心价值观。

第五篇　探索与实践

《毛泽东思想和中国特色社会主义理论体系概论》课实践教学的改革与探索

韩凤荣*

《毛泽东思想和中国特色社会主义理论体系概论》（以下简称《概论》）课程是一门重要的政治理论课。2011年前我校本课程的教学主要以理论讲授和课内讨论、辩论的形式为主，校外实践几乎是一个空白。为深入贯彻中共中央宣传部、教育部《关于进一步加强和改进高等学校思想政治理论课的意见》精神，进一步调动学生的学习积极性，加强思想政治理论课的教学实效性，我校自2011—2012年第一学期开始对本课程进行实践教学改革。

一、实践教学改革目标

本课程设立的改革目标包括以下几个方面：①让学生亲身体验我国改革开放的实际情况，了解我国改革开放取得的伟大成就及深化改革的必要性和紧迫性，获得丰富的感性知识；②培养学生理论联系实际能力，用所学的理论分析现实问题，提高学生观察问题、分析问题、解决问题的能力；③针对我校高职学生的特点——入学分数不高，理论基础较薄弱，通过感性知识，以及实践教学是其接受思想政治理论的有效途径，能够增强教学针对性和实效性；④通过实践活动，深化学生对理论的认识，了解中国现实取得的成就与存在的问题，增强学生的参与意识，增强民族自豪感、使命感和责任感，进一步坚定学生中国特色社会主义理想信念。

---

* 作者为北京青年政治学院社科部思政教师。

二、实践教学改革方案

实践教学改革首先将课内传统的64学时4个学分一个教学环节划分成两个环节，采用3+1式的教学模式，其中48学时3学分为课堂理论教学和课内实践环节，16学时1学分为课外实践教学环节。课堂理论教学和课内实践环节：按每周3学时开设课程，具体排课按照单周2学时，双周4学时组织教学。在实践教学方面任课教师在学期初的前两个星期确定该班级实践环节的具体方案：包括分组、时间安排、实践题目、内容、实践方式、任务分工，并报教研室审核。任课教师负责实践题目设计、内容设计、实践组织、实践提纲指导与修改、实践报告指导与修改，实践成果的汇报与总结。

实践的内容实行“走出去”和“请进来”两种方式。主要以“走出去”为主，具体方式包括参观访问、社会考察、社会调查、专题报告、座谈等方式。

参观考察作为课堂教学的直观印证，对学生思想、情感及行为具有重要影响。利用北京丰富的文化资源、利用爱国主义教育基地、学院的实践教学基地、附近的798艺术中心等，让学生主观感受社会主义改革开放的成就和中国特色社会主义经济、政治、文化建设的情况和成就。

通过社会考察、社会调查可以接触社会、了解国情。学生选择自己感兴趣并与自己成长相关的题目进行小调查，写成调查报告，有助于使思想政治理论课和学生的成长和成才相结合，使他们真心喜欢、终身受益。考察或调查的内容要求和本课程密切相关，如学生居住的地区环境调查、某一地区文化设施及文化活动调查、青年婚恋观调查、消费观调查、新农村建设调查、本专业的就业形势情况调查、大学生幸福观调查、社会热点、社会创新等相关问题调查等。

“请进来”可以采取多种形式，可以请本校本专业的毕业生座谈，也可以是其他学校的优秀学生，或有条件的情况下举办专家讲座等。

三、实践教学改革内容及意义

1.具体内容

实践内容是实践教学改革的重点。在实践内容方面，每位任课老师结合

《概论》课程的内容、学生的专业特点确定更加具体的实践目标和实践题目。比如我自己任课学前教育专业时，会结合《概论》课的内容和学生的专业特点设计题目，并随着社会的发展、社会热点的转化、专业建设的新情况设计实践题目和内容。每次的题目会有若干实践题目供他们选择，如大学生眼中的中国梦和美国梦调查、最美北京DV或照片拍摄、最美北京的不和谐音符DV或照片拍摄、系好人生的第一粒扣子：北京幼儿园教育的现状——以某一幼儿园为例、我的家乡新变化、共享单车之我见、最美北京人等。这些实践题目涉及教材第六章“建设中国特色社会主义的总任务”、第七章“社会主义改革开放理论”、第八章中的“建设中国特色社会主义文化”等内容。

在整个实践过程中经过了以下几个步骤：首先确立以小组为单位完成任务。其次再确立实施步骤，实施步骤包括：①教师布置实践要求和实践内容，供同学选择；②小组确定实践内容，形成提纲，与老师见面讨论，确定最终提纲；③深入社会进行实践，并拍摄照片和视频，或发放调查问卷或访谈。上交照片，不少于5张。要求写清楚拍摄时间和地点，调查的时间、地点和人物，形成初稿，交予老师以小组为单位面对面辅导；④形成终稿。形成小组总结报告，字数要求1500字左右，并以PPT的形式展示。同时要求每个人撰写实践总结一份，字数不限；⑤以小组为单位展示。

老师给的成绩结合实践提纲、实践报告、个人实践总结和平时面对面辅导时各小组成员的参与程度、认真态度决定。

在一个班级的8组同学中，3个组选择《系好人生的第一粒扣子：北京幼儿园教育的现状——以某一幼儿园为例》，对幼儿园进行采访，结合自己的专业实际，了解了幼儿园教育现状，对老师素质的要求，存在的问题，以及如何做一名好的幼儿园老师，结合目前社会背景，以及文化建设的需要等提出自己的建议。2个组选择了最美北京的不和谐音符DV或照片拍摄，涉及了交通陋习、环保意识的缺失、学生的浪费等各个方面，他们对此提出自己的分析和建议。3个组选择最美北京DV或照片拍摄，涉及北京交通的变化、北京的志愿活动、最美北京环卫工人等。

同学们的实践收获也非常令人欣慰，如在实践活动中同学们分工合作，增强了团队意识；锻炼了自己的组织协调能力；增强了对本课理论学习的理解力和兴趣等。

2. 意义

课堂教学是理论教学，课堂外的社会实践有助于深化对理论的理解，学生自己动手、用自己的亲眼所见感知现实，增加感性认识，是非常好的教学方法，对高职院校的学生尤其重要。大部分高职学生在思想上认为上大学是为了学习一技之长，学生的主体需求趋于务实，注重实际效用和技能，缺少内在的理论需求，对实用性不强的理论不太热心，对思想政治理论学习也不太感兴趣。但他们喜欢直观感受型教学和能够表现其较强动手能力的实践教学。实践是和课堂教学完全不同的过程，需要学生自己来完成，有助于提高学生的动手能力，发挥他们的特长，引起他们的兴趣，有助于达到思想政治理论课内容入耳、入脑、入心的最终教学目的。

增加实践教学环节，是针对我校学生特点的必然选择，也是贯彻中宣部、教育部关于思政课实践教学要求的大胆尝试，是将思想政治理论课实践教学环节落实到实处的重要探索。

四、存在的问题及改进设想

我校实践教学改革取得了一定成绩，但也存在一些不可忽视的问题，比如：由于以小组为单位，个别同学不积极，存在搭便车现象；个别小组实践不够深入，实践内容挖掘较浅。针对这些问题，采取小班教学是一个解决办法，小班学生人数少，在实践教学改革中任课老师能充分了解和指导。此外，在设计的实践教学题目和方式上，要尽量多样化，适合不同层次的学生，提高基础较差同学参与的积极性。

以深度融合方式推进高校思想政治理论课社会实践教学的发展*

——以北京青年政治学院为例

薛薇**

2016年12月，全国高校思想政治工作会议在北京举行，习近平总书记发表重要讲话。习近平总书记对新时期高校思想政治工作的使命、目标、原则和任务进行了深入阐述，强调要坚持把立德树人作为中心环节，把思想政治工作贯穿教育教学全过程，实现全程育人、全方位育人，努力开创我国高等教育事业发展新局面。习近平总书记的重要讲话，是指导做好新形势下高校思想政治工作的纲领性文献。

思想政治理论课（简称“思政课”）是大学生思想政治教育的主渠道，社会实践则是高校思政课教学工作的重要组成部分。做好思政课社会实践教学与各专业、党团等组织举办的大学生社会实践活动深度融合，是贯彻总书记重要讲话精神，加强和改进新形势下高校思想政治工作重要途径。

“大格局”就是会同多个部门多方面力量，立足全方位全过程，协同推进，努力构建高校思政课建设的大格局，探索出一条“机制攻坚”的新路。要坚持内外结合，统筹协调课内外、院内外、校内外、部内外各方面资源，特别是教育资源、教师资源、实践资源、宣传资源，凝聚思政课建设的合力。[1]

---

* 高校思想政治理论课实践育人的实践有广泛的含义和表现形式，本文主要指思政课老师、大学生走出校门、走向基层、走进工农群众的社会实践。

** 北京青年政治学院社科部。

[1] 教育部《2017年高校思想政治理论课教学质量年专项工作总体方案》。

一、以深度融合方式推进高校思政课社会实践教学发展的必要性

高校思政课社会实践教学与各专业、党团等组织举办的大学生社会实践活动深度融合的必要性表现在以下几个方面。

1.是高校思政课社会实践教学拓展载体形成全员育人的需要

从高校的实际状况来看，思政课之外的学生专业实训、学校党政团工宣活动、国家活动等活动含有丰富的思想政治工作内容、资源，与思政课社会实践教学的宗旨、目标同向同行。与这些活动高度融合，可极大地拓展思政课社会实践教学的载体，事半功倍，提升实践教学实效性。同时，与这些活动高度融合，为探索建立思政课社会实践长效机制提供了可能。

早在2004年8月，《中共中央、国务院关于进一步加强和改进大学生思想政治教育的意见》（中发〔2004〕16号）（以下简称16号文件）就明确提出“高等学校各门课程都具有育人功能，所有教师都负有育人职责。”“要深入发掘各类课程的思想政治教育资源，在传授专业知识过程中加强思想政治教育，使学生在学习科学文化知识过程中，自觉加强思想道德修养，提高政治觉悟。”将思政课社会实践教学与相关组织的活动高度融合，可有效实现形成教书育人、科研育人、实践育人、管理育人、服务育人、文化育人、组织育人、全员育人的目标。

2.是高校思政课社会实践教学形成全程育人的需要

根据思政课实施方案（“05”方案），本科开设4门必修课，高职（专科）开设2门必修课。从普遍情况来看，思政课大部分学校都集中在大学一年级—大学二年级阶段开设。大学生思想政治教育全程不断线，则必须将思政课社会实践教学与相关组织的活动高度融合，在党委统一领导下，各方合力，遵循教育规律、思想政治工作规律、学生成长规律，才能将思想价值引领贯穿大学生成长的全过程和各环节，形成全过程育人的长效机制。

3.是提高思政课教师实践素质的需要

《中共中央宣传部教育部关于进一步加强和改进高等学校思想政治理论

课的意见》（教社政〔2005〕5号）指出：提高高等学校思想政治理论课教育教学质量和水平，关键在教师。而思政课教师的作用能否充分发挥出来，实践素质至关重要。思政课教师实践素质“包括在教学中深刻阐述马克思主义理论的实践特征和将马克思主义理论运用于实践两个方面。”[1] 高校思政课社会实践教学与各专业、党团等组织举办的大学生社会实践活动深度融合，可以为思政课教师提供更多的理论联系实践的机会，提高自身的实践素质。

二、近来高校思政课社会实践教学与各专业、党团等组织举办的大学生社会实践活动深度融合探索

思想政治工作中高校各个部门的融合问题，很早就有探索。1957年2月，毛泽东主席在《关于正确处理人民内部矛盾问题》一文中就指出：“思想政治工作，各个部门都要负责任。共产党应该管，青年团应该管，政府主管部门应该管，学校的校长教师更应该管。”[2]按照这个顶层设计，几十年来相关方面进行了坚持不懈的探索，取得了丰富的成果和宝贵经验。特别是党的十八大以来，在新形势下，融合工作进一步深入。

1.与专业的相融合

与专业的相融合包括与专业教学、专业实训的融合。不同专业学生的技能、兴趣点有很大不同。思政课社会实践教学活动应与专业融合，因材施教，更好地发挥学生的主观能动性，提升社会实践教学的实效性。很多高校在这方面进行了有益的探索。例如，清华大学在《中国近现代史纲要》这门课上，老师针对清华美术学院学生的专业特长“因材施教”。“学生用美术作品、诗歌、微电影等形式，完成思政课作业。”[3]

北京青年政治学院现设有9个系（院），26个专业。思政课社会实践教学近些年来也在不断努力探索与专业的融合。2017年4月中旬，学院领导、艺术系老师和《毛泽东思想和中国特色社会主义理论体系概论》课老师一起带领学生赴北京延庆县新庄堡村绘制“诗画‘杏’福”主题文化墙。从设计到创作，同学们收获满满。在艺术系微信公众号同学们这样总结：此次活动“是思政课与专业课结合的一种形式……，换一种角度引导学生对毛概课的

认识，逐步改变学生的价值观。”2017年五四青年节当天，北京青年政治学院微信公众号“微观北青”发布了党的五代领导人关于青年的讲话节选音频作品。这作品是传播系15级影视制作专业5位同学在思政课老师指导下完成的。通过作品的制作流程，5位同学深刻地感受到我们党的青年价值引领。

这样的例子很多。与专业融合，不失为思政课社会实践教育教学实现全员育人、全过程育人的好方式。

2.与党团等组织举办的大学生社会实践活动相融合

推动思政课社会实践教学与大学生社会实践活动有机结合，是形成大思政社会实践格局的必然之举。思政课具有理论优势、专业优势，而党团等组织具有动员能力优势、组织优势，并且有丰富的大学生社会实践资源。思政课社会实践教学与党团等组织举办的大学生社会实践活动有机结合，可以使各方优势得到发挥，而劣势得以克服，必然会产生“1 + 1 > 2”的良好效果。这方面北京青年政治学院近些年来做了很多有益的探索。

注重顶层设计。2015年3月，学院党委专门印发《北京青年政治学院进一步推进思想政治理论课设工作方案》（院党发〔2015〕6号），对思政课社会实践教学与党团等组织举办的大学生社会实践活动融合做了专门规定。

结合形势联合选定活动主题。2016年9月，社科部和学生处结合正在如火如荼进行的美国大选，联合举办了“美国总统大选——议题与前瞻”讲座，请专家深入浅出地讲解了美国总统大选中的诸多问题，取得了不错的效果。

共同组织活动，发挥各自优势。学院学生处和团委有传统的学生暑期社会实践活动固定项目。从2014年开始，思政课老师就积极参与学院学生处和团委组织的学生社会实践活动，并将每年学院要求思政课老师参加会实践的任务融入其中。每次活动，思政课老师都承担了现场讲课的任务，从思想精神上提升活动的意义，取得良好的活动效果。

2017年4月初，学院团委启动“一学一做”教育实践活动，思政课老师充分发挥了自己的理论优势、专业优势，给共青团“一学一做”教育实践活动提供了充足的理论、专业支持。在学院团委与社科部联合举办的“与信仰对话——字里行间的家国情怀”主题教育活动中，社科部主任祁志钢、全国高校优秀思政工作者韩凤荣教授作为解读嘉宾向同学们还原了各封家书的历史背景和家书背后的感人故事，使在场师生切实感受到了革命先烈们在复杂环境下对革命的坚定信仰和对家人的醇厚亲情。还有老师走上讲台为学生讲团课。

3.与学生社团活动的融合

学院学生处举办的学生社团“星火理论社”，集中了北京青年政治学院对思想政治理论特别感兴趣的优秀学子。创办几年来，思政课教师不遗余力地支持。思政课教师利用课堂，向同学发出招新邀约；由思政课老师带队参加活动；由思政课老师进行理论辅导……思政课老师的理论、专业支持，极大地提升了“星火理论社”实践活动的水平和质量，扩大和提升了“星火理论社”在学院和社会上的影响力和知名度。

4.与社会建设发展脉动的融合

走向社会大课堂，读“无字之书”、读“活的书本——社会”，将理论与实际紧密联系，感受社会建设发展脉动是高校思政课社会实践教学的应有之义。从2004年16号文件颁发以来，全国高校思政课在这方面的探索成就显著，北京青年政治学院也不例外。

建立稳定的社会实践基地。社科部制定了校外实践基地总体建设规划，计划拓展10处主题社会实践场所，先期试点建设2—3所长期校外实践教学基地，以新农村建设、中国近代史、文化建设、三农问题和城市建设为主题，开展现场教学、主题调研、师生讨论等实践教学。经过努力，北京青年政治学院思政课在北京市建立挂牌两个稳定的社会实践基地：北京市大兴区礼贤镇王庄村和北京市丰台区南苑办事处双十一社区；确立两个固定的参观地：中国人民抗日战争纪念馆和北京警察博物馆。

基于社会实践基地的思政课社会实践教学已形成了较为成熟的模式：活动前制定活动方案，活动中有现场讲课，活动结束后有总结考核。使得每一次活动都能够有条不紊地进行，实效性显著。

三、进一步推进高校思政课社会实践教学与各专业、党团等组织举办的大学生社会实践活动的深度融合

为实现习近平总书记在全国高校思想政治工作会议上提出的“把思想政治工作贯穿教育教学全过程，实现全程育人、全方位育人”的目标，需进一步推进高校思政课社会实践教学与各专业、党团等组织举办的大学生社会实践活动的深度融合。

1.进一步健全和完善组织保障机制

正如毛泽东所说“政治路线确定之后，干部就是决定的因素。”[4]组织保障机制能够为高校思政课社会实践教学与各专业、党团等组织举办的大学生社会实践活动的深度融合把握政治方向，制定支持政策，确保形成各方合力。我们党一以贯之重视大学思想政治工作的组织保障机制建设。

2004年16号文件提出要建立健全党委统一领导、党政群齐抓共管、有关部门各负其责、全社会大力支持的领导体制和工作机制，形成全党全社会共同关心支持大学生思想政治教育的强大合力。2005年，《中宣部中央文明办教育部共青团中央关于进一步加强和改进大学生社会实践的意见》（中青联发〔2005〕3号）就要求“各级党委和政府要为高校组织社会实践活动创造条件，提供便利。各地要在党委统一领导下，建立由有关部门负责同志参加的大学生社会实践联席办公会议制度。”在2016年12月全国高校思想政治工作会议上，习近平总书记强调确保高校成为坚持党的领导的坚强阵地。2017年2月，中共中央、国务院印发了《关于加强和改进新形势下高校思想政治工作的意见》指出：高校党委书记主持党委全面工作，履行高校思想政治工作和党的建设第一责任人的职责。校长是学校的法人代表，在党委领导下组织实施党委有关决议，行使高等教育法等规定的各项职权。其他党委班子成员履行“一岗双责”，结合业务分工抓好思想政治工作和党的建设工作。[5]

在新形势下，加强和改进包括社会实践教学在内的高校思想政治工作问题上，组织保障机制的重要性越发凸显。

2. 高校思政课社会实践教学与各专业、党团等组织举办的大学生社会实践活动的深度融合应进一步制度化

总体上来讲，当下高校思政课社会实践教学与各专业、党团等组织举办的大学生社会实践活动的融合内容、形式精彩纷呈，但缺乏系统性、规范性，根本原因是没有制度化。只有制度化融合才可持续发展。应当进行系统总结，将经验上升为原则，继而上升为制度。

3. 继续拓展高校思政课社会实践教学与各专业、党团等组织举办的大学生社会实践活动的融合

高校思政课社会实践教学与各专业、党团等组织举办的大学生社会实践活动之间的玻璃幕墙并没有完全消除，在一些活动中还是各自为战。我国高校一些经典的大学生社会实践活动思政课没有融入或融入程度很浅。如大学生文化、科技、卫生“三下乡”社会实践活动。这项活动始于20世纪80年代初，经过多年建设发展，已经成为我国大学生常规性社会实践活动。

总之，要充分认识新形势下高校思政课社会实践教学与相关组织活动深度融合的必要性，认真总结探索经验，以深度融合的方式推进高校思政课社会实践教学的发展。

参考文献

[1] 梁绿琦.别无选择——新世纪高等学校马克思主义理论教育探究[M].北京:人民出版社,2006:112.

[2] 毛泽东.关于正确处理人民内部矛盾问题[M]//毛泽东文集(第7卷).北京:人民出版社,1999:226.

[3] 郭超豪,樊丽萍.让思政课成为大学生终身受益的课程——清华大学探索思政教育新路,因材施教触动年轻学子的心[N].文汇报,2016-12-08.

[4] 毛泽东.中国共产党在民族战争中的地位[M]//毛泽东选集(第2卷).北京:人民出版社,1991:526.

[5] 中共中央国务院印发《关于加强和改进新形势下高校思想政治工作的意见》[N].人民日报,2017-02-28.

北京青年政治学院思想政治理论实践教学体系的构建与实施

祁志钢*

北京青年政治学院高度重视实践教学在落实思想政治理论教育理论联系实际方法，培养学生运用所学理论分析、解决实际问题的能力，提高思想政治素养等方面的重要意义。通过院党政领导的大力支持，积极协调团委、学生处、教务处、财务处、社科部与各专业系部的通力合作，以及多项措施并举，强化了符合高职生学习特点的思政课实践教学模式，形成了两体系、多主体、分层次、精细化的思想政治理论课实践教学模式。

一、构建以学时学分、教学计划为主干，学生全员覆盖的理论教学实践体系；以社会调研、社会服务和社会热点为内容，学生骨干参与的暑期社会实践体系

（一）理论教学实践体系

2008年，中共中央宣传部、教育部发布《关于进一步加强高等学校思想政治理论课教师队伍建设的意见》（教社科〔2008〕5号）（以下简称《建设意见》），在第17条“完善实践教学制度”中明确规定：要从本科思想政治理论课现有学分中划出2个学分、从专科思想政治理论课现有学分中划出1个学分开展本专科思想政治理论课实践教学。由此，我院思想政治理论课开始了在课堂理论教学之外，对理论教学实践方式的积极探索。

* 北京青年政治学院社科部。

历经多年实操验证，经由多位教师操劳主持，依靠全体教师的参与完善，加之教务部门的严格要求，形成多个版本方案的相对完善的理论实践教学体系（详细内容参见本书第四部分之《社科部思想道德修养与法律基础教研室实践教学方案（2017版）》（以下简称《基础课实践教学方案》）。该实践体系具有以下三个方面的基本特征。

1.以学时学分、教学计划为主干要素

思政理论课首要讲求规范建设，任何课程管理和改革措施均应在国家规范要求之内进行。思想政治理论课实践教学，依据《建设意见》第17条的具体要求，结合高职学生的学习特点，通过严格执行教学计划，实现对学时学分的严格要求。首先，师生应明确理论教学实践是不在课堂的上课，是必须依照教学计划进程实施开展的教学内容，是同样处在教学监管和督导检查范围内的教学活动。其次，师生应明确理论教学实践应在课外时间开展进行，不得挤占已有的理论授课时间。最后，师生应共同保证课外教师指导和学生参与的基本学时数量，教师以教学工作量进行考核，学生以实践教学考核进行评价。

2.以全员覆盖、多样参与为基本要求

有学时学分要求，则必然要求全员覆盖，这是教学活动严格性的当然结果。课堂教学中，全员参与的标准可以在貌似客观的课堂考勤与过程严谨的考核结果；但在课外实施的理论教学实践中，全员参与往往比课堂教学更加难以确定和保障。在现实操作中，一方面通过实践教学方案从制度和观念上明确要求全员覆盖。另一方面通过具体实施步骤细化要求每名学生的实践成绩构成。首先，确保每名学生的成绩结构中，必须具有实践部分成绩[1]；其次，实践部分成绩由任课教师进行若干过程化划分，每项成绩均应具备教师指导与评价内容；最后，因学生实践部分成绩缺失（未参与实践活动的情形）而造成该门课程成绩不合格的，不予安排补考，应通过重修获取课程学

---

[1] 根据《基础课实践教学方案》和《概论课实践教学方案》，两门课程中实践成绩部分均占本门课程成绩的30%。

分。在学生全员覆盖的基础上，任课教师应尽可能在实践教学方案中，选择与教学班级特性相贴近的实践方案予以执行，以此形成学生在核心主题一致下的多样化实践教学参与。

3. 以教学重点、社会热点为内容核心

理论教学实践体系的重点在于围绕课堂理论教学开展社会实践。在思想政治理论课堂教学中，学院提倡思政理论课教师应做好"三个贴近"，即思想政治理论的讲授应与上课学生的专业特点相贴近，应与学生普遍关注的实际困难与困惑相贴近，应与大众普遍关注的社会热点相贴近。社会实践的作用就在于将理论进一步与实际相结合，促进理论学习，提升实践能力。所有实践项目均以课程理论教学点为理论支撑展开设计与实施。为保障本项目标的实现，教师在实践过程中的过程化指导和引导必不可少，至关重要。

（二）暑期社会实践体系

在思想政治理论课实践教学的建设过程中，暑期社会实践原本并非独立的实践教学内容，多是由于各高校限于学生规模、师资数量、组织形式等原因，难以在正常教学学期开展实践教学，而将其放到暑假期间开展而已。因此，相当数量高校的思想政治理论课暑期社会实践其实就是前述《建设意见》中所要求的带有学分学时要求的思想政治理论课实践教学。

北京青年政治学院根植于共青团工作的基因，一贯重视学生实践教学和社会实践在整个教育教学体系中的作用。自1997年开始，学院积极响应十部委号召，充分利用暑期等节假日开展"三下乡"社会实践活动。2005年，为进一步推进社会实践开展，深入发挥社会实践的教育作用，学院在其新版教学计划中正式将社会实践（包括假期、日常的社会服务、志愿服务等）纳入实践教学体系，要求在学生全部可毕业学分中，必须包含不少于2个社会实践学分，该学分不可替代，分两个年度进行考核记录。[1]在学院教育教学的整体要求和布局下，学院团委、学生处和各个专业系部多年来广泛开展了

---

[1] 院发2005[3]文件。

以暑期为主体的社会实践活动。

在学院总体社会实践工作布局下，基于思想政治教育无所不在的理念与事实，基于思政课理论内容广泛的涵盖性，基于思政教师开阔眼界学习考察的需求，基于思政教师社会服务和教学科研的职责要求，社科部在上述理论教学实践体系基础上，积极建设形成了以社会调研、社会服务为主要内容，以学生骨干理论社团为主体，以师生科研成果产出为动力的暑期社会实践体系。

1.以社会调研、社会服务为主要内容

思想政治理论课暑期社会实践，首先在内容和深度上应与全体大学生均应参加的暑期社会实践相区别。思想政治理论课暑期社会实践，在理论教学实践内容基础上，更加注重参观考察的理论深度和地域广度，更加注重社会调研的科学严谨和成果质量，更加注重社会服务的价值观展示和正能量传递。具体实践内容，既有统一组织的专题实践活动，也有指导教师自组团队自定主题的实践活动。

2.以学生骨干、理论社团为参与主体

另一方面，思想政治理论课暑期社会实践，在参与范围和人员上又与理论教学实践相区别。如果说理论教师实践是对所有学生的普及兼顾，暑期社会实践则是对学生教育的锦上添花。在思政课理论教学和理论教学实践的基础上，教师在全体学生中发现发掘学生骨干[1]，向理论社团推荐学生骨干。思政理论课暑期社会实践，以这些学生骨干为主体，充分引导发挥其兴趣与特长，在合理安排与设计实践内容的基础上，力求产生最佳的教育效果和实际成果。

3.以师生培训、科研成果产出为动力

与理论教学实践以学时学分和工作量考核作为动力不同，暑期社会实践教师参与的基本动力在于教师培训与师生科研成果的产出。首先，对思政理论教师的培训与学习要求，不仅是权利，更是义务，暑期社会实践的参观考

[1] 绝非单纯学生干部意义上的学生骨干，重点是指在理论学习、调查研究、文章写作等方面具有兴趣、有能力、有意愿的学生。

察与学习是思政理论教师为完成基本培训学习，以保证教学时效与实效的重要途径。其次，思政理论课教师自身承担的教科研任务，也需要骨干学生协助完成基础社会调查和前期文本工作，暑期社会实践。最后，思政理论教师结合个人教科研，尚可承担完成学生科研指导任务，暑期社会实践也为这一工作提供了坚实的平台。

二、主动融合，积极开放，构建多主体协同参与，目标一致，互通运行的学生思想政治理论课实践体系

在思想政治理论课实践教学，即理论教学实践和暑期社会实践的实际实施中，时常面临的一个现实问题就是与学校各部门已有实践活动之间的关系应如何处理。具体而言，是各成体系互不相干，还是协同组织共同参与？是互通运行目标一致，还是非我组织即不认可？从语言文字的角度，很容易做出选择和表述，但是在实际工作中却面临着纷繁困难的复杂关系需要处理。

（一）观念意识的转变与发展

对思政理论课实践教学体系构建采取“主动融合，积极开放”的基本政策，所谓主动融合、积极开放，是把思政理论课的实践教学与学院相关部门的已有实践活动进行整合、对接、互认。[1]实际工作远比这些文字表述要复杂和艰难得多。首先必须克服“门户之见”，学校相关部门各有职责分工，各有工作体系，诸如宣教工作系统、学生工作系统、团组织工作系统、教学工作系统、军训工作等；这种所谓“工作系统”的藩篱，在主管领导、部门领导甚至普通教师中都会有所体现，进而阻碍了全员思想政治教育工作的开展与效果。其次，还需克服“政绩有别”的观念。在责任为先、绩效考核的体制下，追求合理政绩既正当也必须，但若仅局限于为部门政绩，容不得“外人”“分享政绩”则只会割裂教育的统一性，只守好了“一段渠”，而失

[1] 整合：同质合并，合作组织，避免重复开展，杜绝多重浪费。对接：人事衔接，同向而行，避免部门分割，减少左右为难。互认：优质成果，相互承认，确保目标一致，增进学生动力。

去了“同向同行”，丧失了“协同效应”。最后，即便前述两个观念能够得以克服与转变，事实上实际工作中的诸如决策与执行、审批与财务、名额与规模、责任与担当、宣传与总结、专业系部配合等多种困难才是融合与开放的最大阻碍。

在努力从思想上克服，从工作上改变之后，社科部正在不断地与学院现有学生实践组织部门加强联系与合作。不仅在暑期社会实践体系率先实现了学院多主体的协同参与，更逐渐向理论教学实践进行深度开放与融合改革。

（二）应处理好的几个关系

在与相关部门协同建设开展社会实践活动的工作中，有几个实际问题应予认真处理。

首先，应避免同形同质项目的重复开展。社会资源是有限的，在一定时期内教育的开展形式是有限的，一定教育周期内的教育对象是有限的，因此，部门（课程）分立地开展以思政教育为目标的各种非专业知识和技能的实践教学项目时，极易出现面向相同教育对象而开展的同形同质的实践活动，使学生惰于重复，疲于应付，失于轻略。对此，一者应如前所述转变观念，力戒“一亩三分地”“你有我也有”的封闭思想；二者应积极主动地关注、了解有关部门的相关项目，放低姿态而不求功名主动参与，以学生教育为重而主动服务就其所需。

其次，避免同一实践活动的重复成绩认定。在思政理论课实践教学实施过程中，往往容易出现三种重复情形。对这些可能重复项目的处理直接影响到实践教学组织的严肃性，使学生对思政理论课的系统性和科学性产生极为合理的怀疑；同时也会对学生成绩评定的公平性产生负面影响，个别学生会“一稿多投”“一业多交”，造成“失察”教师对“重复”作业的重复评定[1]。

---

[1] 不同教师难以发现不同课程之间或者开课部门之间的学生重复作业，因此，只要学生作业是原创，教师多会给予较好的成绩，但凡学生聪明地吸收了前一位教师的修改意见（如果有的话），对作业进行二次修改与完善的，教师甚至会给予更高的分数。因此，“失察”与“重复”只是客观而言，与教师的主观态度没有必然联系。

三种可能的重复情形，一是在缺乏统筹规划的情况下，容易出现不同思政课程之间实践项目的重复情形，如社会调查和访谈报告等，对此只能通过思政理论课各教研室进行统筹规划，制定课程间差异化和多样化相结合的实践总体方案，同时通过跨教研室的抽查思政教师实践教学考核，进行教师间的横向交流，增强了解而力避重复。第二种可能的重复是思政理论课实践项目作业与专业课程作业间的重复。在推进课程思政和思政理论课与专业相结合的进程中，部分具有意识形态明显承载功能的专业，如艺术表演、绘画雕塑、新闻采编、影视制作、网络编辑等专业，更倾向和鼓励采用专业技能和作品对相关思想政治内容进行表达。[1]对于该种形式的重复，思政理论教师应该在提升思想内涵要求的基础上予以积极鼓励，在思政理论课与专业课的双重成绩评定上对此种情形似乎是可以且应该有的。第三种可能的重复是思政理论课系统组织的实践项目与学院其他相关部门组织的社会实践项目相重合。对此类重复必须依照本部分标题所示的理念和目标，对相关部门已有成熟的思政色彩浓厚的实践项目，社科部积极主动以提供所需服务为契机鼓励思政理论教师介入项目执行[2]；与相关部门已有的常规实践项目重复的，社科部坚决主动回避，或者另辟项目，或者进行思政理论的提升与改造，杜绝简单重复上的双向考核认定。

三、形成结合不同教育阶段，适应不同教学目标，以年级为基础，以专业为动力的多层次实践教学体系

2017年，学院修订发布了《“基于年级特点构建三年一贯制高职学生教育培养体系”工作方案》（简称《工作方案》），进一步明确构建了教育教学的整体框架。《工作方案》中关于“立足第二课堂，兼顾第二课堂与第一课堂的衔接，注重学生社会实践，立足各系（分院、校区）师生，鼓励结合专

---

❶ 2014年12月31日，教育部社科司、北京市委教育工委联合在清华大学召开了北京高校思想政治理论课建设现场会，会议主旨即是对该种模式理念的介绍与推广。

❷ 如团委长期组织的天安门志愿服务项目、毛主席纪念堂志愿服务项目等。

业特点开展教育"的工作原则，与学生全员覆盖的理论教学实践工作同心而向，同向而行。

实践教学的目的，决定了实践教学的内容。在构建以学时学分和教学计划为主，学生全员覆盖的理论教学实践体系中，北京青年政治学院结合学院思想政治理论课开设的具体情况，根据学生受教育的阶段性特点，针对不同年级特点和不同专业特色，开展理论教学实践工作。

(一) 以"适应·引导·感悟·体验"为主题的一年级《基础课实践教学方案》

依据现行高校思想政治理论课实施方案（"05"方案），学院在一年级学生中开设《思想道德修养与法律基础》（以下简称《基础》课）和《形势与政策》两门思政理论课。现行《基础》课理论教学实践方案，严格依据《基础》课教学目标，[1]根据学院《工作方案》，结合大学一年级学生阶段性特点，参考我院学生的实际特点，尽量结合各专业学生的职业教育需求制定了《基础课实践教学方案》。总体而言，基础课理论教学实践方案以"适应·引导·感悟·体验"为主题，以参观考察、团队建设、技能小试、职场访谈、演讲与辩论、模拟法庭、拍摄情景剧等形式展开。所有实践形式分为必选项和自选项两个大类，必选项为教研室进行的统一实践活动，全体学生都必须参加；自选项目由任课教师根据自选项目主题、形式等，结合自己班级的学情情况、学生的专业情况、兴趣爱好情况，做出合理的实践教学项目选择。必选项和自选项分值相加要达到实践教学的总学时，教师根据学生在实践过程中的表现，自行考核完成该实践环节的评分工作。

(二) 以"成长·思考·建设·服务"为主题的二年级《概论》课理论教学实践方案

依据现行"05"方案，学院在二年级开设《毛泽东思想与中国特色社会

---

[1]《〈中共中央宣传部 教育部关于进一步加强和改进高等学校思想政治理论课的意见〉实施方案》:"思想道德修养与法律基础",主要进行社会主义道德教育和法制教育,帮助学生增强社会主义法制观念,提高思想道德素质,解决成长成才过程中遇到的实际问题。

主义理论体系概论》（以下简称《概论》）与《形势与政策》课。现行《概论》课理论教学实践方案，已经多次修改，依据《概论》课教学目标，[1]根据学院《工作方案》，结合我院二年级学生整体培养目标制定了《〈概论课础〉课内学生社会实践教学方案》。目前，《概论》课理论教学实践方案，以“成长·思考·建设·服务”为主题，形成了以任课教师结合学生专业特点进行选题，以关注校园及社会热点的调查研究报告和社会服务方案策划及实施为主要实践教学形式。与大学一年的思政理论教学实践突出参与、体验和感悟相比，大学二年级的思政理论教学实践更加突出了问题发现与调研、理论运用与思辨，以及一定程度的学术写作。

四、依托网络信息技术实现对实践教学的精细化管理，过程化跟踪与痕迹化考核评价

目前，业已形成和逐渐完善的校内实践教学体系使思政课实践教学的组织水平更高、评比表彰范围和力度更大、实践成果的推广更加迅速和广泛。在实践教学的实施中，特别是以学时学分、教学计划为主干，学生全员覆盖的理论教学实践的具体实施中，如何有效地实施和实现项目高效发布、进程跟踪记录、内容及时指导、过程师生参与、结果合理评议等环节目标，既要保证教育教学的严肃性，又要尽可能地调动学生的积极性和参与性，甚至保证教师工作必要地可见性、可量化与可考核，这些都是体系设计与机制安排中必须予以考虑的重要环节。

（一）高效率组织，精细化管理

我院建立的以学时学分、教学计划为主干，学生全员覆盖的理论教学实践在实践中具有两个基本特点：一是课外实施，要求教师的各种实践指导活动不得挤占理论学时，即理论课上不得开展实践教学内容。二是内容丰富，

---

[1]《〈中共中央宣传部 教育部关于进一步加强和改进高等学校思想政治理论课的意见〉实施方案》：“思想道德修养与法律基础”，主要进行社会主义道德教育和法制教育，帮助学生增强社会主义法制观念，提高思想道德素质，解决成长成才过程中遇到的实际问题。

以《基础》课为代表的实践大纲内容极为丰富，内容可选择性较强。上述两个基本特点决定了任课教师不可能在理论课上长时间大篇幅地讲解实践方案，否则不仅不符合教学计划安排，而且实际效果也难以保证。因此，以网络信息技术为主的实践教学管理方式是当前实现高效组织、精细管理的最优选择，主要体现在以下几方面。

1.实践方案精准化发布，学生细读个性化选择

首先，教师可将复杂的实践方案通过网络予以发布，以便学生能够利用课下时间进行精细阅读，并自主做出仔细选择（在实践方案自选部分，部分教师允许学生小组做出自由选择项目）；其次，教师可根据不同教学班的专业特征对自选部分进行初次选择，并利用网络平台的“适应性发行”，针对特定学生用户精准发布，以此减少学生无效阅读，促进个性化选择；再者，即便在同一实践项目下，也可利用网络平台的讨论留言等功能实现实践小组对主题的自主选择，例如，同为视频短剧拍摄项目，学生可依据时间优先原则，排他性地选择课本章节作为主题。

2.小组自行组建运行，教师主动引导管理

在全员覆盖的思政理论课教学实践中，除全体参观考察等项目外，多数实践项目均以学生小组形式组织开展。首先，在网络平台上可实现学生自由组合小组、自行注册，教师可实时观察到小组构成情况，一改以往班干部人工汇总一次提交的机械做法[1]；其次，网络平台提供了仅对小组成员具有开放性的合作界面，小组合作的运行过程特别是文本内容等，均可由学生自行操作运行；再者，针对wiki、文件交换、博客、讨论版等学生小组合作工具，教师可为各小组选择配置功能，并可定时或实时地在各项工具中指导具体学生或者引导小组工作内容。

3.过程成果一目了然，成绩汇总实时自动

在所有需要学生参与（哪怕是简单的阅读实践方案）的实践进程中，学

[1] 即便出现个别甚至多个学生因各种原因既未能与他人组成小组，也不愿相互间组成小组合作的情形，这也是进行团队合作教育和大学生活人际关系教育良好现实素材。

生所有操作过程，系统均可进行完整记录。无论是个人参与实践的过程，还是个人或者小组最终提交的成果，在网络平台上均可一目了然，可通过各种统计方法予以呈现。因此，学生的学习态度，可以通过其明显的学习过程予以展现，而其学习过程又可通过诸如小组参与次数、讨论次数与质量、文本修改次数与质量等诸多因素予以考察。通过教师前期设计，实践过程可以被划分为若干环节和具体阶段性成果，教师可以随时根据整体实践项目进程表，进行阶段性成果检查并给予相应分数，所有成绩汇总由平台系统实时完成，既提高了课程成绩的合理构成，更提高了教师的成绩管理效率。

（二）互动化参与，过程化跟踪

理论教学实践既不能挤占理论教学时间进行过多课堂讲解，也在客观上难以实现教师对各小组实践过程的现场参与和指导。但从教育的本质和基本要求，以及思政理论课实践教学的基本目标而言，教师对理论教学实践的深度参与和指导是必不可少，甚至是其质量高低与成败与否的关键所在。网络信息技术为思政理论课开展师生互动化参与的实践项目，实现对实践项目进行过程化跟踪与指导提供了基础性工具平台。

首先，项目及主题确定互动与过程化跟踪。学生在可选范围内进行项目选择和主题确定时，可通过开放的网络讨论或者小组注册界面进行，借此可以形成同侪示范与压力效应，学生在对项目及主题的参与性选择确定中实现个体和小组主观意志的表达。教师亦可通过网络平台实时跟踪整体实践进程，也可具体对个人或者小组选题进行建议性指导，以便学生及时修改完善。

其次，项目运行过程的过程化互动。项目运行过程通常包括团队组建、方案制定、项目实施和总结报告。具体到不同项目，方案制定与项目实施主要表现为文本撰写与修改。运行过程是整个实践项目实施的关键与核心。在实施过程中，学生将通过对教师所设置的阶段性必经任务的完成来实现对项目进程的主导，例如，不完成小组组建和任务分工，则无法看到文本编辑界面，没有三稿以上的文稿修改与教师同意则无效进行项目实施（如问卷调查)，没有前面项目的完成则没有提交总结报告的界面……总之，通过教师的合理设计和网络平台设置，完全可以实现对实践项目的过程化互动。学生积极主动地投入，教师适时适当地的指导，项目实施的过程化管理，至此，实现理论教学实践的良好效果已经初步具备了基本的要素与条件。

再者，项目成果评价的过程互动。实践项目成果可分为阶段性成果与最终成果。如前所述，阶段性成果经过教师的教学设计和网络平台设置，可以成为最终成果的必经阶段。对阶段性成果的良好把控是获得优秀最终成果和实现良好实践教学效果的必要条件。通过网络平台，教师对阶段性成果的评价与指导可以实时为学生所看到，并进而做出下一步的改进和完善。这种教师评价的实时反馈在传统纸面作业形式下是难以实现的，对以往邮件收发反馈也是极大地效率提升。另外，对于最终成果既可以实现利用网络平台的公开展示，更可以采取学生相互评价方式实现学生对成绩评价的互动参与和自我教育。

（三）痕迹化过程记录，实时化考核评估

教学质量的根本在于教师，思政理论课实际效果的根本在于教师，思政理论课实践教学实施效果的根本同样在于教师。根据教学计划，思政理论课实践教学定为16学时，且必须为课外执行。在实际执行中，最为教学管理所困扰的就是教师工作量的计量与考核。与课堂理论教学工作的固定时间、确定内容、师生共处、便于督查等特征相比，课外实施的实践教学往往因为其小组单位实施、项目专业差异、各组进程差异、实施地点差异[1]等使得教师难以提供有效的现场跟踪指导，难以提供有效的指导证明和记录[2]。也正因为如此，思政理论课的实践教学往往面临着“虚空散漫，实效不佳”的责诟。毫无疑问，为提升实践教学效果而推行的实践项目专业差异化和实践实施及指导过程化，都将对教师的工作投入和教学管理方式提出更高的要求。

---

❶ 除集体外出参观考察等集体统一项目外，如专业人士访谈、专题社会调查、公益视频拍摄、特定艺术作品制作、特定公益服务等为提升实践效果而设置的差异化项目，都会产生大量差异化的实施内容。

❷ 传统的电子邮件记录、QQ记录、微信记录、短信记录等，因此量大而分散，不易保存，不易统一提交。

首先，网络平台给难有固定时间、地点和统一内容的理论教学实践提供了教师工作痕迹化记录的可能。在教师对实践项目进行过程化任务分解和阶段性成果要求设置后，教师的每一次评改批语都可在网络平台进行操作，都会留下指导评价等工作记录。其次，在此基础上，教学管理可以随时通过网络平台——以管理员身份等——进行当期教学检查和工作绩效评估。因平台可实现长期存储，因此对于督导抽检、教学评估、聘期考核等均可在多年后无须教师提交任何资料的情况下顺利进行完成。最后，无论是优秀过程管理还是最终成果示例，均可在教师授权的前提下通过平台进行直观地展示与交流，避免了以往学生作业教师保存的困难和“藏在深宫人不知”的损失与尴尬。

五、支持保障与考核体系

为合理调动教师工作积极性，增强实践教学指导力度，提升实践教学质量，学院思政理论课建设领导小组积极协调各方面为实践教学实施提供全方面的支持与保障。与此同时，社科部在学院岗位聘任工作过程中专门设置了“社会实践”岗位职责，并在思政理论教师专项考核办法中对实践教学进行专项考核。

（一）支持保障体系

首先是学院重视，领导支持，这是特定时期做好一切工作的前提与基础。在制定和实施实践教学方案过程中，对方案整体指导思想，对涉及安全风险的学生外出参观考察项目、对网络化考核与评价方式、对教师工作的考核认定等都需要获得学院的认可与领导的支持。在一切都为提升思政理论课实际效果服务，都为学生成长成才服务的根本出发点下，一切都以尽可能有利于工作持续合理开展为目标而配置资源，采取措施。

其次是资金保障，财务支持，根据《思政课建设标准》要求，本科院校每生每年不低于20元，专科院校每生每年不低于15元的标准提取专项经费，用于教师学术交流、实践研修等，并随着学校经费的增长逐年增加。并要求落实“社会实践、经费保障等”。对此北京青年政治学院为社科部专项拨款标准2014年生均为39元、2015年为64元、2016年达119元；其中，2015年学院在大幅增加思政课建设专项经费的基础上，又按照生均20元标准拨发了学生实践专项经费。2015年社会实践专项经费77760元，2016年社会实践专项经费达到15万元，生均42元，2017年为生均43元，远远超过所规定的标准。在充足经费的有力支持下，实现了每届在校学生全员覆盖至少一次集体外出参观考察[1]；实现每年组织开课班级学生中10%的骨干，开展暑期社会实践和深度社会调研[2]；实现了对每学期开课班级中优秀实践小组的经济资助和奖励[3]。

再者是人员和组织保障。作为全院公共课的思想政治理论课，在学生实践的组织和实施中，最为棘手与尴尬的在于两个方面：一是缺学生，即仅有课程教学意义上的学生，而无学科专业归属意义上的学生，于是在实施以学时学分为主干要素的理论教学实践体系时，尚且有抓手，好执行；可一旦没有了学时学分支撑进入到暑期社会实践体系执行时，思政理论课则往往无抓手，难执行。二是缺教师，一方面思政理论教师原本课业负担饱满超量，即便在理论教学实践实施时，也常会出现带队数量不足的情形[4]；另一方面，思政理论课教师的课堂管理经验相对丰富，但对学生活动的管理和组织经验与能力则相对较弱，组织来自各系学生的暑期社会实践同样会表现出一定的师资缺乏。为解决上述两个层次三个方面的“缺乏”，北青院社科部实施了三项措施：一是复建学生理论社团，强化社科部对理论社团的主办地位和思政理论教师的指导作用，突出理论社团在众多学生社团中的独特位置，以此

---

❶ 依据《〈基础〉课实践方案》分两个开课学期，一年级学生全体将进行至少一次的集体外出参观学习。

❷ 即暑期社会实践体系团队。

❸ 专门制定了《北京青年政治学院社科部思政课实践教学学生小组扶持资助经费管理办法》。

❹ 专职思政理论教师往往一学期会为多个班级讲授课程，组织外出参观考察时，若多个班级同一主题一起外出，则任课教师难以顾及多个班级，现场效果难以保证；若多个班级同一主题但分散外出，则有难以平衡班级教学进度；若多个班级多个主题分散外出，则教师缺乏的窘状更甚于前。

吸引学生广泛参加，以此解决缺乏学生的问题。二是组建兼职教师队伍，择优吸收具有思政相关专业背景的教师加入思政教师队伍，即可扩大小班教学比例，更可解决思政理论教师缺乏之困。三是联合学院已有的学生社会实践组织部门，如团委、学生处、宣传部等，打破门户之见，积极联合各种资源共同组织实施具有品牌性和标志性的暑期社会实践活动❶。

最后，在舆论宣传保障、后勤交通保障、安保等方面，学院均从全员思想政治工作大局出发协调安排各部门给予了积极主动、周到细致的保障配合。

（二）考核评价体系

从管理科学的角度而言，管理者最不愿意从事的两项工作之一就是正式评定员工的工作业绩。考核评价最根本就是绩效评价。绩，业绩与成果，是指工作的实际结果；效，效率与效益，是指工作的过程（行为与素质）。对思政理论教师实践教学工作的考核评价，在总体框架上将其纳入《思政理论课教师专项考核办法》之中，作为一个考核项目，在具体细目内容与方法上主要包括以下三个方面。

首先，考核期内的实践教学从四个方面内容进行考核，参加思想政治理论课暑期社会实践项目情况；参加教工委组织的暑期社会实践征文成果及获奖情况；日常实践教学工作的完成与抽查考核情况；参与指导理论社团活动工作的情况。在上述四项考核内容中，前两项内容有无立定，实证可判，虽简单易行，但难分伯仲；第三与第四项考核内容则需循迹溯痕，另设他法，

---

❶ 自2014年开始，社科部与学生处、团委、宣传部等多次共同组建师生实践队伍，开展多种主题的社会实践活动。2014年暑假，全体教师带领优秀学生干部去南京社会实践，参观了南京市总统府、中山陵、侵华日军南京大屠杀遇难同胞纪念馆和雨花台等地，其中有关“南京市历史文化场馆使用现状，以及对青少年思想政治教育影响”的课题获准全国大学生思想政治教育重点课题立项；2015年思政教师自行组建七支社会实践队伍开展社会调研与服务；2016年社科部继续组建了云南省少数民族及边远地区精准扶贫、教育扶贫状况调研团、西柏坡师生党性教育团和河南省新乡市先进群体社会实践团，另外，思政教师继续分别组建了七支暑期社会调查与服务团队；2017年多部门继续联合组织师生奔赴韶山，怀柔区雁栖镇大地村。

虽稍费周章，但高下可分。在日常理论教学实践环节中，教师依据《基础课实践教学方案》自行选定实践具体项目，自行完善实施方法，自行掌握项目进程与过程，自行评定学生实践成果，整个过程具有一定的封闭性，实施优劣与否和质量高低主要取决于教师责任心和教育者的良知。

其次，在考核方法上赋值量化，综合评定，自查为辅，抽查为主。实践教学在思政教师专项考核总分中占15%，上述四项考核内容分别赋值量化为，暑期社会实践（3分）；实践征文成果及获奖（3分）；日常实践教学工作（6分）；指导理论社团（3分）。对日常理论教学实践的检查，于每学期末由教研室组织任课教师进行基本合格要素的自评检查，主要涉及实践环节的基本项目、组织过程、完成情况和学生成绩评定等；同时，于下学期初集体备课会上择时对教师进行随机抽查现场展示，主要涉及具体学生对实践活动参与情况、教师指导过程、学生实践成果、教师批改反馈等。

最后，思想政治理论课发挥其立德树人作用的起点是课堂，但其作用的显现与实现却是在课堂之外。实践教学不仅筑起一道理论联系实际的桥梁，更是为师生交流和学业指导提供了一个有效的载体和途径。思想政治理论课实践教学，自当久久为功，自会功不唐捐。

附　录

《思想道德修养与法律基础》课内学生社会实践教学方案（2017年1月）

一、指导思想和基本原则

（一）实践教学的指导思想

为进一步贯彻落实《中共中央国务院关于进一步加强和改进大学生思想政治教育的意见》（中发〔2004〕16号）、《普通高校思想政治理论课建设体系创新计划》（教社科〔2015〕3号）、《中共中央办公厅、国务院办公厅关于进一步加强和改进新形势下高校宣传思想工作的意见》等文件的精神，结合我院《“基于年级特点构建三年一贯制高职学生教育培养体系”工作方案》，配合理论教学和为了更好地增强理论教学的实效，有意识、有目的地安排体现理论运用的实践教学活动，避免学生脱离自己的学习生活实际而空谈，使其学习不是仅停留在单纯的“知”的层面和环节上，力争通过实践来实现大学生在思想道德修养与法律修养方面的“知”与“行”的一致。

（二）实践教学的基本原则

第一，坚持以学生为主体，积极因材施教，鼓励学生的个性发展。

第二，加大对学生创新意识和实践能力培养的力度。

第三，注重《思想道德修养与法律基础》实践教学的整体优化，注重课程之间和内容方面的有机联系，使课内与课外、校内与校外的教学活动形成统一的整体。

第四，课外实践教学原则上利用理论课时时间进行。

二、教学目的

《思想道德修养与法律基础》课通过理论联系实践的方法，开展课外实践教学，为学生创造更多接触社会、了解国情、主动思考的机会；培养学生自我学习的能力、习惯，掌握专业访谈、社会调研的方法和流程，锻炼组织能力、沟通能力和团队合作与竞争意识；深化对于道德修养与法律基础知识的理解，获得关于优秀道德品质和法制观念养成过程的亲身体验。

三、实践教学项目设计理念及考核办法

（一）实践教学项目设计理念

自2010—2011年第一学期对课程开展了实践教学改革以来，将传统的一个教学环节划分为两个教学环节，采用2+1式的教学模式，其中2学分为课堂教学和课内实践环节，1学分为课外实践教学环节。在实施的过程中，形成了一系列有特色的实践教学项目，例如，课内实践教学环节包括课堂小组讨论、辩论赛、演讲、专题课件讲解演示等。课外实践教学环节包括专题社会调查、优秀毕业生访谈、模拟法庭、志愿服务、编排和拍摄社会公德情景短剧等。

教研室在原有优质项目的基础上，归纳、总结、提炼，形成该实践教学实施方案中的实践项目体系，以便实践方案中的项目，供适用对象自行选择、搭配，以期达到提供自助餐式的服务。项目设计过程中，分成自选项和必选项。必选项为教研室进行的统一实践活动，全体学生都必须参加，自选项目的选择办法为任课教师根据自选项目主题、形式等，结合自己班级的学生情况、学生的专业情况、兴趣爱好情况，做出合理的实践教学项目选择。必选项和自选项分值相加要达到实践教学的总学时，教师根据学生在实践过程中的表现，自行考核完成该实践环节的评分工作。

（二）实践教学分值设计及课时安排

1.根据实践教学在课程中所占学时，实践教学成绩占本课程最终考核总成绩的30%

2.所有学生都必须参加本课程实践教学活动项目，否则实践成绩记零分

3.课时安排：（具体操作时间，详见各板块的详细介绍）

基本原则：每个班要求所选择板块相加最少满足16学时

必选板块：

【实践项目1】爱国主义教育基地实践活动——以“抗日战争纪念馆”为例（8学时）（第2—6周覆盖全体班级）

可供自由组合的板块包括：

【实践项目2】专业（职业）认知访谈（8学时）

【实践项目3】开展社会调查（8个学时）

【实践项目4】编排拍摄情景剧（8学时）

【实践项目5】辩论赛（8个学时）

【实践项目6】Presentation 主题演讲（8学时）

【实践项目7】模拟法庭（8学时）

【实践项目8】素质拓展（3学时）

【实践项目9】集体影视（3学时）

【实践项目10】经典朗读及文本探讨（8学时）

【实践项目11】中国共产党党员优秀品质代际传承访谈活动（8学时）

四、实践教学项目介绍

（一）必选项

【项目1】

爱国主义教育基地实践活动方案——以“抗日战争纪念馆”为例（8学时）。

1.实践意义

爱国主义是中华民族的光荣传统，是推动中国社会前进的巨大力量，是全国各族人民共同的精神支柱，同时也是提高全民族整体素质的基础性工程。加强爱国主义教育，继承和发扬爱国主义传统，对于培养社会主义“四有”新人具有重要意义。

2. 实践目的

振奋民族精神，增强民族凝聚力，树立民族自尊心和自豪感，巩固和发展最广泛的爱国统一战线，把学生引导和凝聚到建设有中国特色的社会主义伟大事业上来，引导和凝聚到为祖国统一、繁荣和富强上来。

3. 实践主题

坚定理想信念，勇担时代使命。

4. 实践地点

中国人民抗日战争纪念馆。

5. 实践环节适合章节

第二章弘扬中国精神，共筑精神家园，第二节，以爱国主义为核心的民族精神。

6. 考核方法

要求每位同学都提交观后感，要求真情实感，计分标准：参观纪念馆5分，不参观活动的记为0分。参观实践活动且抒发了真情实感（不少于500字）的同学最高可获得满分10分，参观了纪念馆但没有抒发真情实感的同学酌情减分，严格惩罚抄袭（抄袭特别严重可直接扣为0分）。

7. 具体时间及组织参观流程

原则上定于第四个教学周周三下午或周五下午开展参观活动，具体操作流程如下：

第一环节（出发前一周）	课任教师统计班级参观人数（上报袁宏松）并确定参观活动学生名单，填写分级点名册，活动中务必携带该名单，并要求签署并回收安全责任书	注意事项：每位同学必须签署安全责任书每个小组同学抽取本次重点参观活动关注主题，题目见补充部分（抽取到相应主题的同学，撰写观后感或座谈时，也可以撰写或座谈其他主题内容，但观后感必须涵盖抽取到主题的内容）
参观当天，12:40	课任教师及学生在东校区校门口集合上车，课任教师及班长负责点名	
14:00	开始集体参观	
15:30—17:30	课任教师点名，并组织集体返回	注意事项：不允许学生自己单独行动、不允许自行回校或回家

8. 重点参观活动关注主题内容

(1) 正面战场。全国抗战爆发后，中国军队与日本侵略军进行了数次大规模会战，到武汉会战结束，基本稳定了战局。进入相持阶段后，又先后与日军进行了十多次会战，并派遣远征军入缅作战，沉重打击了日本速战亡华的迷梦。请同学从以下主题中，任选2—4个主题为重点参观对象。

淞沪抗战	长城抗战
察哈尔抗日同盟军	太原会战
徐州会战	武汉会战
台儿庄大捷	第二次长沙会战
第一次长沙会战	桂南会战
第三次长沙会战	枣宜会战
常德会战	中国远征军入缅作战

(2) 敌后战场。抗日战争期间，中国共产党领导人民军队深入敌后，放手发动群众，广泛开展了各种形式的抗日游击战争，建立了大小19块抗日根据地，形成了人民战争的汪洋大海，创造了人类战争史上的奇观。

请同学从以下主题中，任选2—4个主题为重点参观对象。

地道战	地雷战
麻雀战	破袭战
雁门关伏击战	夜袭阳明堡机场
百团大战	敌后战场的局部反攻

(3) 近代日本对中国的侵略。近代日本与中国几乎在同一时期被西方列强的炮舰打开国门，但是两国最终走上了截然不同的道路。日本明治维新后，实行脱亚入欧的政策，加入列强队伍，将中国列为侵略扩张的主要对象，并逐渐成为中华民族最凶恶的敌人。请同学从以下主题中，任选2—4个主题为重点参观对象。

1874年日本侵略台湾	中日甲午战争
《辛丑条约》	日俄战争
“二十一条”	巴黎和会与五四运动

（4）局部抗战。在先占中国东北、再占全中国、进而争霸世界的大陆政策刺激下，1931日本关东军制造“九一八事变”，占领中国东北，并进而威胁华北。以“九一八事变”为标志，中国人民局部抗日战争开始。请同学从以下主题中，任选2—4个主题为重点参观对象。

“九一八事变”	东北军民的抗日斗争
东北抗联	华北事变
“一二·九”运动	

（5）全国抗战。1937年日本制造七七卢沟桥事变，发动全面侵华战争，中国守军奋起抵抗。在民族生死关头，在中国共产党的积极推动下，以国共两党合作为基础的抗日民族统一战线正式形成，全国抗战开始。请同学从以下主题中，任选2—4个主题为重点参观对象。

七七事变	抗日民族统一战线正式形成
国民政府迁都重庆	全面抗战路线和持久战战略
抗日根据地的建设	台湾同胞支援祖国抗日战争
港澳同胞支援祖国抗日战争	爱国华侨支援祖国抗日战争

（6）伟大胜利。在中国军民浴血抵抗和世界反法西斯同盟国的共同打击下，曾经骄横不可一世的日本军国主义者逐渐日暮穷途。1945年8月15日，日本宣布无条件投降，中国抗日战争取得了伟大胜利，奠定了民族复兴的基础。请同学从以下主题中，任选2—4个主题为重点参观对象。

日本无条件投降	普天同庆抗日战争的伟大胜利
遣返日俘日侨	东京审判

（7）抗战人物。中华自古多英豪。抗日战争期间，在中日民族矛盾成为主要矛盾、中华民族面临亡国灭种的极端危险的时刻，中国共产党及其领导的八路军、新四军、抗日游击队，以及敌后军民，国民党广大爱国官兵，社会各阶层人民，发出保家卫国、抗击侵略的时代最强音，他们竭心智、抛头

颅、洒热血，以不屈的意志创造了世界历史上以弱胜强的奇迹，书写了一篇篇壮怀激烈的英雄主义篇章。请同学自主拟定2—4个抗战历史人物为重点参观对象。

（8）历史真相。请同学从以下主题中，任选2—4个历史史实为重点参观对象。

血腥屠杀	细菌战与化学战
“三光”政策	南京大屠杀
强掳劳工	鸦片毒害
东京审判	台湾地位——于法于理当属中国

9.参加活动要求

（1）参加活动的同学务必签写安全责任书。

（2）活动期间统一行动，听从指挥。准时出发，准时返校。

每车安排的带队学生要认真做好组织管理工作。在每一次集合时一定要清点学生人数，确保学生安全确保活动的圆满成功。

（3）带队学生时刻注意学生旅途的安全。教育学生遵守公共秩序发扬谦让精神，旅途中不大声喧哗、嬉戏打闹，过马路时严格遵守交通规则，参观和活动时要做到井然有序，不拥挤、不喧闹、不追逃、不打闹、爱护花草树木。班级之间、同学之间要做到互帮互助，团结友爱，不能擅自离队，独自行动，有情况要先向带队老师请示，要以班级为单位搞活动。

（4）学生注意言行文明，爱护公共设施，不乱涂乱写，注意公共卫生，不乱扔果皮纸屑，要求及时清理垃圾，保持活动场地的清洁卫生。

（二）可选项

【实践项目2】专业（职业）认知访谈（8个学时）

【实践目的与要求】

要求学生通过对业内人士、专业课教师，以及优秀毕业生的采访，了解他们的奋斗历程和职场心得，感悟现代社会发展对职业道德、职业技能和职业素质的要求，从而加强职业认知并自觉调整自己的知识积累和能力储备，树立正确的择业观。

【实践步骤】

（1）以小组为单位完成，由小组成员讨论分工确定1名业内人士、1名专业课教师和2名优秀毕业生作为访谈对象，并分别制定详细的深度访谈方案。

（2）访谈方案经任课教师审核通过后，小组成员与访问对象联系确定访问时间和地点并提前搜集准备访谈对象的相关资料，以保证访谈顺利进行。

（3）小组成员按约定的时间地点进行访问，并作好访谈记录（必须同时提交照片和录音等），访谈结束后针对每一位受访对象整理出一篇人物访谈记录（问答式记录）。

（4）每个小组在综合提炼所有访谈记录的基础上提交一篇访谈报告，内容包括访问对象、访问主题，以及获得的启示或感受，重点是学生从访谈中感悟到的现代社会发展对职业道德、职业技能和职业素质的要求，以及职业认知。字数要求在2000字左右。

（5）每位组员撰写个人实践总结介绍自己承担的具体工作任务和完成情况，谈谈自己在实践中的收获和体会，如有不同于小组结论的个人思考，可适当加分。字数要求在500字左右。

【考核方法】任课教师主要依据小组收集的访谈对象的相关资料和撰写的深度访谈方案、访谈记录（包括照片、录音）、访谈报告，以及学生个人实践总结，综合每位学生承担的工作任务和表现给出实践教学环节的成绩。

【提交材料】小组收集的访谈对象的相关资料、深度访谈方案、访谈记录（包括照片、录音）、访谈报告、学生个人实践总结等活动照片，以及其他相关真实材料。

实践教学进度安排表

教学周	实训项目一	参考学时
1	确定实践教学方案	
2	布置实践教学方案	
3	分组、确定小组选题	
4~5	小组成员讨论分工，分别制定深度访谈方案并联系确定各类访谈对象，访谈方案、访谈提纲撰写提交	访谈提纲、访谈方案修改【3学时】
6~9	小组成员按约定的时间地点进行访问，并作好访谈记录	
10~11	访谈结束后针对每一位受访对象整理出一篇问答式人物访谈记录	
12~13	每个小组在综合提炼上述资料的基础上提交一篇访谈报告，内容包括访问对象、访问主题，以及获得的启示或感受，重点是学生从访谈中感悟到的现代社会发展对职业道德、职业技能和职业素质的要求，以及职业认知。字数要求在2000字左右	访谈报告、个人总结指导反馈【3学时】
14	1.每个小组根据各自实践成果制作PPT 2.每位组员撰写个人实践总结介绍自己承担的具体工作任务和完成情况，谈谈自己在实践中的收获和体会，字数要求在500字左右	
15	提交相关材料，交流展示	实践展示现场点评（或网络完成）【2学时】
16	教师考核评定成绩	

【实践项目3】开展社会调查（8学时）

【实践目的与要求】要求学生利用课余时间对下列主题进行调查研究，通过开展社会调查活动，使学生自己认识和发现在当代大学生中间存在的一些问题和困惑，并努力寻求解决问题的途径和办法，实现自我认知和教育的目的。

【调查参考主题】

我校大学生心理健康状况调查与分析

“90后”大学生网络使用状况的调查与分析

本校大学生社会公德意识与行为状况调研与分析

本校大学生消费状况的调查与分析
“90后”大学生流行文化的调查与分析
本校大学生阅读状况的调查与分析
本校大学生勤工助学及法律维权状况的调查与分析
“90后”大学生恋爱观与恋爱行为的调查与分析
本校一年级大学生法制观念的调查与分析
本校一年级大学生课余文化生活的调查与分析
本校一年级大学生入党积极性的调查与分析
本校一年级大学生学习动机、动力的调查与分析
大学生思想政治课接受心理调查
大学生价值取向的调查
大学生道德文化素质调查
北京青年政治学院校园文化现状调研
大学生追求时尚的影响因素调查
大学生恋爱与主观幸福感关系的调查
大学校园流行文化调研
大学生手机成瘾情况调研
从网络游戏看大学生社会性需求调研
大学生考试作弊成因和对策研究
大学生学习懒散成因和对策研究
高职生眼中的高职教育
老年人婚恋观调查
空巢老人现状和需求调查
老年人幸福感和影响因素调查
老年人居家养老情况调查
广场舞现状的调研

【实践步骤】

(1) 组长组织小组讨论并选定调查主题后报教师备案，同一个行政班级

内不得出现相同调查主题。

（2）小组拟定调查方案（调查范围和对象、抽样方法、调查时间地点、样本数量、分工等）、设计调查内容、制作调查问卷和访谈方案。

（3）调查方案和调查问卷、访谈方案经教师审核通过后，小组按照审定的调查方案开展社会调查。（要求调查问卷样本在50份以上，深度访谈样本量不少于5个。问卷对象与访谈对象不能重合，样本分布不能局限于1个系。）

（4）小组对调查结果进行统计分析，提交数据统计分析结果、调研照片、访谈录音等。

（5）小组在所得调研资料的基础上撰写调查报告（有分析、结论和对策建议）。字数要求在2000字左右。

（6）每位组员撰写个人实践总结介绍自己承担的具体工作任务和完成情况，谈谈自己在实践中的收获和体会，如有不同于小组结论的个人思考，可适当加分。字数要求在500字左右。

（7）上交的调查报告及心得体会必须采用统一格式：正标题用二号黑体，副标题用三号宋体，副标题下面用四号宋体写班级、学号、姓名，正文用小四宋体。

【考核方法】任课教师根据学生设计的调查方案、调查问卷、访谈方案、调查数据统计分析结果、调研照片、访谈录音、调查报告、学生个人实践总结及其他相关材料，综合每位学生承担的工作任务和表现给出实践教学环节的成绩。

【提交材料】调查方案、调查问卷、访谈方案、调查数据统计分析结果、调研照片、访谈录音、调查报告、学生个人实践总结及其他相关真实材料。

实践教学进度安排表

教学周	实训项目一	参考学时
1	布置实践教学方案	

续表

教学周	实训项目一	参考学时
2	分组、确定小组选题，组长组织小组讨论并选定调查主题后报教师备案，同一个行政班级内不得出现相同调查主题	
3	小组拟定调查方案（调查范围和对象、抽样方法、调查时间地点、样本数量、分工等）、设计调查内容、制作调查问卷和访谈方案	调查问卷、调查方案修改【3学时】
4~5	调查方案和调查问卷、访谈方案经教师审核通过后，小组按照审定的调查方案开展社会调查（要求调查问卷样本在50份以上，深度访谈样本量不少于5个。问卷对象与访谈对象不能重合，样本分布不能局限于1个系。）	
6~9	小组对调查结果进行统计分析，整理统计分析结果、调研照片、访谈录音等	
10~11	小组在所得调研资料的基础上撰写调查报告（有分析、结论和对策建议）。字数要求在2000字左右，并提交任课教师	调查报告、个人总结指导反馈【3学时】
12~13	1.每个小组根据各自实践成果制作PPT 2.每位组员撰写个人实践总结介绍自己承担的具体工作任务和完成情况，谈谈自己在实践中的收获和体会，字数要求在500字左右，并提交任课教师	
14	提交相关材料，交流展示	实践展示现场点评（或网络完成） 【2学时】
15	教师考核评定成绩	

【实践项目4】编排拍摄情景剧（8学时）

【实践目的与要求】

要求学生通过编排、拍摄有关道德和法律的情景剧实现自我教育，明辨善恶美丑，自觉恪守公民基本道德规范和法律法规，加强道德和法律修养，做一个明礼守法的好公民。

【实践步骤】

（1）小组搜集有关道德或法律的情景短剧素材和相关资料、讨论确定拍摄主题并报教师审定。

（2）小组编写相关剧本，提交剧本及具体工作方案（导演、编剧、演员、摄像、剧务等)给教师。

(3)小组根据教师意见修改剧本。

(4)小组成员根据剧本组织排练,并提交排练视频资料。

(5)小组正式拍摄情景短剧视频,并进行后期加工剪辑。要求:

①情景剧时间为5—10分钟;

②剧本情节完整,主题鲜明,具有典型正面教育意义;

③视频图像、声音清晰、稳定;

④必须用相关软件进行后期剪辑、加工。

(6)每位组员撰写个人实践总结,内容为自己承担的具体工作任务和完成情况,自己在实践中的收获和体会。字数要求在500字左右。

(7)小组将各自实践成果在全班集中进行播放展示评比。

【考核方法】

任课教师根据各个小组提交的短剧剧本、短剧视频,以及学生个人实践总结,综合每位学生承担的工作任务和表现给出实践教学环节的成绩。

【提交材料】

情景短剧剧本,工作方案,拍摄过程记录(片场记录、照片、排练视频等),完成的剧作,学生个人实践总结。

实践教学进度安排表

教学周	进度安排	参考学时
1	确定实践教学方案	
2	教师布置实践教学方案,讲明具体安排和要求	
3	学生分组并推选组长,讨论确定小组选题并明确分工	
4~5	撰写剧本	剧本、工作做方案修改【4学时】
6	提交剧本,教师审定,给出指导意见	
7~8	情景剧排练	
9~10	提交排练照片、视频资料	
11~12	正式完成情景剧拍摄,对拍摄资料进行后期制作,并提交作品	

续表

教学周	进度安排	参考学时
13~14	每位组员撰写个人实践总结介绍自己承担的具体工作任务和完成情况，谈谈实践收获和体会，字数要求在500字左右	个人总结指导反馈【2学时】
15	审定提交全部实践成果，班级内实践成果交流展示	情景剧展示，教师现场点评（或网络完成）【2学时】
16	教师考核评定成绩	

【实践项目5】辩论赛（8个学时）

【实践目的】

提升一个人的能力，通过辩论可以学到很多新知识及思维方法，还可以促进人拓宽视野，培养自己的综合素质；增强团队意识，培养团队能力，促进同学间的合作意识，即将来适应社会的竞争能力等；增进学生间的交流机会，发展学生的思维和语言的逻辑性。

【辩题】

①正方：知难行易/反方：知易行难

②正方：不以成败论英雄/反方：英雄自以成败论（应以成败论英雄）

③正方：近墨者黑/反方：近墨者未必黑

④正方：知足者常乐/反方：不知足者常乐

⑤正方：不想当将军的士兵不是好士兵/反方：总想当将军的士兵不是好士兵

⑥正方："做一天和尚撞一天钟"好/反方："做一天和尚撞一天钟"不好

⑦正方：不要"自扫门前雪"/反方：应当"自扫门前雪"

⑧正方："难得糊涂"好/反方："难得糊涂"不好

⑨正方："班门弄斧"不可取/反方："班门弄斧"又何妨

⑩正方："嫉妒之心"不可有/反方："嫉妒之心"不可无

⑪正方："狂妄之心"不可有/反方："狂妄之心"不可无

⑫正方："杞人忧天"不该贬/反方："杞人忧天"实该贬

⑬正方：人心叵测/反方：人心可测

⑭正方：高枕无忧/反方：高枕有忧

⑮正方：成事在天/反方：事在人为

⑯正方：“做”比“说”重要/反方：“说”比“做”重要

⑰正方：小事也应计较/反方：小事不应计较

⑱正方：从小事做起/反方：从大事做起

⑲正方：成功靠实力/反方：成功靠机遇

⑳正方：学习理论知识比实践更重要/反方：实践比学习理论知识更重要

㉑正方：高分高能/反方：高分未必高能

㉒正方：听话的学生是好学生/反方：听话的学生未必是好学生

㉓正方：追求理想与享受生活是矛盾的/反方：追求理想与享受生活不是矛盾的

㉔正方：情在理先/反方：理在情先

㉕正方：狭路相逢智者胜/反方：狭路相逢勇者胜

㉖学历与能力哪个更重要?

正方：学历/反方：能力

㉗天赋与勤奋哪个重要?

正方：天赋/反方：勤奋

㉘正方：网络对大学生的影响利大于弊/反方：网络对大学生的影响弊大于利

㉙学校该不该限电?

正方：该/反方：不该

㉚大学生兼职利是否大于弊?

正方：是/反方：否

㉛思想与行动对我们来说哪个重要

正方：思想/反方：行动

㉜注重实物与精神哪个重要?

正方：实物/反方：精神

㉝自我肯定重要还是社会肯定重要?

正方：自我肯定重要/反方：社会肯定重要

㉞机遇与奋斗哪个重要？

正方：机遇/反方：奋斗

㉟正方：时势造英雄/反方：英雄造时势

㊱大学生广泛社交是否利大于弊？

正方：利大于弊/反方：弊大于利

㊲做事最重要的是过程还是结果？

正方：过程/反方：结果

【实践步骤】

（1）各小组确定辩论题目，两两一对结成正反方。

（2）每4名同学组成一组，抽签决定对抗小组名单。小组确定成员辩论角色和分工，搜集辩论资料，编写辩论提纲。

（3）进行现场辩论。

（4）评比。

【考核方法】

任课教师和各组评比打分，根据综合打分，给出各组同学成绩，根据各组成绩和组员分工、贡献力，得出各位同学成绩。教师10分自主权，评价小组，小组成员互评10分自主权。

【提交材料】

辩论提纲、各组组员分工及贡献力评价表。

【辩论规则】

（1）辩论赛流程立论阶段。

①正方一辩开篇立论，3分钟。

②反方一辩开篇立论，3分钟驳立论阶段。

③反方二辩驳对方立论，2分钟。

④正方二辩驳对方立论，2分钟质辩环节。

⑤正方三辩提问反方一、二、四辩各一个问题，反方辩手分别应答。每

次提问时间不得超过15秒，三个问题累计回答时间为1分30秒。

⑥反方三辩提问正方一、二、四辩各一个问题，正方辩手分别应答。每次提问时间不得超过15秒，三个问题累计回答时间为1分30秒。

⑦正方三辩质辩小结，1分30秒。

⑧反方三辩质辩小结，1分30秒。自由辩论。

⑨自由辩论总结陈词。

⑩反方四辩总结陈词，3分钟。

⑪正方四辩总结陈词，3分钟。

（2）赛制具体说明。

①立论阶段：由正方双方的一辩选手来完成，要求立论的框架明确，语言通畅，逻辑清晰，能够正确的阐述已方的立场。

②驳立论阶段：这个阶段的发言由双方的二辩来进行，旨在针对对方的立论环节的发言进行回驳和补充已方的立论的观点，也可以扩展本方的立论方向和巩固已方的立场。

③质辩环节：这个阶段是，由双方的三辩来完成这个环节，双方的三辩针对对方的观点和本方的立场设计三个问题，由一方的三辩起来提问对方的一辩，二辩，四辩各一个问题，要求被问方必须回答，不能闪躲，提问方的时间每个问题不可超过15秒，回答方三个问题的回答累计时间是1分30秒，双方的三辩交替提问，由正方开始，在质辩的环节中，要求双方的语言规范和仪态庄重，表述清晰。在质辩结束后，由双方的三辩针对对方的回答进行质辩小节，时间1分30秒，由正方开始。

④自由辩论阶段：正反双方的八位辩手都要参加，辩论双方交替发言。双方都拥有四分钟的累计发言时间，在一方时间用完后，另外一方可以继续发言，直至本方的时间用完。在这个环节中，要求辩论双方的队员团结合作和整体配合，自由辩论阶段由正方开始。

⑤结辩阶段：针对对方的观点和已方的立场出发，总结本方的观点，阐述最后的立场。

实践教学进度安排表

教学周	进度安排	参考学时
1	确定实践教学方案	
2	教师布置实践教学方案，讲明具体安排和要求	
3	学生分组并推选组长，讨论确定小组辩题并确定成员辩论角色和分工。提交小组分工方案（电子版）至教师处	辩论赛分工方案、辩论词修改【4学时】
4~6	搜集辩论资料，编写辩论提纲，教师辩论词修改指导反馈。（电子版）至教师处	
7~10	辩论赛。辩论结束，小组成员互相评分	辩论现场组织、指导【4学时】
11	通过教学资源平台提交，学生之间开展互评	
12	教师考核评定成绩	

【实践项目6】Presentation主题演讲（6学时）

【实践目的与要求】

要求学生以《思想道德修养与法律基础》课本中的章节内容为依据，根据自己的关注点从中选择一个主题进行讨论，以Presentation主题演讲的形式进行小组合作，选派代表在课堂上进行主题发言，汇报展示本组讨论的情况及结论，从而锻炼独立处理问题的能力，加强了批判性思维，加深对课本内容的理解和实践能力。

【实践步骤】

（1）组成团队，分工合作。

由学习委员牵头，根据学生意愿自由组合，要求每位学生均要参与，以3~5人小组团队形式进行，每一个同学在团队中的分工必须明确。

（2）选择内容，确定主题以《思想道德修养与法律基础》课本中的章节内容为依据，结合课本内容的重难点及小组的关注点，从中选择确定Presentation的主题。

（3）搜集材料，全面展示。小组根据研究讨论后的结果，在充分搜集材料的基础上制作PPT，通过教学资源平台与教师讨论确认，以Presentation主题演讲的形式在全班进行汇报，要求PPT在内容上资料翔实、重点突出、条理清晰；在形式上简洁、美观，图文并茂。活动结束后，每位小组成员撰写500字的个人总结。

（4）回答提问，深入讨论。小组Presentation主题演讲展示结束后，其他学生及教师根据演讲的内容提出三个以上相关问题，全体小组成员共同回答。通过全班同学的共同讨论，深化对所选主题的理解和认识。

（5）多面评估，共同进步。Presentation主题演讲结束后，请小组自身、其他同学及教师对学生Presentation主题演讲的全过程进行点评，指出小组及学生个体优点及有待提高的地方，帮助学生共同进步。

【考核方法】

任课教师主要依据小组Presentation的相关资料、PPT展示、演讲稿的质量及教师和学生针对Pretsentation提问后，小组的回答情况，综合每位学生承担的工作任务和表现给出实践教学环节的成绩。

【提交材料】

小组Presentation收集的相关材料、小组Presentation视频录像、个人总结等。

实践教学进度安排表

教学周	实训项目进程	参考学时
1	确定实践教学方案	
2	教师布置实践项目教学方案，讲明具体安排和要求	
3	学生分组并推选组长，讨论确定小组选题并明确分工	
4~6	学生进行小组合作，在充分搜集资料的基础上搜集资料，确定内容，并开始搜集整理资料，制作PPT，写作演讲稿（1500字）	PPT及辅助影音材料制作指导【3学时】
7~9	教师审定通过后学生进行展示	现场展示环节组织、点评、提问【3学时】
10	各小组成员提交活动总结（500字）	个人总结指导【2学时】
11	教师考核评定成绩	

【实践项目7】模拟法庭（6学时）

【实践目的与要求】

《思想道德修养与法律基础》教学实践应该延伸到学校以外的广阔社会中去，让学生在现实生活中对法学理论、社会状况、司法运用情况等有生动而具体的理解和体会。

模拟法庭实践教学是案例教学的一种特殊形式，它通过对所选择案件的模拟庭审全过程，使学生熟悉司法审判的实际程序，熟悉与案件相关的实体法和程序法；通过“亲身、亲历”参与模拟法庭活动，培养学生的学习兴趣和法律实践操作能力，培养和锻炼学生发现问题、分析问题和解决问题的能力，提高学生语言表达能力、组织协调和抗辩能力，同时还检验了学生专业知识学习成果、法学理论掌握程度，检验学生反应能力、思辨能力，从而取得良好的教学效果。

【实践步骤】

（1）前期准备阶段。

①学生已经参加了《思想道德修养与法律基础》16学时的理论学习，有了一定法学理论基础和法学实践能力。

②课堂重点讲授民法及民事诉讼法的基本内容，请学生初步了解我国民事诉讼的基本程序，了解我国人民法院的开庭情况。

（2）模拟庭审前的准备阶段。

①开课后第11教学周，看《中国法庭》：让学生直观地了解海淀区人民法院用简易程序公开审理的一起民事案件。

②分配角色：抽签。分原告、被告、法官、书记员、法警五个角色。以班为单位，负责相应角色。

③案情了解：具体案件详情见附件。

④模拟法庭硬件设施：包括场地、国徽、法槌、审判席、原告席、被告席、标志牌（审判长、审判员2个、书记员、原告、被告、代理人各2个）（1班）；摄影摄像（3个）。

⑤开课后第12、13两个教学周期间，班级根据各个角色分别写出民事起诉书、民事答辩状、民事审判书（一审）或调解书、书记员庭审记录。

（3）模拟庭审阶段。

开课后第14教学周：模拟法庭开庭。

①请学生布置法庭：按照法院审判庭的标准来布置模拟法庭，仿制法院的审判席、原告席、被告席、国徽等。(请学生注意席位摆放)

②开庭：由各个活动小组推选出代表来担任模拟法庭中的各种“角色”。按照法院民事审判案件的普通程序“真刀真枪”地进行模拟审判。同时做好摄影摄像等宣传工作、档案存档工作。

(4) 总结阶段。

①评议：模拟开庭结束，针对模拟法庭审判活动情况，由任课教师或邀请参加模拟庭审活动的法官、检察官、律师对模拟庭审活动中模拟法官、检察官和律师的表现进行综合评议，讲解模拟庭审中争论的焦点问题和各种技巧。

②上交实践教学作业：学生根据庭审情况修改各自的民事起诉书、民事答辩状、民事审判书（一审）或调解书、书记员庭审记录。或者模拟庭审结束后，回忆参加模拟法庭的整个过程，撰写800字的心得体会。请学生于开课后第15教学周以班为单位上交实践教学作业。

③成绩评定。指导教师根据学生在参加模拟法庭实践活动整个过程中的表现，所在小组的代表在法庭上的表现，和全体模拟法庭成员整体协调情况，小组法律文书的质量或者学生个人的心得体会进行分别评议打分，最后确定学生模拟法庭法律实践的成绩。

(5) 相关附件。

案情简介

原告周某（男，40岁，作家）与被告吴某（女，25岁，某文化公司职员）于2011年相识恋爱并于2012年5月1日自愿登记结婚。在登记结婚之前的4月1日，双方订立了一份婚前财产协议书，其主要内容为：“男女双方在结婚前原已有的财产仍归各自所有，详细清单附后，如果婚姻破裂，财产分配上按该协议书办理。经商议，女方为了在结婚后能更好地照顾男方，即日起女方辞去原工作，现无经济来源，为了保障女方在今后生活中无后顾之忧，男方拿出人民币100万元整（或用一套相等价值的住房）作为女方今后生活的保障。此钱款暂由男方保管，如婚后女方提出离婚，此钱就不给女方，反之，男方若提出离婚，此钱由女方所得。”婚后半年，由于年龄和性格方面的差异，以及经济问题等，双方产生极大矛盾，争吵不断，感情日渐淡漠。后周某向法院提出民事诉讼请求离婚；被告吴某同意离婚，但要求原告必须按照双方婚前签订的协议，向其支付100万元生活保障金。原告周某不同意支付。

【不同观点】

围绕100万元生活保障金是否给付问题，审判人员有两种观点，第一种观点认为：对于双方所争执的生活保障金，因双方所订立的婚前财产协议是双方在平等自愿的基础上签订，意思表示真实，未违反相关法律规定，应受法律保护，应当支持女方要求。

第二种观点认为：双方所订立的婚前财产协议束缚了双方提出离婚的自由，违背了婚姻法的婚姻自由的基本原则，应为无效条款，不应当支持女方要求。

实践教学进度安排表

教学周	实训项目进程	参考学时
11	学生在掌握法律基础知识前提下，以班为单位负责相应角色并进行角色准备，学生了解法庭布置，按照法院审判庭的标准来布置模拟法庭	模拟法庭角色安排、旁听指导海淀人民法院民事审判视频，角色指导、法律文撰写修改【3学时】
12		
13	模拟法庭开庭，教师对模拟庭审活动进行指导学生根据庭审情况修改各自的民事起诉书、民事答辩状、民事审判书或调解书、书记员庭审记录等法律文书	
14	模拟法庭开庭	模拟法庭展示【2学时】
15	学生撰写个人实践总结介绍自己承担的具体工作任务和完成情况，谈谈实践收获和体会，字数要求在500字左右	模拟法庭法律文书心得总结修改【3学时】
16	审定提交全部实践成果，教师考核评定成绩	

【实践项目8】素质拓展（3学时）

【实践目的】

良好的团队精神和积极进取的人生态度，是现代人应有的基本素质，也是现代人人格特质的两大核心内涵。在现代社会，人类的智慧和技能只有在这种人格力量的驾驭下，才会迸发出耀眼的光芒，素质拓展应运而生。素质拓展起源于国外风行了几十年的户外体验式训练，通过设计独特的富有思想性、挑战性和趣味性的户外活动，培训人们积极进取的人生态度和团队合作精神，是一种现代人和现代组织全新的学习方法和训练方式。

【对应章节】

第三章，领悟人生真谛，创造人生价值，第四章，注重道德传承，加强道德实践，弘扬集体主义精神，培养团队意识

【评分指标】分成两部分，教师评价占5分，学生互评占5分，具体操作办法如下图所示：

教练评价表

项目名称	团队整体合作能力 （每项5分）最终取各项平均分
项目一	
项目二	
项目三	
项目四	

小组成员互评表

项目	组员姓名	参与活动积极性 （每项2分）小组成员互评最终取各项平均分	团队合作精神强弱 （每项3分）小组成员互评最终取各项平均分
项目一	李某某		
	张某某		
	李某某		
	张某某		
	李某某		

续表

项目	组员姓名	参与活动积极性 （每项2分）小组成员互评最终取各项平均分	团队合作精神强弱 （每项3分）小组成员互评最终取各项平均分
项目二	李某某		
	张某某		
	李某某		
	李某某		
	张某某		
	李某某		

【拟实施项目】

（1）捆绑行动。这是一个放松性的游戏，鼓励队员更好地相互了解。

①所有人都站好，靠近，整个团队挤作一团。②把绳子绕所有人捆五圈后扎紧，以不妨碍他们运动和呼吸为宜。③整个团队沿着指定的小路前进。④他们沿着小路前进时，每个人都要展示自己独特的，或曾经参与过，引以为豪的才能或经历。

培训目标：①使队员们参与到一个具有创新精神的团队中来。②让队员们从队友身上学到东西。③让队员们能够自然地进行身体接触和配合，消除害羞和扭捏感。

（2）有轨电车。两块木板就是一双鞋子，全组队员双脚分别站在两块木板上，双手抓住系于木板上的绳子，向指定的方向行进。

（3）背摔。参加实施的队员，两手反交叉握拢弯曲贴紧自胸前，两脚并拢，全身绷紧成一体；后倒时，头部内扣，身体不能弯曲，两手不得向外打开，参加保护的队员，两腿成弓步且相互抵紧，两手搭于对方肩上，掌心向上，上体和头部尽量后仰，当实施队员倒落时，全身协力将实施队员平稳接住。

项目目的：信任环境的营造、建立换位思考的意识、通过身体接触、实现情感的沟通信任与责任。

（4）同起同坐。每队队员分成两组，背靠背站立，胳膊挽住旁边队友胳膊，在教练发号施令后，同时坐下，再同时起立，坐下和站起不能用手支撑。

学生每四人分成一组。参加完素质拓展活动后，主动抒发感受的同学，酌情加分。

特别说明，所有提交的文字材料，都是在教学资源平台完成。

实践教学进度安排表

教学周	实践项目进度表	参考学时
1	确定实践教学方案	
2	教师布置实践教学方案，讲明具体安排和要求	前期素质拓展板块项目设计、布置、活动动员素质拓展活动开展【2.5学时】
3	学生分组并推选组长，讨论确定小组	
4	邀请教练或任课教师自己开展素拓	
5	学生小组成员互评	素质拓展总结、组织学生互评成绩评定【0.5学时】
6	教师将学生成绩评定完毕	

【实践项目9】集体影视（3学时）

【备选影片】

①《疯狂动物城》

②《楚门的世界》

③《滚蛋吧，肿瘤君》

④《肖申克的救赎》

⑤《阿甘正传》

⑥《中国合伙人》

⑦《夏洛特烦恼》

⑧其他

【实践步骤】

由课任教师根据学生的具体时间统一组织，具体时间、地点根据通知要求执行。由学习委员严格考勤。

【考核方法】

开展座谈会或网络讨论，每位同学都要有自己的发言。

实践教学进度安排表

教学周	实践项目进度表	参考学时
1	确定观看影片	
2	教师协调观影时间及场地	
3	学生集体观影，现场或网络讨论交流，教师引导	集体观影后组织同学主题现场讨论或网络平台讨论，引导、点评【3学时】
4	教师将学生成绩评定完毕	

【实践项目10】经典朗读及文本讨论（8学时）

【实践目的】

加强学生动嘴、动脑能力，近距离地感受、学习经典文本，提升学生的理论修养。

【对应章节】

不限。

【操作办法及评分指标】

以班级为单位，统一选择一个版本的人文、马列经典著作，以小组为单位，四位同学组成一组，每位同学分配一段（控制在一小时左右），进行朗读并配音，录制完成，以小组为单位上传至网络平台，教师网络点评。态度认真，配音优美、音质高，朗读认真、情感真挚的小组，划为第一档，7~10分；态度认真，配音一般、音质较高，朗读较认真、情感较真挚的小组，划为第二档，4~6分，态度不认真，音质较差，朗读不认真，小组划为第二档，0~4分。小组全体成员分值保持一致。

教师组织学生在固定教室，开展讨论，学生以小组为单位，教师参加讨论，并答疑。以小组为单位，展开成员互评，该分值作为区分小组成员差异性的标准。满分10分。

实践教学进度安排表

教学周	实践项目进度表	参考学时
1	确定朗读经典文本并报教研室备案	
2~5	以小组为单位录制上传至网络平台	教师网络进行点评【4学时】

续表

教学周	实践项目进度表	参考学时
6~8	教师组织学生在固定教室，开展讨论，学生以小组为单位，教师参加讨论，并答疑	教师参与学生讨论，引导、点评、并进行学生互评【4学时】

【实践项目11】中国共产党党员优秀品质代际传承访谈活动（8学时）

【学习目的与要求】

访谈活动，重心在于“优秀品质”和“传承”两个维度。一方面，通过深度调查研究，用眼睛去寻找、用耳朵去倾听，用心去感受和总结中国共产党党员优秀品质，从而形成一个完整对于中国共产党人身上所具有的优秀品格、精神风貌的认知；另一方面，在前一个工作的基础上，探寻更为有效的思想政治教育模式、学习模式，为优秀品质能够真正得以传承献计献策。

此项目为可选项，任课教师根据自身教育教学需求，要求学生参加或不参加。

【实训内容与步骤】

（1）以小组为单位完成，由小组成员讨论分工确定8位校内外30年以上党龄的老党员作为访谈对象并分别制定详细的深度访谈方案。

（2）访谈方案经任课教师审核通过后，小组成员与访问对象联系确定访问时间和地点并提前搜集准备访谈对象的相关资料，以保证访谈顺利进行。

（3）小组成员按约定的时间地点进行访问，并作好访谈记录（必须同时提交照片和录音等），访谈结束后针对每一位受访对象整理出一篇人物访谈记录（问答式记录）。

（4）每个小组在综合提炼所有访谈记录的基础上提交一篇访谈报告，内容包括访问对象、访问主题，以及获得的启示或感受，重点是学生从访谈中感悟到的现代社会发展对职业道德、职业技能和职业素质的要求，以及职业认知。字数要求在3000字左右。

（5）每位组员撰写个人实践总结介绍自己承担的具体工作任务和完成情况，谈谈自己在实践中的收获和体会，如有不同于小组结论的个人思考，可适当加分。字数要求在500字左右。

实践教学进度安排表

教学周	实践项目进度表	参考学时
1~3	小组制定访谈提纲、小组访谈方案并提交。教师进行指导	【2学时】
4~10	中期指导，对于学生存在的问题和困难给予现场或网络指导	【2学时】
11~12	学生访谈报告修改、指导	【2学时】
13~16	实践展示点评（可通过网络完成）	【2学时】

五、实践教学基本要求

1.对任课教师的要求

（1）按照本方案对学生实践各个具体环节给予悉心指导，及时发现和解决出现的问题，尤其要在政治方向、基本内容和关键技术方面发挥保障作用，确保实践教学指导工作质量。

（2）严格依据方案后附的进度安排表督促、检查和协调小组各个成员完成分工的进度，以免影响小组的最终成绩。

（3）注意记录方案的实施过程、自己的指导内容，注意保存学生实践成果，为今后的实践教学积累资料。

（4）实践教学结束后向教研室提交一份总结，并将其作为期末考核阶段工作总结的组成部分之一。

2.对学生的要求

（1）小组成员推选组长后，由组长负责组织本小组实践活动的流程管理，督促组员的工作，并随时与教师联系。

（2）所有学生必须参加本课程实践教学活动项目并按要求完成小组分配的相应工作任务，否则实践成绩记零分。

（3）各小组在开展实践活动的过程中要注意记录和资料保存，并随时整理存档。

（4）严禁抄袭他人成果，否则以作弊论处，实践成绩记零分。

社科部思想道德修养与法律基础教研室

2017年1月

毛泽东思想和中国特色社会主义理论体系概论社会实践活动方案

一、实践教学目的、学时和学分

理论联系实践是我们党的优良作风之一。作为高校宣讲党的路线、方针和政策主干课程，必须将这种优良作风融入教学中，加强实践教学环节。通过实践活动，深化学生对理论的认识，提高学生分析问题、解决问题的能力，进一步坚定学生中国特色社会主义理想信念，增强“四个自信”。

学时：16；学分：1。

二、实践形式和最终成果

实践形式包括调研、外出参观、教学资源平台观看指定范围视频、辩论、背诵经典著作等。最终成果可以是调研报告总结、体会、视频观后感等。

鼓励实践形式与学生专业相结合。

三、社会实践活动进度安排

序号	指导内容	学时	时间	方式
1	布置任务	2	第3周	集中
2	修改确认实践活动方案	3	第5周	与小组面对面
3	外修实践活动成果（一）	3	第7周	与小组面对面
4	外修实践活动成果（二）	3	第9周	与小组面对面
5	定稿	3	第11周	与小组面对面
6	总结和展示	2	第13周	集中

四、实践教学要求

1.班级所有同学都须按小组形式参与全部实践过程，在实践活动中要增强团队意识，精诚合作，切忌“搭顺风车”。

2.所提交的文件必须按照统一的格式要求编辑。

3.所有同学都必须积极参与各项活动。

4.严禁抄袭他人成果，否则以作弊论处，记零分，并上报所属系里。

附件：教师指导记录表

北京青年政治学院

《毛泽东思想和中国特色社会主义理论体系概论》课社会实践调研活动

教师指导记录表

学期：

班级：

指导教师：

<table>
<tr><td>实践活动名称</td><td colspan="2"></td></tr>
<tr><td>小组成员
（首位为小组长，含学号）</td><td colspan="2"></td></tr>
<tr><td colspan="3">指导情况记录</td></tr>
<tr><td>时间</td><td></td><td rowspan="5"></td></tr>
<tr><td>地点</td><td></td></tr>
<tr><td>方式</td><td></td></tr>
<tr><td>学时</td><td></td></tr>
<tr><td>签字</td><td>指导老师：
学生代表：</td></tr>
</table>